Y0-BRR-702

clave

Wayne W. Dyer (1940-2015) fue un renombrado conferenciante y un autor conocido internacionalmente en el área de la autoayuda. Doctor en orientación educativa por la Universidad de Wayne y profesor en la Universidad de Nueva York, dedicó gran parte de su vida a dar conferencias, a impartir cursos y a escribir. De sus más de cuarenta obras publicadas cabe destacar *Tus zonas erróneas*, posiblemente el libro de autoayuda más leído del mundo con más de treinta y cinco millones de ejemplares vendidos.

WAYNE W. DYER

La fuerza del espíritu

Traducción de
Carme Camps

DEBOLS!LLO

Título original: *There's a Spiritual Solution to Every Problem*

Cuarta edición en esta colección
Tercera reimpresión: diciembre, 2016

© 2001, Dr. Wayne W. Dyer
© 2001, de la edición en castellano para todo el mundo:
Penguin Random House Grupo Editorial, S. A. U.
Travessera de Gràcia, 47-49. 08021 Barcelona
© 2001, Carme Camps, por la traducción

Printed in Spain – Impreso en España

ISBN: 978-84-9908-696-5
Depósito legal: B-10.322-2012

Compuesto en La Nueva Edimac, S. L.

Impreso en Liberdúplex
Sant Llorenç d'Hortons (Barcelona)

P 8 8 6 9 6 5

Penguin
Random House
Grupo Editorial

Para Sommer Wayne Dyer:
Te quiere incondicionalmente
tu padre en la Tierra
y tu padre en el Cielo

Índice

SECCIÓN II
PON EN PRÁCTICA
LA SOLUCIÓN ESPIRITUAL
DE LOS PROBLEMAS

No tienes problemas, aunque creas que los tienes.

A Course in Miracles

Introducción

El subtítulo de este libro contiene una afirmación muy amplia. Sí, literalmente puedes deshacerte de todos los problemas buscando y poniendo en práctica soluciones espirituales. En el primer capítulo explico lo que quiero decir con las palabras «espiritual», «problemas» y «soluciones», de modo que no será necesario que lo haga en esta breve introducción. El mensaje esencial del libro está contenido en los siguientes diez puntos:

1) Todo lo que hay en nuestro universo no es más que energía. Es decir, en esencia, todo vibra a determinada frecuencia.

2) Las frecuencias más lentas son más sólidas y es ahí donde aparecen nuestros problemas.

3) Las frecuencias más rápidas son menos visibles, como la luz y el pensamiento.

4) Las frecuencias más rápidas son lo que yo llamo «espíritu».

5) Cuando se pasa de las frecuencias más lentas y más bajas a las frecuencias superiores y más rápidas del espíritu, éstas anulan y disipan lo que llamamos problemas.

6) Tú tienes capacidad y poder para aumentar tu energía y acceder a las energías más elevadas y más rápidas con el fin de erradicar cualquier problema de tu vida.

7) Para encontrar soluciones espirituales a los «problemas» que estés experimentando tienes que comprender y practicar algunos fundamentos y principios básicos.

8) Una vez que comprendas estos principios, has de decidir si quieres estar en un campo de energía elevado o un campo de energía bajo.

9) Cuando por fin conozcas y comprendas profundamente el mundo del espíritu, verás con claridad que todos los problemas son ilusiones creadas por nuestra mente porque creemos que estamos separados de nuestro origen, al que llamamos Dios, aunque puedes llamarlo de otro modo si lo prefieres.

10) Estas ilusiones no son más que errores de nuestro pensamiento y, como cualquier error, desaparecen cuando se enfrentan cara a cara con la verdad.

He dividido este libro en dos secciones. La primera consta de seis capítulos que explican con detalle los fundamentos básicos para comprender que existe una solución espiritual para todos los problemas. He estudiado los textos sagrados de muchas tradiciones espirituales, así como las áreas denominadas científicas o pragmáticas. No afirmo que una tradición o práctica sea superior a otra. He examinado los conocimientos que poseo sobre estos conceptos con una mentalidad abierta a todo y apegada a nada. He investigado en libros espirituales antiguos y modernos de Oriente, de Occidente, de todos los lugares entre uno y otro, y los presento porque sé que son veraces y útiles.

La segunda sección de este libro consta de los capítulos siete a trece, cuyos títulos corresponden a una de las plegarias más conocidas y aceptadas que jamás se han escrito. Esta plegaria es de san Francisco de Asís y representa el mensaje fundamental de este libro. Los problemas desaparecerán cuando pases de las frecuencias más bajas de los «problemas» a las frecuencias superiores del espíritu. He procurado dar ideas muy específicas para emplear estas energías más elevadas de un modo práctico y útil y empezar hoy mismo.

Al releer el libro, me he dado cuenta de que repito con frecuencia que hay una solución espiritual para cada problema. En algunos casos lo he eliminado, pero en otros lo repito deliberadamente para hacer hincapié en este principio en cada caso concreto. He descubierto que de este modo se reafirma de forma instantánea y es mucho más probable que el concepto se te quede grabado.

Escribir este libro ha sido para mí un ejercicio de auto-conciencia. He descubierto que ahora soy mucho más capaz de apartarme de las pautas de energía más baja y más lenta y de acceder a la guía espiritual, y puedo hacerlo en cuestión de segundos. Me siento más ligero, más cariñoso, compasivo y literalmente libre de problemas cuando, en momentos en que antes creía que tenía un «problema» que había que resolver, accedo a mis energías superiores. Ahora me limito a desconectarme mentalmente de ese mundo de problemas y a conectarme con el espíritu. Escribir este libro me ha acercado más a Dios y me ha hecho comprender que no estoy nunca solo, que eso sería imposible. Espero que, cuando leas estas palabras, encuentres la misma paz que yo he encontrado. Y que todos tus problemas se disuelvan cuando te apartes de las energías inferiores y aprendas que hay una solución espiritual para todos los problemas, tan sólo a un paso.

Que Dios te bendiga,

WAYNE W. DYER

Sección I

Fundamentos esenciales para la solución espiritual de los problemas

No hay nada malo en la creación de Dios.
El misterio y el sufrimiento sólo existen
en la mente.

RAMANA MAHARISHI

1

Soluciones espirituales de los problemas

> La solución al problema del día es el desper-
> tar de la conciencia de la humanidad a la
> divinidad que hay dentro...
>
> HAZRAT INAYAT JAN

¿Puedes hacer crecer una flor? Probablemente en un primer momento tu respuesta sea: «Es muy sencillo. Plantas
una semilla, le proporcionas luz y agua y, con el tiempo,
aparecerá la flor. ¡La prueba es que en estos momentos
están brotando millones de flores!».

Es cierto, sin duda. Sin embargo, te invito a que vuelvas a leer la pregunta y pienses quién o qué genera la vida
que hace crecer la flor, porque es en ese quién o ese qué
donde podemos encontrar la fuente de la solución a todos
nuestros problemas.

¿Quién o qué hace que la semilla de la flor se transforme
en un capullo y que el diminuto embrión se convierta en un
ser humano? ¿Quién o qué hace que nuestras uñas crezcan y nuestro corazón palpite incluso cuando dormimos?
¿Quién o qué está detrás del movimiento de los vientos, que
sentimos pero nunca tocamos? ¿Qué fuerza mantiene los
planetas en su lugar e impulsa a nuestro mundo a una velocidad vertiginosa? El hombre se ha planteado estas pregun-

tas desde que tuvo capacidad para pensar en su existencia.

Espíritu es la palabra que yo utilizo para referirme a la energía informe e invisible que constituye el origen y el sustento de la vida en este planeta. Esta fuerza, sea cual fuere el nombre que le demos, puede resolver todos los problemas con que tropezamos. Existe una solución espiritual para cada problema; sólo tenemos que aprender a acceder a ella. En este libro explicaré las diferentes maneras que he descubierto de hacer esto. Empezaré por explicar los tres pasos básicos para encontrar tus soluciones espirituales a los problemas.

Conocí la existencia de estos pasos cuando me sumergí en el *Yogasutra** de Patanjali, escrito entre el siglo IV a.C. y el siglo IV d.C. Estas técnicas y disciplinas espirituales fueron escritas para que la persona alcance el conocimiento último de Dios y la unión con Él. Me referiré con frecuencia a esta colección de escritos y compartiré contigo la forma en que puedes aplicar este conocimiento a tu vida.

Confío en que descubrirás por ti mismo que aquello a lo que llamas problemas tiene fácil solución, y que puedes acceder a ello ahora mismo, en este momento, en ese mundo al que llamamos espíritu.

PRIMER PASO PARA ACCEDER A LA DIRECCIÓN ESPIRITUAL
*Reconocer: puede parecer evidente que hay
que reconocer algo antes de aplicarlo;
pero, en realidad, es el paso más difícil para
alcanzar la iluminación espiritual.*

* Trad. cast., EDAF, Madrid, 1994.

Para reconocer que existe una fuerza invisible que puede emplearse para solucionar problemas hay que superar toda una serie de condicionamientos que nos han ido inculcando durante toda la vida. ¿Has pensado alguna vez en las limitaciones que experimentamos cuando nos identificamos sólo como un cuerpo físico de existencia material?

Por ejemplo, ¿crees que para hacer frente a nuestros problemas sólo podemos remitirnos a nuestras facultades sensoriales o intelectuales? A la mayoría nos han enseñado que es así y que toda la información que hemos adquirido constituye el inventario total de las opciones de que disponemos. Esta actitud condicionada no reconoce nuestra conexión divina, que nos ofrece la posibilidad de encontrar una solución espiritual a los problemas.

En este estado de no reconocimiento, creemos que las medicinas, las hierbas, la cirugía y los médicos son responsables de todas las curaciones, o que mejorar el panorama financiero de uno supone exclusivamente que hay que trabajar mucho, estudiar, hacer entrevistas y enviar currículos. En esencia, este no reconocimiento nos lleva a creer que sólo conocemos los fenómenos que se pueden explicar a través de las funciones sensoriales.

Patanjali describió un tipo de conocimiento o poder al que no se accede únicamente a través del mundo material o sensorial. El primer paso para activarlo consiste en reconocer que este poder existe y que siempre está disponible. Sin embargo, no se accede a él sólo a través de las enseñanzas de otros, o a través de escritos antiguos, igual que no soñamos porque alguien enseña o escribe sobre los sueños.

Reconocer, igual que soñar, es algo a lo que accederemos si nos comprometemos interior y exteriormente con nuestra capacidad de reconocer.

Por ejemplo, en este primer paso, cuando te encuentres ante un problema, te aconsejo que crees una afirmación personal como: «Puede que no sepa exactamente cómo encontrar la solución espiritual, pero reconozco que existe». Reconociendo su existencia invitamos al poder a que sea conocido por nosotros.

Como seres físicos, podemos hacer crecer una flor en el sentido al que se alude en la respuesta a la pregunta de antes. Pero si pensamos un poco, nos damos cuenta de que somos incapaces de desentrañar el misterio de la fuerza invisible que da origen a la vida. Sin embargo, la solución a nuestros problemas está ahí, en ese mundo espiritual omnipresente, omnisciente y omnipotente. Esta fuerza espiritual está en todas partes, en todas las cosas y en cada uno de nosotros. Cuando damos el primer paso, reconocer, iniciamos el proceso de acceder a este poder que todo lo sabe.

SEGUNDO PASO PARA ACCEDER A LA DIRECCIÓN ESPIRITUAL
Percepción: descubrimos que el conocimiento alcanzado por la percepción es de un orden mucho más elevado que el razonamiento intelectual.

No se trata de un ejercicio de razonamiento intelectual. En este paso vamos más allá del reconocimiento de una presencia espiritual y entramos en la fase de percepción, donde no se confía en nada más que la propia experiencia. Nos convertimos en exploradores de un territorio virgen en el que no puede haber nadie más que nosotros. Aquí, sólo tú puedes validar tu experiencia.

Nuestro deseo de percibir la presencia espiritual forma parte de la dinámica inexplicable que da origen a la vida. Cuando meditamos activamente sobre un ideal espiritual, o incluso sobre una personalidad dada, expresamos nuestro deseo invitando a que esa presencia sea accesible.

Sugiero que empieces este proceso de percepción visualizando la presencia que buscas. Crea en tu interior la imagen de tu persona recibiendo la orientación divina y borra todas las dudas que tengas sobre su validez. Sé consciente de que, cuando entras en ti mismo, no tienes que explicar o defender nada. Bastará con el deseo silencioso de percibir tu espíritu para que lo descubras. Descubrirás que tu imagen se disuelve y se convierte en la realidad de una presencia accesible dentro de ti. Esto es la percepción. Es una experiencia personal que va más allá de cualquier ejercicio intelectual. Con la práctica y el deseo, mediante la sola meditación, podrás experimentar la presencia.

En ocasiones el intelecto persistirá, tratando de que tu experiencia encaje en la realidad del mundo material. Una manera de pensar en este proceso de acercarse a la percepción es imaginarse un imán. Imagina que tú eres el imán y atraes hacia ti todo lo que has reconocido como cierto. Luego, poco a poco, sé consciente de una fuerza magnética mayor, que te empuja hacia verdades más elevadas. El esfuerzo ya no es exclusivamente tuyo. Te encuentras en una especie de campo magnético metafísico, que te impulsa hacia tu percepción.

He experimentado personalmente esta percepción durante años. Cuando entro en un estado de meditación profunda, soy consciente de una fuerza que me impulsa hacia Dios. Las revelaciones que experimento en esos momentos me ayudan a renovar mi mente, ya que conecto con una energía que me impulsa hacia la solución de cualquier dificultad.

Por ejemplo, algo tan mundano como comprar una propiedad donde instalarme con mi esposa cuando nuestros hijos hayan abandonado el nido me causaba una gran inquietud. Entré en ese campo magnético invisible de energía y fui guiado hacia una solución. En el momento oportuno, un amigo me llamó y dijo una frase que me sacó del dilema. ¡Hecho! Esto es lo que yo llamo percepción en acción.

Todos podemos emplear esta percepción de la disponibilidad del espíritu para resolver problemas. Cuando aprendas a dar el primer paso, el *reconocimiento* de las soluciones espirituales, pasarás a un estado de *percepción* en el que experimentarás el poder. Te darás cuenta de que, con la energía espiritual que hay en ti, puedes controlar cualquier falta de armonía, discordia o enfermedad.

TERCER PASO PARA ACCEDER A LA DIRECCIÓN ESPIRITUAL
Reverencia: comulgar serenamente con la fuerza
espiritual es nuestra manera de ser uno con ella.

Algunas personas llegan enseguida al tercer paso, la reverencia, mientras que otras tardan mucho en llegar a ella. Comulgar serenamente con la fuerza espiritual y ser uno con ella significa que no hay sensación de separación. Somos conscientes de nuestra divinidad y comulgamos con esa parte de nosotros mismos. En otras palabras, nos vemos como una parte de Dios; nos hallamos en un estado de reverencia por todo lo que somos. No dudamos de nuestra divinidad. En ese estado, experimentamos plenamente esta cita de la Biblia: «Ese día, sabrás que soy en mi Padre, tú en Mí y Yo en ti» (Juan, 14:20).

Cuando buscamos una guía, comulgar serenamente con Dios es una manera de desconectar unos momentos nuestra mente del yo. En lugar de pensar en términos de «yo puedo arreglar esto», estamos dispuestos a sumergirnos en nuestro yo superior. Como una gota de agua separada de su fuente, la mente pequeña es incapaz de crear y mantener la vida. Cuando la gota se une al océano, comparte todos los poderes de su fuente. La gota de agua separada de su fuente simboliza nuestro yo cuando estamos separados de nuestra fuente de poder omnipotente.

Comulgar serenamente nos permite gozar de la experiencia de encontrar una solución espiritual a cada problema. Los problemas persisten cuando no los reconocemos, no los percibimos y, finalmente, no comulgamos serenamente con nuestro origen, nuestro poder, nuestro espíritu, Dios.

Pienso a menudo en Abraham Lincoln cuando veía a su amada Unión desmoronarse bajo el peso del odio que se apoderó de su país. Escribió: «Muchas veces me he hincado de rodillas con la abrumadora convicción de que no tenía a donde ir». «Hincarme de rodillas» es una manera de decir: «Me rindo a mi origen y entrego este enorme problema al mismo poder que mueve las estrellas». Tú puedes hacer lo mismo en momentos de dificultad. «Déjate ir y déjalo en manos de Dios.»

Cuando comulgues serenamente con el espíritu, sentirás la presencia de un compañero sagrado. Puedes entregar tus problemas a este compañero «de más edad» y pasar a un estado de paz. El santo indio Sri Ramakrishna utilizaba la siguiente parábola para enseñar a sus devotos cómo alcanzar el estado de unión directa con Dios:

Un discípulo se acercó una vez a un maestro para aprender a meditar. El maestro le dio instrucciones, pero el discípulo pronto volvió y dijo que no podía ponerlas en práctica. Cada vez que intentaba meditar, se encontraba pensando en su búfalo doméstico.

—Entonces —dijo el profesor—, medita sobre ese búfalo al que tienes tanto cariño.

El discípulo se encerró en una habitación y se concentró en el búfalo. Al cabo de unos días, el maestro llamó a su puerta y el discípulo contestó:

—Señor, lamento no poder salir a saludarle. Esta puerta es demasiado pequeña. Mis cuernos no pasarán.

Entonces el maestro sonrió y dijo:

—¡Espléndido! Te has identificado con el objeto de tu concentración. Ahora, concéntrate en Dios y no te costará conseguirlo.

El mensaje es claro. Sé uno con el espíritu y no dudes de tu divinidad ni la temas. Pasa de tu ego a tu yo superior. (No voy a explicar aquí el camino para trascender el ego. He dedicado un libro entero a este tema. El título es: *Tus zonas sagradas*, Grijalbo Mondadori, última edición, 2001.)

Hay una solución espiritual para cada problema. Los

tres pasos básicos para conectar con las soluciones espirituales de los problemas son: reconocimiento, percepción y reverencia.

El resto de este capítulo trata del significado que doy a las palabras clave del título de este libro. Creo que mi definición de las palabras «espiritual», «problema» y «solución» puede constituir la base de una manera única de aportar paz y satisfacción a tu vida cotidiana. También pretendo que, una vez que hayas interiorizado estos tres conceptos no vuelvas a sentir que te enfrentas a problemas insuperables. Con el tiempo, aprenderás que todo aquello a lo que llamamos «problema» se puede disolver saturándolo con la energía superior del espíritu.

LO QUE QUIERO DECIR CON «ESPIRITUAL»

Está escrito en el *Bhagavad Gita*, el antiguo libro santo oriental: «Nacemos en un mundo de naturaleza; nuestro segundo nacimiento es en un mundo de espíritu». Este mundo espiritual se presenta a menudo como algo separado o distinto de nuestro mundo físico. Creo que es importante ver lo espiritual como una parte de lo físico y no separar estas dos dimensiones de nuestra realidad. Juntos forman un todo. El espíritu representa lo que no podemos validar con nuestros sentidos. Algo parecido al viento, que podemos sentir pero no tocar.

Dos grandes santos de diferentes partes del mundo, así como de diferentes creencias religiosas, han descrito así el espíritu: «El espíritu es la vida de Dios dentro de nosotros» (santa Teresa de Ávila); «Lo que arrastra la mente hacia fuera es inespiritual, y lo que arrastra la mente hacia dentro es espiritual» (Ramana Maharishi). La clave para comprender lo espiritual está en esta idea del mundo interior y el mundo exterior; un solo mundo, pero dos aspectos únicos del ser humano. Tengo un amigo que compara lo físico con una bombilla y lo espiritual con la electricidad. Insiste en que la electricidad existe desde hace tanto tiempo como la espiritualidad, pero cuando fue descubierta no hicimos de ella una religión.

Asimismo, la espiritualidad a la que yo me refiero nada tiene que ver con lo religioso. La religión supone la presencia de una ortodoxia, unas reglas y unos textos sagrados por los que la gente se guía durante largos períodos de tiempo. En general, la gente nace en una religión y se la educa para que siga las costumbres y prácticas de esa religión sin preguntar. Se trata de costumbres y expectativas exteriores a la persona y no entran en mi definición de lo espiritual.

Prefiero la definición de espiritualidad descrita en las observaciones de santa Teresa y de Maharishi. La espiritualidad viene de nuestro interior y es el resultado del reconocimiento, la percepción y la reverencia. Para mí, la práctica espiritual es una manera de hacer que mi vida funcione a un nivel más elevado y de ser guiado hacia la solución de los problemas. La manera en que yo, personalmente, lo hago, implica unas prácticas simples pero básicas. Las he enumerado por orden de importancia para mí.

1. Rendición

Es la primera porque es la más importante y a menudo la más difícil. A los que creen que la vida es un proyecto de «hágalo usted mismo» les resulta difícil admitir que necesitamos la ayuda de otros sólo para sobrevivir un día. Para rendirte, debes ser capaz de admitir que estás indefenso. Eso es, indefenso.

En la rendición, mis pensamientos son algo así: «Sencillamente, no sé cómo resolver esta situación y se la entrego a la misma fuerza a la que entrego mi cuerpo físico cada noche cuando me duermo. Confío en que gracias a esta fuerza seguiré digiriendo mi comida, mi sangre seguirá circulando, etcétera. La fuerza está ahí, a mi alcance, y yo voy a tratar a esta fuerza, a la que llamaré Dios, como a un compañero de más edad. Tomaré las palabras de las escrituras al pie de la letra: "Todo lo que tengo es tuyo". Estoy dispuesto a entregar cualquier problema a esta fuerza invisible que es mi origen, al tiempo que seguiré teniendo presente que estoy conectado en todo momento con ese origen».

En otras palabras, la vida espiritual es una manera de caminar con Dios en lugar de caminar solo.

2. Amor

Activar las soluciones espirituales significa transformar los pensamientos y sentimientos de discordia y falta de armonía en amor. En el espíritu de la rendición y del amor encuentro útil entonar para mí mismo: «Invito al bien más elevado para todos los interesados a que esté aquí ahora». Intento ver la ira, el odio y la falta de armonía como invitaciones a la rendición y al amor. Pueden ser la puerta que nos lleve a asumir la responsabilidad de nuestros pensamientos y sentimientos que nos permita acceder al mundo interior de la espiritualidad. Al ser consciente de esto, tengo la opción de dejar que el espíritu se manifieste y trabaje para mí.

Yo empleo la metáfora de un cable largo que cuelga de mi cadera y tengo la opción de conectarlo a dos enchufes. Cuando lo enchufo en el del mundo material, recibo la ilusión de la falta de armonía y eso se manifiesta en mi interior. Me siento indispuesto, dolido, alterado, angustiado y desesperado y no soy capaz de resolver o corregir mi problema. Cuando estoy conectado de esta manera lucho para obtener falsos poderes, cerrando la puerta al poder místico o espiritual. Definir el poder sólo en términos materiales es una clara indicación de que estamos desconectados espiritualmente.

Cuando imagino que este cable se desenchufa del mundo material y se enchufa al espiritual, experimento de inmediato una sensación de paz y alivio. Esta metáfora del enchufe espiritual me recuerda al instante que debo sustituir la angustia o la frustración por el amor. Me relajo y recuerdo que el espíritu es Dios, que es sinónimo de amor. Emanuel Swedenborg expresó esta idea cuando recordó a sus alumnos: «La esencia divina misma es el amor». Este sentimiento de amor es la sustancia que mantiene unidas todas las células de nuestro universo. Se trata de cooperar con y no de luchar contra. Se trata de confiar, no de dudar. ¿Sencillo? Sí. Pero hay algo más: es profundamente eficaz para resolver problemas. El amor, y sólo el amor, disuelve toda la negatividad, pero no lo hace atacándola, sino bañándola en frecuencias más elevadas, igual que la luz disuelve la oscuridad con su sola presencia.

3. Infinito

Carl Jung nos recuerda que: «El aspecto más revelador de la vida de una persona es su relación con el infinito […]». Mi concepto del infinito engloba la aceptación, sin lugar a dudas, de que la vida es indestructible. La vida puede cambiar de forma pero no puede destruirse. Creo que nuestro espíritu es inseparable del infinito.

Este conocimiento de nuestra naturaleza infinita es muy útil para poner todo en perspectiva. Confiar en la parte de nosotros mismos que siempre ha sido y siempre será alivia la tensión producida por cualquier situación dada. «El espíritu da vida, la carne no cuenta para nada», nos dicen las escrituras. Todas estas cosas que percibimos como nosotros mismos pertenecen a la carne. En términos de infinito, no «cuentan para nada».

Cuando me desconecto de lo material y vuelvo a conectarme con lo espiritual, abandono de inmediato el miedo, los prejuicios y la negatividad. Sé que debo aplicar la energía de lo espiritual a mi circunstancia vital inmediata. Recibo amor infinito de esa nueva fuente de energía. Ésta siempre ha estado ahí, pero ahora reconozco este poder infinito y veo que todos mis circuitos funcionan con esta única fuente.

4. Mente vacía

Mi método espiritual de resolver problemas consiste en estar en silencio y dejar fluir mis ideas sobre cómo debería resolverse algo. En este espacio, escucho y me permito tener la fe absoluta de que seré guiado en la dirección correcta. Llámalo meditación, o plegaria si lo prefieres; tengo la firme convicción de que es necesario meditar para nutrir el alma y acceder a la ayuda divina.

Tras el acto en sí de la meditación existe la voluntad de vaciar mi mente de lo que tengo que hacer y de estar abierto a lo que, inevitablemente, acudirá a mí. Envío un mensaje a mi ego, que dice: «Voy a confiar en el mismo poder que mueve las galaxias y da vida a un bebé y no en mis juicios egoístas sobre cómo me gustaría que fueran ahora las cosas». Abandono mis pensamientos al poder que tiene el espíritu de hacer que las cosas funcionen y me deshago de todo lo que interfiere en la perfecta expresión de Dios dentro de mí.

Vaciar por completo la mente de las cosas que hemos de hacer conduce al perdón, que es un componente vital de esta práctica. Alcanzar un estado de vacío significa deshacernos de todos los pensamientos de ira y de culpa por lo que ha ocurrido en el pasado. Vacío significa eso: vacío. No hay espacio para aferrarnos a quién hizo qué y cuándo, y qué equivocados estaban. Lo dejamos ir, simplemente, y lo que queremos es seguir las normas de Dios, que funcionan, y arrojar por la borda las nuestras, que es evidente que no funcionan. Así, cuando vaciamos nuestra mente de nuestros pensamientos dirigidos por el ego, invitamos a que el perdón more en nuestro corazón, y al liberarnos de las energías inferiores del odio, la vergüenza y la venganza creamos una predisposición a la resolución de problemas.

5. *Generosidad y agradecimiento*

A veces siento la necesidad de recordarme a mí mismo que hemos venido a este mundo sin nada y que nos marcharemos de la misma manera. De modo que encontrar una solución espiritual a cada problema significa hacer lo único que podemos hacer en la vida, que es darla y, al mismo tiempo, agradecer la oportunidad de hacerlo. Ésta es una fórmula que a mí me funciona:

— Recibo del mundo exactamente lo que yo he dado al mundo, lo cual es una manera de expresar el proverbio: «Como sembrares, recogerás».

— Si el mensaje que doy al universo es: «Dame, dame, dame», el universo me enviará el mismo mensaje: «Dame, dame, dame». El resultado es que nunca me sentiré en paz y estaré condenado a pasarme la vida intentando satisfacer todas las exigencias que se me imponen.

— Si mi mensaje al universo es: «¿Qué puedo dar?» o «¿De qué manera puedo servir?», el mensaje que recibiré del universo será: «¿Cómo puedo servirte a ti?» o «¿Qué puedo darte?». Por tanto, experimento la magia de enviar pensamientos generosos y energía allá adonde voy.

Recomiendo que en tu práctica espiritual seas generoso y agradecido con tus pensamientos. Cuantos más pensamientos de «Cómo puedo servir» tengas en lugar de «¿Qué hay para mí?», más oirás que te responden: «¿Cómo puedo servirte a ti?».

6. Conexión

El poeta sufí Rumi explicó una vez que los términos yo, tú, mí, él, ella y ellos son distinciones que no tienen cabida en el jardín de los místicos. En la conciencia espiritual te ves a ti mismo como una flor de este jardín y ves a los demás conectados contigo de un modo invisible. Eso te permite ver la gran cantidad de ayuda que tienes a tu disposición.

En el nivel de la conciencia espiritual, sabemos que estamos conectados con todo el mundo. Nos damos cuenta de que compartimos nuestras preocupaciones y dificultades con todos los demás. Los problemas no afectan a nuestro cuerpo, a nuestra mente o a nuestra personalidad, porque hemos dejado de identificarnos únicamente con nuestro cuerpo, con nuestra personalidad y todos sus logros. En cambio, empezamos a vernos a nosotros mismos como el amado.

Alimenta tu sensación de conexión con todo el mundo y también con Dios. Esto te permite apartar a tu ego de los conflictos. No veas a nadie como a un enemigo, ni mires a nadie como un obstáculo para la realización. Este conocimiento, esta conciencia de que eres parte de todo el mundo te permite eliminar la ira y la frustración con respecto a los demás y verlos como compañeros en la resolución de problemas.

Hay personas que pueden ayudarte a encontrar el empleo que necesitas, a resolver un problema complicado que parece irreconciliable, a que pongas los pies en el suelo y a resolver dificultades económicas. Todo el mundo se vuelve un compatriota en lugar de ser un competidor. Ésta es la conciencia espiritual que yo practico.

No estamos solos. No somos lo que tenemos, lo que hacemos, lo que los demás piensan de nosotros. Estamos conectados con Dios y con todas las creaciones de Dios, y, en consecuencia, cada uno de nosotros dispone de una serie ilimitada de recursos para disfrutar de un estado de paz y para resolver los problemas.

Estar conectado significa, literalmente, que en cualquier momento de tu vida puedes pedir que el amor que te rodea y te une a todo el mundo y todo lo demás te guíe. Luego, abandonas tus imágenes negativas y te concentras en los demás y todo lo que ves como una ayuda. En esos momentos se materializará la persona o el acontecimiento que precisas y te ayudará.

En momentos de desesperación, procuro recordarme a mí mismo la bella afirmación hecha en *A Course in Miracles*: «Puedo elegir la paz, y no esto». Funciona. O empleo a menudo esta afirmación: «No veo nada. No oigo nada. No hay nada separado de mí».

7. *Alegría*

Por lo que se refiere a las apariencias, hay algo perceptible en las personas que han alcanzado un nivel elevado de conciencia espiritual, y es que dan la impresión de hallarse en un constante estado de felicidad. En mi vida, el grado de alegría que siento me sirve para determinar el nivel de iluminación espiritual de que gozo en cada momento. Cuanto más alegre, feliz, contento y satisfecho me siento, más consciente soy de mi profunda conexión con el espíritu.

Hazte esta pregunta: «¿Cómo me siento habitualmente?». Si tu respuesta es que te sientes ansioso, angustiado, dolido, deprimido, frustrado, etcétera, es que estás desconectado espiritualmente. Esto podría significar que has dejado que tu campo de energía personal se contamine con las fuerzas debilitadoras de los que se encuentran en tu espacio vital inmediato. (En el quinto capítulo hablaré sobre este tema y de cómo evitar que tu campo de energía se contamine.)

Cuando estás conectado espiritualmente, no te ofendes y no juzgas a los demás ni les pones etiquetas. Te hallas en un estado de gracia, libre de la influencia que pueda tener cualquier persona o cosa ajena a ti.

A menudo me hago la pregunta: «¿Cómo me siento realmente por dentro?». Si mi respuesta es: «No muy bien», o «Preocupado», medito y voy a un lugar tranquilo para conectarme al enchufe espiritual. El estado de alegría regresa de inmediato. Todos los maestros que han tenido verdadera importancia en mi vida poseían esta maravillosa capacidad de reír, de tomarse la vida con ligereza, de ser infantiles y alegres.

Prueba de esta manera tu nivel de conciencia espiritual y, si no estás alegre, recuerda que nunca estarás plenamente satisfecho más que en Dios. Me gusta mucho la visión de Erich Fromm: «El hombre es el único animal que puede aburrirse, que puede estar descontento, que puede sentirse expulsado del Paraíso». Sólo tú puedes expulsarte del Jardín del Edén.

Así pues, defino lo espiritual con estas siete palabras:

Rendición, amor, infinito, vacío, generosidad, conexión, alegría. Como ves, en mi interpretación lo espiritual no se limita a ninguna religión. Tenlo presente mientras sigues leyendo.

Lo que quiero decir con «problema»

En cierto sentido, en el fondo creo que todos tenemos un único problema, y es cuando nos permitimos estar separados de Dios. Pero, en realidad, jamás podemos estar separados de Dios, ya que no existe ningún lugar en el que Dios no esté. Ésta es la paradoja. Cuando estamos unidos a Dios, no tenemos problemas. Siempre estamos unidos a Dios. Sin embargo, creemos que tenemos problemas.

Buena parte de este libro está dedicado a desentrañar este enigma. Problemas como la enfermedad, la falta de armonía, el desacuerdo, el miedo, la ansiedad, la escasez, las decepciones con los demás, etcétera, se hallan en nuestra mente. Cuando tenemos estos problemas nos sentimos solos, alienados, aislados, hambrientos, dolidos, deprimidos, temerosos y cada vez más angustiados. Sin embargo, cuando verdaderamente nos volvemos a conectar con nuestro origen, estos sentimientos desaparecen.

Por eso utilizo la palabra «problema» como si realmente existiera, aunque sé que se trata de una ilusión. De modo que cada vez que, a lo largo de este libro, veas esta palabra, has de saber que la percibo como una ilusión creada por nosotros mismos porque, en aquel momento, nos hemos separado de Dios.

En *A Course in Miracles* hay una frase muy incisiva que me recuerda esta lección: «Hay que saber mucho para comprender que todas las cosas, sucesos, encuentros y circunstancias sirven de ayuda». No sólo hay que saber mucho, sino que hay que tener una gran fe y valor para empezar a ver nuestra vida de esta manera.

¿Hasta qué punto deseas saber verdaderamente, más allá de toda duda, que cualquier problema que experimentes, por malo que sea, contiene en realidad las semillas de lo mejor? Podemos aprender a ver cada crisis como una oportunidad, lo que no necesariamente hará la vida más fácil, pero sí más satisfactoria. Jamás habría cosas negativas en tu vida, porque lo verías todo como una valiosa fuente de información.

Puede que esto te parezca demasiado simplificado si te encuentras ante problemas insolubles cada día. Te ruego que tengas una mente abierta y también un poco de lógica basada en los condicionantes religiosos de tu pasado, como se ilustra en el apartado «Los problemas son ilusiones» que viene a continuación. La lógica creará un espacio en el que emplear tu conexión espiritual para resolver tus problemas. También te proporcionará una base para las herramientas que te ofrezco en los últimos siete capítulos del libro.

Los problemas son ilusiones

Reflexiona un poco sobre las siguientes citas de las Escrituras.

— «Dios es demasiado puro para tolerar la iniquidad.»

— «Dios hizo todo lo que está hecho, y todo lo que Dios hizo es bueno.»

— «Tus ojos son demasiado puros para mirar el mal, no puedes tolerar el mal.»

En todas las religiones se han hecho observaciones casi idénticas. El Santo Corán lo expresa de esta manera: «Todo el bien que posees lo has recibido de Dios; todo el mal, de ti mismo».

Si Dios es bueno y Dios lo creó todo, entonces todo es bueno. Dios no tolera la iniquidad. Entonces, ¿de dónde viene todo eso que ponemos en la categoría de «problemas»? La respuesta es evidente. Cuando creemos que estamos separados de Dios, en nuestra mente experimentamos ese sentimiento de separación y nuestra mente nos indica que tenemos un problema. Y eso nos hace sentir la ausencia de paz o amor. Nuestras creencias pueden manifestarse como enfermedad del cuerpo. Y es cuando empezamos a buscar una solución.

Pero, en realidad, como Dios es bueno y está en todas partes, lo que hemos hecho ha sido separarnos en nuestra mente de Dios. Aunque suframos con esos problemas, no son más que una ilusión.

Es importante que comprendas que todos los problemas son cosas que creamos en nuestra mente. Si podemos crear lo no bueno o no Dios en nuestra mente, también podemos no crearlo aunque no tengamos idea de cómo hacerlo. Estamos tan condicionados que, a menudo, tenemos más fe en nuestros problemas que en nuestra capacidad de no tenerlos.

A menudo damos muestras de tener mucha más fe en

el poder del cáncer o del sida que en el poder de curarlos. Lo hacemos de un sinfín de maneras. Nos enamoramos del problema y de su efecto perjudicial. Vivimos la ilusión al tiempo que hacemos caso omiso del hecho de que nada inicuo puede proceder de Dios y de que Dios lo creó todo. El mal, el dolor, la angustia son creación nuestra y nos dan la oportunidad de alcanzar ese saber más grande que se describe en *A Course in Miracles*.

Sé que algunas de estas ideas te parecen imposibles de llevar a la práctica. Te pido que mantengas la mente abierta mientras viajamos por la senda de la curación para devolver la paz a tu vida de un modo permanente.

Los gurús orientales utilizan el término *maya* (ilusión) para describir la existencia de problemas que en realidad no existen. El universo es bueno. Dios es bueno. Dios está en todas partes. Dios es espíritu invisible. Todo lo que no es bueno no puede existir. Pero a nosotros nos parece que sí, de modo que tenemos que encontrar una solución y por esta razón me sentí impulsado a escribir este libro. Existe una solución, y está delante de ti.

Los siete últimos capítulos del libro te proporcionan una serie de soluciones a este enigma fáciles de aplicar. Sin embargo, de momento, echemos un vistazo a la palabra «solución» que aparece en el título de este libro.

LO QUE QUIERO DECIR CON «SOLUCIÓN»

En cierta ocasión, participé en una reunión de Alcohólicos Anónimos en la que había diez personas, que habían bebido casi toda su vida, reunidas en un centro de rehabilitación donde tenían que vivir, lejos de su familia y sus seres queridos. En la pared había un cartel con unas palabras que me martillearon durante toda la reunión. Decía: «Tu mejor pensamiento te trajo aquí». Pensé cuán cierto es eso, y es algo que se puede aplicar a todas las circunstancias de la vida. Nuestro mejor pensamiento nos trajo aquí.

Todo lo que llamamos problemas existe en nuestro mejor pensamiento. Si no pudiéramos pensar en ellos, no existirían. Podemos cambiar nuestro mejor pensamiento y empezar a ver lo erróneo que es. Tenemos que cambiar de manera de pensar para darnos cuenta de que lo que cura o erradica nuestros problemas es la unión con el bien divino, espíritu o Dios.

El poder al que llamamos Dios, que hace que las flores crezcan y los planetas se muevan en órbitas perfectas, nos considera una de sus creaciones. Te animo a que, en momentos de crisis, aprendas a confiar en ese poder.

Corregir errores

En matemáticas, dos y dos siempre son cuatro. Se dice que este pequeño problema de que dos y dos son cuatro tiene sustancia porque es cierto. Ahora bien, si afirmas que dos y dos son siete, estás en un error, y no se dice que dos y dos son siete tenga sustancia. Intenta hacer balance de tus gastos calculando que dos y dos son siete. ¿Cómo acabamos con ese error? Es muy sencillo: lo corregimos y desaparece. Es decir, ponemos la verdad en presencia del error y éste desaparece.

No puedes eliminar de tu vida los problemas atacándolos o comprendiéndolos en mayor profundidad. Lo que haces es corregir el error de pensamiento que origina el problema. Una vez que corriges el problema, éste ya no tiene sustancia ni validez y desaparece por completo de tu vida.

La solución, que aquí se señala de un modo general y más adelante con detalle, consiste en dar una esencia espiritual al «problema» de la enfermedad, la falta de armonía o el desacuerdo. Entonces, el error o la ilusión se desvanecerán. En cierto sentido, los problemas representan un déficit de espíritu. El error se corrige de modo permanente cuando aplicas los siete componentes de la espiritualidad. El error es que esos problemas, que estamos experimentando en nuestra mente, en realidad no existen.

Corregir esos errores equivale a disolver nuestros miedos. Y cuando te vuelves y miras directamente tus miedos, éstos se disuelven en la luz de la conciencia. En este contexto cada uno de nosotros tiene la capacidad de eliminar la ilusión de los problemas, de corregir estos errores con la creación de un nuevo sistema de entrega espiritual. Ésta es la clave para comprender la curación del cuerpo, así como nuestras relaciones.

Ésta es la introducción básica a esta idea, algo radical, de que existe una solución espiritual para cada problema. Siempre me ha gustado la frase de Shakespeare: «Ve a tu interior; llama allí y pregunta a tu corazón lo que no sabes». El corazón simboliza la parte de nosotros que no confía exclusivamente en el pensamiento. El pensamiento es la fuente de los problemas. Cuando pido a un público que se señale a sí mismo, el noventa por ciento de las personas se señalan directamente el corazón, no la cabeza. Tu corazón contiene la respuesta para resolver cualquier problema que tengas en la vida.

Acabaré este capítulo con una invitación escrita en el siglo XIII por el poeta sufí Rumi:

> *Ven, ven, seas quien seas.*
> *Caminante, devoto,*
> *Amante de la partida; no importa.*
> *La nuestra no es una caravana de desesperación.*
> *Ven, aunque hayas roto tus votos*
> *Un centenar de veces, mil veces.*
> *Ven, ven de nuevo, ven.*

Sé bienvenido a esta caravana que te sacará del mundo de la ilusión y te llevará a un lugar donde las soluciones espirituales te aguardan en cada encuentro, en cada momento de tu vida.

2

Antiguas ideas «radicales»

> El hombre corriente que no sabe qué hacer
> con esta vida quiere tener otra que dure eter-
> namente.
>
> ANATOLE FRANCE

Somos capaces de alcanzar un estado de conciencia
en el que podemos obrar milagros

Como he mencionado en el capítulo 1, al prepararme para
escribir este libro me interesé, felizmente, por las enseñanzas de un santo llamado Patanjali, quien, según cuentan,
vivió hace varios miles de años. Ninguna de las fuentes que
he consultado me ha podido indicar con precisión quién
fue Patanjali, si en realidad se trata de más de una persona
o en qué siglo vivió. Igual que ocurre con Shakespeare, Jesús y otras muchas figuras importantes, la influencia de las
ideas y enseñanzas de Patanjali ha perdurado a pesar de la
ausencia de detalles sobre su existencia.

En el capítulo anterior me he referido a su obra el *Yogasutra*. Muy pocos libros me han producido la profunda
sensación de expectación que experimenté al leer el *Yogasutra*. Patanjali enseña que podemos alcanzar un estado de
conciencia que nos permite obrar milagros. Explica que,
para empezar, somos seres trascendentes y nos aconseja no

tener miedo de superar las limitaciones que nos impone el mundo material.

Las palabras de Patanjali me hicieron pensar que podía vivir a un nivel mucho más elevado de lo que jamás había imaginado. Las ideas que presenta te cambian la vida. Yo mismo sentí la necesidad de ir más allá de las ideas tradicionales que constituían un obstáculo para mi unión con Dios. Te animo a que abandones tu incredulidad a medida que leas este capítulo, aunque soy consciente de que parte de este material puede chocar estrepitosamente con las enseñanzas religiosas que has recibido.

El título de este libro implica una afirmación general: existe una solución espiritual para todos los problemas. Para aplicar esta idea tienes que ser consciente de las ideas llamadas «radicales», porque pueden abrirte a tu capacidad de poner en práctica soluciones espirituales para tus problemas. Tal vez te sirva de ayuda tener en cuenta la diferencia entre desarrollo espiritual y enseñanzas religiosas formales.

Patanjali ofreció cientos de indicaciones específicas y prácticas para alcanzar la unión con Dios, a la que él llamaba yoga. Algunos aforismos de Patanjali sin duda te parecerán demasiado desfasados para aplicarlos a los problemas que tenemos en el mundo actual. He seleccionado cinco aforismos que me ayudaron a reconocer que tenemos las soluciones espirituales al alcance de la mano. Presento cada uno de ellos con un comentario sobre su valor para resolver problemas en el mundo actual.

En este mundo, tan orientado hacia lo material, a menudo nos enfrentamos con problemas que parecen irresolubles. Es preciso que cambiemos nuestra forma de pensar, porque sólo así descubriremos que tenemos algo de un valor incalculable, un poder al que podemos recurrir para encontrar soluciones espirituales. No es necesario consultar a ningún experto en teología ni hojear antiguos manuscritos para encontrar respuestas. Lo único que tenemos que hacer es tomar conciencia de que esas soluciones espirituales están ahí, a nuestro alcance.

Un tiempo atrás, durante un descanso en un seminario de medio día que dirigía, alguien dejó esta nota sobre la mesa del estrado:

> Pregunta a Dios: «¿Por qué permitiste que muriera toda aquella gente en la escuela de Denver?».
> Respuesta de Dios: «Ya no me permiten la entrada en las escuelas».

En el siglo XXI son muchas las personas que identifican a Dios con la religión y las enseñanzas religiosas e insisten en que se separen de lo que se enseña en las escuelas. Pero en la Constitución [de Estados Unidos] no se especifica que debamos separar Dios y Estado. Dice claramente que habrá separación de Iglesia y Estado. Para separar Dios y Estado deberíamos retirar todas las monedas emitidas por Estados Unidos y borrar: «Confiamos en Dios». Deberíamos modificar el Juramento de Lealtad y todas las referencias a Dios que aparecen en los documentos de nuestro gobierno. Tratar de eliminar a Dios de nuestra vida cotidiana contribuye al creciente déficit espiritual que Estados Unidos está experimentando.

Las ideas que Patanjali escribió hace miles de años son de gran valor en nuestros días. Estas ideas no forman parte de ninguna religión ni Iglesia. Son una receta para llegar a la unión con Dios (yoga) y, en consecuencia, recuperar todo el poder y majestad de nuestro origen.

Basta de negaciones y advertencias. He aquí cinco aforismos de hace al menos veinte siglos que pueden ayudarte a encontrar tus respuestas espirituales. He dispuesto estos cinco importantes temas de un modo que a mí me resulta útil y confío en que también lo será para ti.

ANTIGUAS IDEAS «RADICALES»

Primer aforismo: el acto central de la ignorancia es la falsa identificación

Patanjali describe la ignorancia como la interpretación errónea de nuestra verdadera naturaleza. Según este antiguo maestro, cuando nos identificamos con nuestro nombre o título, con nuestro cuerpo, nuestras posesiones, logros o reputación, estamos negando nuestra verdadera identidad. Según él, esto es la ignorancia.

Este acto de ignorancia nos obliga a interpretar erróneamente la naturaleza y, en consecuencia, a quedarnos en la parte exterior de las cosas. Cuando el mundo se contempla como un conjunto de cosas y seres separados es imposible tener conciencia de totalidad. Este antiguo maestro dejó claro que, cuando negamos a Dios en nuestro interior, negamos a Dios en todas partes. Encontrar una solución espiritual a cada problema empieza con el compromiso para acabar con esta clase de ignorancia.

Para eliminar la ignorancia tal como la define Patanjali no tienes que volver a la escuela. Ignorancia no es la ausencia de conocimientos. Él no dice que seas ignorante si no sabes ortografía o resolver ecuaciones de segundo grado o recitar de memoria las capitales de los países. Cada persona posee un amplio almacén de datos y conocimientos a su disposición. Para algunos esto significa leer anteproyectos, para otros reparar bicicletas. Para algunos es preparar una opípara comida y para otros es cruzar el país conduciendo un camión de dieciocho ruedas. ¿Quién puede decir que una u otra habilidad es más importante que las demás?

Si una serie de habilidades te permite ganar más dinero y eso es importante para ti, debes aprender y aplicar, por todos los medios, esas habilidades para ganar dinero. Pero la persona que elige una serie de habilidades o acciones diferentes, que le reporten menos ingresos, no tiene por qué ser ignorante, aunque nuestra cultura a menudo tiende a identificar pocos ingresos con ignorancia.

Lo que aquí examinamos es la ignorancia definida como identificación sólo con el mundo material basado en el ego.

Para eliminar este tipo de ignorancia tendrás que replantearte la imagen que tienes de Dios y de ti mismo. Procura olvidar la errónea identificación de Dios con los cinco sentidos y el intelecto y sustitúyela por la imagen de que estás eternamente conectado con una fuente divina. Esta nueva identificación tiene que ir acompañada de la decisión interior de reorientarte cuando te enfrentes con un problema. En lugar de pedir a un Dios externo que resuelva tu problema por ti, identifícate como parte de la amada creación divina que eres. Dedica tus acciones a Dios y, poco a poco, verás desaparecer el error de la falsa identificación.

Por ejemplo, si quieres poner fin a la costumbre de comer demasiado de forma compulsiva, empieza por no identificarte más con un cuerpo lleno de ansia (ignorancia). Imagínate, en cambio, lleno de una paz y alegría puras y eternas siempre en unión con Dios. La ignorancia te impide experimentar verdaderamente el placer o la realización a través de los sentidos porque te aferras a aquello que crees que te los proporciona en lugar de buscar la pureza o la auténtica felicidad. La errónea identificación siempre te traicionará. Los sentidos no cesarán de tentarte con objetos de deseo.

Deja de identificar tus pensamientos con las sensaciones de tu ego y siéntete parte del infinito. Cuando lo hagas, seguirás actuando según tus pensamientos, pero lo harás como un ser eterno divino, perfectamente equilibrado. Me gusta la idea del alma eterna presentada en este extracto del *Bhagavad Gita*:

> *El alma iluminada…*
> *Siempre piensa: «No estoy haciendo nada».*
> *No importa lo que vea,*
> *oiga, toque, huela, coma…*
> *Esto lo sabe siempre:*
> *«No estoy viendo, no estoy oyendo:*
> *Son los sentidos los que ven y oyen*
> *y tocan las cosas de los sentidos».*

Para convertirnos en un alma iluminada no debemos formarnos una imagen de nosotros mismos basada en nuestros sentidos y lo que buscan. Eso es ignorancia. Nosotros no somos los objetos de la experiencia, sino el experimentador mismo. Vernos de esta manera nos proporciona una nueva herramienta para resolver problemas. Inténtalo la próxima vez que sientas el impulso de comer en exceso o tomar una sustancia tóxica o incluso afligirte y sufrir por una pérdida.

La siguiente carta y poema que recibí de Mary Lou Van Atta, de Newark, Ohio, es un impresionante ejemplo de esto. Ella habla directamente sobre esta idea de la falsa identificación mientras describe su sufrimiento y cómo encontró, al fin, una solución espiritual recordando quién es en lugar de quién había creído, falsamente, que era.

> Distinguido doctor Dyer:
>
> Mi hijo fue asesinado hace dos años en un intento de robo. Francamente, creí que jamás me recuperaría de su pérdida. A pesar de las sombras que enturbiaban mi vida y mi mente, de alguna manera fui conducida a sus libros y cintas. Anteriormente había leído y escuchado muchos y, aunque había disfrutado con ellos, estaba demasiado ocupada para hacerles verdadero caso. Al acudir de nuevo a ellos me di cuenta de que todos contenían una verdad: somos espíritu en un cuerpo, no un cuerpo con espíritu.
>
> Vuelvo a ser una mujer feliz y sana, llena de vida. Siempre sentiré la pérdida de Ross, pero sé que la historia no termina aquí. Puedo esperar. No pasa nada.
>
> Incluyo un pequeño poema que espero le gustará. Lo escribí yo, pero usted me lo enseñó.
>
> Gracias de nuevo.
>
> Atentamente,
>
> MARY LOU VAN ATTA

En verdad, como nos recuerda Patanjali, somos espíritu en un cuerpo. Creer otra cosa es ignorancia causada por una errónea identificación. En ese estado de ignorancia no podemos hallar soluciones. Cuando experimentamos lo que san Pablo llamó una «renovación de la mente», somos capaces de vernos tal como somos verdaderamente.

Con permiso de Mary Lou, incluyo el poema que escribió y que resume esta primera idea «radical» antigua. El acto central de la ignorancia no es estar mal informado, sino identificarse erróneamente con la propia forma.

Yo soy

El «yo» que soy yo, no puedes verlo.
Sólo ves la forma que crees soy.
Esta forma que ves no siempre será;
    pero el «yo» que soy yo vivirá eternamente.

La próxima vez que te encuentres ante un problema que no puedas resolver, intenta redefinirte de la forma en que Mary Lou propone en el poema e identifícate con el experimentador eterno y no con el objeto de ese experimentador. Hazte estas preguntas clave tomadas de los antiguos *Upanishad*: «¿Por orden de quién piensa la mente? ¿Quién ordena al cuerpo que viva? ¿Quién hace que el oído oiga y la lengua hable?».

Tu verdadera identidad es la mente de la mente, el ojo del ojo y la respiración de la respiración. Ve allí y encontrarás el principio de una solución espiritual a cualquier problema que creas que tienes. Meher Baba describe así el proceso de vencer nuestra propia ignorancia tal como la definimos aquí:

«Así, aunque empieza buscando algo completamente nuevo, llega en realidad a una nueva comprensión de algo antiguo. El viaje espiritual no consiste en llegar a un nuevo destino en el que una persona obtiene lo que no tenía o se convierte en lo que no era. Consiste en la disipación de esta ignorancia de uno mismo y la vida y el gradual crecimiento de esa comprensión que empieza con el despertar espiritual. El descubrimiento de Dios significa llegar a nuestro verdadero yo» (*Discursos*, pág. 127). Tu objetivo es aplicar esta antigua sabiduría para disipar tu ignorancia respecto a ti mismo y a la vida.

Segundo aforismo: la mente del verdadero iluminado está serena porque sabe que la paz de Dios está en todas las cosas, incluso en la desdicha y la enfermedad

Este segundo aforismo trae a la mente el dicho de que las tres cosas verdaderamente difíciles de la vida son: devolver amor por odio, incluir a los excluidos y reconocer que estamos equivocados. Aquí quiero examinar la primera y más difícil: devolver amor por odio.

Cuando estudiaba las antiguas palabras de Patanjali, tropecé con una referencia que expresaba lo siguiente: cuando no estás en paz, Dios no puede manifestarse en ti. Mientras reflexionaba sobre estas palabras, comprendí profundamente que Dios es amor. Y esto me sucedió en un momento en me hallaba en un estado de quietud. Si se precisa quietud para conocer a Dios, entonces es necesario que nos encontremos en un lugar de amorosa tranquilidad para recibir la ayuda de Dios y resolver un problema. Así, lo que más cuesta, devolver amor por odio, se vuelve mucho más sencillo cuando somos capaces de estar en paz porque, en realidad, es Dios el que se manifiesta a través de nosotros.

Cuando devolvemos amor por odio expresamos la paz de Dios que está en nosotros. Nuestra respuesta tiene una cualidad serena y amorosa. Esta calma es un aspecto vital de la conciencia que hace posible obtener soluciones espirituales.

He elegido dos pasajes de la Biblia para destacar la relación entre quietud o calma y Dios. Tomando la afirmación de las escrituras e invirtiéndola podemos reconocer con claridad lo que ocurre cuando no somos capaces o no queremos elegir la quietud. De modo que: «Si estás ansioso o temeroso, no conocerás a Dios» es lo mismo que: «Permanece en silencio y sabrás que soy Dios» (Salmos 46:10).

En lugar de: «Dios es amor; y el que more en el amor mora en Dios y Dios en él» (I Juan 4:16) tendríamos: «Dios es temor y el que mora en el temor no puede morar en Dios ni Dios en él».

Probablemente estás pensando que esto es lógico. Dios es quietud. Dios es amor. Cuando yo no soy ninguna de las dos cosas, no tengo ninguna probabilidad de que se me presente una solución espiritual. Pero ¿cómo consigo esa quietud? Puedes acceder a ella si voluntariamente optas por la calma en momentos de ansiedad o temor. Sí, puedes elegir guardar la calma en todo momento, recordándote que ya no eliges vivir según tus condicionamientos pasados.

Cuando abandonamos la calma, dejamos atrás a Dios, en gran parte debido a nuestros condicionamientos.

Hemos aprendido a tener miedo y estar ansiosos cuando nos enfrentamos a un problema. Si queremos, podemos aprender a estar calmados y dejar que Dios se manifieste en nosotros de nuevo. Como he dicho en el capítulo 1, los problemas empiezan, sin lugar a dudas, en nuestra mente, y es posible que tengamos que recordarnos que si existen es sólo ahí, en nuestra mente, nada más. De ahí la «ilusión» que he mencionado antes. Si corriges el error, la ilusión desaparece. Nuestro condicionamiento nos ha conducido al error de pensar que somos seres finitos.

James Carse, en su libro *Finite and Infinite Games*, describe un mundo de juegos finitos en el que los ganadores y los perdedores, las reglas, los límites y el tiempo son extremadamente importantes. En el mundo de juegos finitos, los títulos, las adquisiciones y el prestigio son primordiales. La planificación, la estrategia y el secreto son cruciales. Para convertirte en un maestro en el mundo de los juegos finitos tienes un público que conoce las reglas y que te dará una reputación. En el juego finito, ser identificado con los perdedores es terrible y peligroso. El juego finito valora los cuerpos, las cosas y las reputaciones. La pérdida última es la muerte.

En este libro, Carse explica que el resultado final del juego finito es la autoaniquilación porque las máquinas que inventamos para ayudarnos en este juego de ganadores y perdedores destruirán a los que confíen en ellas. La tecnología, el marketing, la productividad son términos para animar a los jugadores a comprar más máquinas y el valor de uno depende de cuántas máquinas posee el jugador y lo bien que las haga funcionar.

También existe el juego infinito, que puedes empezar a jugar si quieres. En este juego no hay límites; las fuerzas que permiten que las flores crezcan son infinitas y esas fuerzas no pueden ser dominadas ni controladas. El propósito del juego infinito es conseguir que haya más gente que juegue, ría, ame, baile y cante. La vida misma es infinitamente no comprensible. Estas fuerzas existían antes que nosotros y seguirán existiendo tras los límites de la muerte y el tiempo.

Mientras el jugador finito tiene que debatirse y aprender el lenguaje y las reglas para hacer funcionar todas las máquinas, el jugador infinito habla desde el corazón y sabe que las respuestas están más allá de las palabras y las explicaciones. Eso no significa que los jugadores del juego infinito no puedan jugar también juegos finitos. Pero no saben tomárselos en serio.

Es una opción. Nos hallamos en un mundo en el que el secretismo, la competencia, el miedo y las armas son parte del equipo empleado para jugar el juego finito de la vida. Sabemos que los ganadores y perdedores están sumamente valorados. Los jugadores que prefieran pasar más tiempo jugando al juego infinito también juegan al juego finito. Creo que el siguiente extracto del libro *A Course in Miracles* lo expresa de un modo delicioso:

> Hay un modo de vivir en el mundo que no está aquí, aunque parece que sí. No cambias tu aspecto, aunque sonríes con más frecuencia. Tu frente está serena; tus ojos están tranquilos. Y los que van por el mundo como tú se

reconocen en ti. Sin embargo, los que aún no han percibido el camino también te reconocerán y creerán que eres como ellos, como eras antes.

Se trata de una receta para conocer la paz de Dios incluso cuando el aspecto es de desventura y enfermedad. La opción es jugar principalmente los juegos infinitos, pero aunque también juegues a juegos finitos, niégate a tomarlos en serio. Los demás tal vez crean que lo haces en serio, pero tú sabes que no. Sabes ver tu mundo en términos de un juego infinito. Sonreirás con más frecuencia, te sentirás sereno y encontrarás las soluciones espirituales.

Terminaré esta sección con una historia que me contó Gary, un amigo que vive en Nueva York pero fue educado en India. Cada año, al finalizar el año escolar, en junio, el padre de Gary le enviaba a vivir con un maestro (gurú) en un *ashram* con otros muchachos. Allí se quedaba durante un par de meses con el fin de aumentar su conciencia espiritual. En este *ashram* en concreto había dos cabañas grandes, y el primer día de verano todos los muchachos recibían las siguientes instrucciones:

«Tenéis que permanecer en silencio absoluto durante las cuatro primeras semanas. No se puede hablar en ningún momento. Si rompéis el silencio una sola vez, abandonaréis la cabaña silenciosa e iréis a vivir a la segunda cabaña, donde podréis hablar tanto como deseéis durante el resto del verano.»

No había amenaza ni castigo alguno. La única consecuencia de romper el silencio era, simplemente, que había que abandonar la cabaña silenciosa.

Gary me contó que el primer año no pudo pasar cuatro días sin hablar, y tuvo que irse a la segunda cabaña. El segundo año duró aproximadamente diez días, y el tercer año pudo resistir dos semanas sin romper el silencio.

Cuando iba a cumplir quince años, sabía que iría al *ashram* y se comprometió interiormente a cumplir el tiempo de silencio prescrito, pasara lo que pasara. Se tapó la boca con esparadrapo y empleó otros trucos para asegurarse de que no rompería el silencio ni una sola vez. Observó que cada año, al final del mes de silencio, sólo quedaban en la primera cabaña dos o tres muchachos. Como es natural, después de muchos años de esfuerzo, Gary completó el mes sin romper el silencio.

El último día, el gurú entró en la primera cabaña y se sentó a la mesa de la cocina con Gary y los otros dos chicos que habían permanecido totalmente en silencio durante todo el período designado de un mes. Me contó que los cuatro tuvieron la experiencia de comunicación más notable que jamás había conocido. Se contaron historias, rieron, lloraron y se hicieron preguntas unos a otros. Durante varias horas, conversaron con una intensidad nueva para él. Durante todo ese tiempo, en el que se comunicaron intensa e íntimamente a un profundo nivel de sentimiento, no se emitió ni un solo sonido ni se pronunció una sola palabra.

Puede que te cueste creer que es posible la comunicación sin palabras o sonidos. Sin embargo, sé que Gary es un hombre veraz, íntegro y más aún. Dejo que tú saques tus propias conclusiones. Estoy convencido de que cuando alcanzamos la verdadera iluminación, nuestra calma interior, cuando se lleva al extremo, nos permite trascender la confianza en los símbolos y el ruido y conocer la paz de Dios. Mi conclusión es que podemos comunicarnos a través de nuestra propia calma interior de un modo infinito. O, como lo expresó Patanjali: «Sólo se puede penetrar en el estado de yoga perfecto cuando las ondas del pensamiento han quedado quietas».

Cada uno debe encontrar la manera de acceder a su quietud interior. Una de las maneras en que yo lo hago cada día es examinar un cartel que tengo colgado en la pared. Bajo un hermoso y sereno paisaje de cielo azul y montañas están las palabras tomadas de Paramahansa Yogananda: «La calma es el soplo de la inmortalidad de Dios en ti». Contemplo esta sabiduría cada día de mi vida. Sería un honor para mí que me escribieras para contarme la manera que tú has descubierto de encontrar tu quietud.

Tercer aforismo: el pecado no existe; sólo hay obstáculos para la unión última con Dios

La mayoría crecemos creyendo que un pecado es un acto de desobediencia o ingratitud hacia Dios, que está separado de nosotros e impone su castigo. Este aforismo nos dice que las conductas y los pensamientos que quebrantan un mandamiento son ofensas a nuestra propia naturaleza verdadera, que es Dios. Así, lo que percibimos como pecaminoso puede ser considerado un obstáculo para nuestro desarrollo personal. Patanjali sostiene que lo que llamamos pecado es energía mal dirigida, que podría haber sido utilizada para encontrar la unión con Dios si la ignorancia no nos hubiera desencaminado.

La palabra «pecado» tiene una traducción literal: «desviado». En este sentido, la conducta que la religión nos ha señalado como pecaminosa es una conducta desviada o alejada de Dios. Y, según Patanjali, esto no es razón para sumirnos en el sentimiento de culpa y agotar nuestra energía vital tratando de enmendarnos. Lo que hemos de hacer es considerarla como un obstáculo que aún tenemos que vencer.

Cuando vemos las conductas «pecaminosas» como obstáculos vislumbramos lo que debemos hacer para encontrar la solución espiritual que buscamos. Cuando las consideramos pecado, colocamos la responsabilidad de corregir la conducta en un Dios ajeno a nosotros. Así, esperamos que este Dios externo nos perdone y nos sentimos abrumados por el peso de la culpa y la incertidumbre de no saber si merecemos o no liberarnos del problema. Me gustan estas poderosas palabras de Mahatma Gandhi sobre cómo hacer frente a nuestros defectos:

> Mis imperfecciones y fracasos son una bendición de Dios, igual que mis éxitos y mis talentos, y pongo ambos a sus pies.

Contemplar un fracaso como una invitación a recurrir a Dios es una manera mucho más útil de manejar el «problema». Revolcarse en la vergüenza, convencidos de que hemos pecado y no merecemos el perdón, no es la mejor manera de encontrar soluciones. Prueba, en cambio, a efectuar este diálogo interior: «No he pecado contra Dios. Mi comportamiento ha inhibido mi completa unión con

Dios. Esto es un obstáculo para encontrar una solución espiritual. Empezaré ahora mismo a retirar este obstáculo de mi vida».

El concepto de pecador implica una imagen de autodesprecio y culpabilidad, mientras que el concepto de encontrarse con un obstáculo da poder. Me gusta la parábola curativa de Jesús y el ciego:

> En el camino, vio a un hombre ciego de nacimiento y sus discípulos le pidieron: «Rabí, ¿quién pecó, este hombre o sus padres, para que naciera ciego?». «Ni él ni sus padres pecaron —dijo Jesús—; esto le ocurrió para que la obra de Dios pudiera manifestarse en su vida.»

Nos han enseñado a pensar en términos de pecado y castigo. Estas ideas nos quitan poder porque hacen hincapié en la idea de que somos débiles y estamos equivocados. Para adquirir poder hay que ver las pruebas que se presentan ante nosotros como una lección, como una oportunidad para elegir algo diferente. Podemos superar la odiosa noción de que somos pecadores inmersos en la culpa, esperando el castigo. Para encontrar una solución espiritual a un problema hay que centrarse en la idea de una solución. El pecador abrumado por la culpa se queda inmovilizado y en pasiva inercia. Cuando consideramos la conducta pecadora como un obstáculo para acceder a un nivel de conciencia más elevado podemos responsabilizarnos preguntándonos: «¿Cuál es la lección? ¿Y qué puedo hacer para evitarlo la próxima vez?».

Los discípulos de la parábola suponían que la ceguera del hombre tenía que haber sido causada por un pecado cometido por alguien relacionado con el ciego. Pero Jesús les enseñó que las desgracias en el mundo físico no se deben a que los humanos hayan pecado. Las desgracias son obstáculos en el camino que nos une al infinito que hay dentro de nosotros. Jesús les recuerda que no se ha cometido ningún pecado.

Todos somos ciegos en muchos aspectos. A través de nuestra ceguera Dios puede manifestarse en nuestra vida. Mahatma Ghandi, entre otros, predicó el valor del lado oscuro. Nuestro lado oscuro y nuestros puntos oscuros son, como dijo Ghandi, una bendición de Dios, no un estorbo por el que merezcamos castigo. El concepto de pecado es algo que ha llegado hasta nosotros a través de nuestro sistema de creencias condicionadas.

Esta idea «radical» enseña el concepto de los obstáculos que nos impiden llegar a la conciencia unificada del Dios que llevamos dentro. Si has quebrantado alguno de los mandamientos que para ti son ley, si has robado, engañado o mentido, o codiciado o incluso dañado físicamente a otro, intenta ver estas acciones como obstáculos para una unión espiritual con todo lo que verdaderamente eres y puedes ser. Recuerda que esto lo que más deseas. Entonces tendrás fuerzas para iniciar el proceso de eliminación de estos obstáculos.

Se trata de un concepto liberador. Di para tus adentros: «Aún tengo obstáculos que me he impuesto y que me impiden llegar a una solución espiritual», en lugar de decir: «Soy un pecador y no hay esperanza para mí a menos que Dios quiera perdonarme». Un pensamiento te da fuerzas, mientras que el otro las reduce. Un pensamiento conduce a una solución; el otro te mantiene inmóvil. En resumen, no volverás a pecar, porque el pecado no existe.

Aunque hayas hecho un daño irreparable a alguien por una ambición o una ira incontroladas, puedes considerar esta acción como un obstáculo para tu unión con Dios. Sin duda sentirás remordimientos y harás todo lo posible para enmendar tus malas acciones. En el futuro, sólo podrás corregir estos defectos si consideras que has impuesto barreras a tu yo más elevado y te perdonas. El arrepentimiento sincero no consiste en perpetuar la aflicción por lo que has hecho mal, sino en decidir que en el futuro evitarás esos actos que producen remordimientos.

Cuarto aforismo: la persona que se abstiene firmemente de la falsedad tiene poder para obtener, para sí mismo y para los demás, los frutos de las buenas acciones sin tener que realizar la acción misma

Normalmente, cuando empleamos la palabra «veraz» deducimos que las palabras de una persona corresponden a los hechos de los que habla. Sin embargo, en este sutra de yoga, la expresión de Patanjali «abstenerse firmemente de la falsedad» significa algo distinto.

A lo que se refiere es a identificarse completa y absolutamente con un ser espiritual, unido a Dios en todo momento y sin confundir jamás la identidad de uno con el mundo egoísta de las posesiones, los logros y la fama. Llegar a este estado significa estar en compañía de esos raros santos a los que todos reverenciamos y citamos con frecuencia, así como la posibilidad de permitirnos una abstención absoluta y obtener esos frutos de las buenas acciones. Esto nos permitirá no sólo resolver nuestros «problemas», sino los de los demás.

Examina con atención las palabras empleadas en este sutra: obtener para ti y los demás los frutos de las buenas acciones sin tener que realizarlas. ¿Qué significa eso para ti?

Patanjali indica que abstenerse firmemente de la falsedad significa que cuando se le dice a alguien: «Que Dios te bendiga», la persona es verdaderamente bendecida porque ya no somos capaces ni de soñar siquiera con la no verdad. De manera similar, la persona que se abstiene de la falsedad puede obrar curas milagrosas diciéndole, simplemente, a una persona enferma que está bien. Así, Patanjali sugiere que, cuando una persona se vuelve «perfecta en la verdad», literalmente logra el control de la verdad. El ser de esa persona, junto con sus palabras y acciones, le permite obtener los frutos de las buenas acciones sin realizar, necesariamente, las acciones con su cuerpo físico.

No estoy ofreciéndote la santidad a cambio de decir siempre la verdad. Lo que hago es proponerte que te abras a una idea que te permite recordar, firme y gradualmente, tu identidad como entidad espiritual divina unida a Dios. En momentos que antes calificabas de estresantes o problemáticos, empezarás a ver que aparecen los frutos de las buenas acciones (otra manera de decir que resolverás los problemas) sin tener que luchar para resolver la dificultad.

El hecho de recordar que estás unido a Dios en este instante de lucha hará que tus pensamientos y afirmaciones se conviertan en tu realidad. Conforme esta conciencia se vaya asentando, empezarás a tener el mismo efecto en los demás. En otras palabras, aportarás espíritu (que es lo que eres en tu conciencia) a todos y a todo lo que encuentres, y obtendrás con regularidad los frutos de las buenas acciones. Cada vez que sientas frustración o rabia, acuérdate de no identificarte con el mundo material y recuperarás tu verdadera esencia. Después observarás que la rabia y la frustración se han disipado. Bendícete a ti mismo y bendice la situación y empezarás a comprender lo que Patanjali quería decir con este aforismo «radical».

Cuando te abstengas de la falsedad, tal como la defino aquí, comunicarás a los que te rodean una sensación de paz, una serenidad unida a Dios. Cuanto más firme seas en este aspecto, más oirás que los demás dicen: «Me siento mejor cuando ella está cerca; me siento calmado cuando él aparece; sentí realmente que mi incomodidad y dolor desaparecían cuando él me hablaba». Literalmente, cuando te abstienes de la falsedad elevas la conciencia de los que te rodean. Te conviertes en sanador sin necesidad de estudiar. Te conviertes en una bendición sin tener el título de divinidad. Obtienes los resultados de las buenas acciones sin tener que sudar y trabajar para hacer lo correcto.

La espiritualidad es muy similar a la salud. Todo el mundo tiene salud. Algunos la tienen excelente y otros mala; sin embargo, no puedes dejar de tenerla. Con la espiritualidad ocurre lo mismo. Todo ser humano es un ser espiritual. Todos poseemos espíritu. Algunos poseen una espiritualidad elevada y, por lo tanto, tienen una vida intensa, llena de amor y paz y se encuentran en lo alto de la escala, tal como la he definido en el capítulo 1.

Cuanto más firmemente nos abstenemos de la falsa identidad, menos apegados estamos a cualquier cosa relacionada con ésta. A medida que aumenta el desapego, la espiritualidad sube la escalera de la que nunca puedes bajar por completo, igual que no puedes bajarte de la escalera de la salud. Empezamos a ver que aparecen los frutos de las buenas acciones sin que tengamos que realizar éstas. Al final, nos hallamos cerca de la cima y vemos que hay allí otras personas que quieren bañarse un poco en nuestra aura, por decirlo de alguna manera.

Pienso en la historia de Martín Lutero, que causó un gran impacto en la vida de millones de personas con su firme rechazo de la falsedad. Lutero jamás quiso iniciar una Reforma. Simplemente, quería que las autoridades de la Iglesia católica estudiaran unas noventa y cinco preguntas.

El papa León X, que tenía grandes necesidades de dinero para construir la nueva basílica y palacio del Vaticano, impulsó la venta de indulgencias, con las que la gente sencilla creía que podía ganar el cielo.* Esta política inmoral escandalizó a muchos creyentes, entre los que se encontraba Lutero.

Lutero pretendía que la Iglesia, corrompida por muchos siglos de conformismo y alianza con los poderosos, regresara al mensaje evangélico original. Por ello planteó una serie de tesis a causa de las cuales fue excomulgado. En alguna ocasión, cuando le pidieron que se retractara,

---

* Aunque en la imaginación popular era ése el efecto de las indulgencias —y la Iglesia actuó ambiguamente en el tema—, lo que otorga una indulgencia es la remisión total o parcial de las penas anejas a la confesión y absolución de los pecados. (*N. del E.*)

dijo: «Estoy atado por mi conciencia y por la palabra de Dios. Por lo tanto, no puedo retractarme de nada ni lo haré, porque actuar contra la conciencia no es seguro ni saludable. Me mantengo firme. Que Dios me ayude».

Rechazando con firmeza la falsedad, Martín Lutero influyó en los que le rodeaban y se convirtió en el principal impulsor de la reforma protestante, lo cual a su vez forzó a la Iglesia católica a introducir reformas que limitaron muchos abusos.

No tienes que convertirte en un Martín Lutero de la noche a la mañana. Pero piensa que puedes acceder al poder espiritual divino y aliviar tus problemas, primero, y después los de los demás alejándote de la falsa identificación. Piensa que todos los que tienen este poder del que habló Patanjali empiezan su viaje recordando, en momentos de lucha, que en un principio, y sin duda alguna, fueron seres espirituales divinos, unidos a su origen y no separados de él.

Quinto aforismo: cuando una persona se abstiene firmemente de hacer daño a los demás, todos los seres vivos dejan de sentir enemistad en su presencia

La expresión «abstención de hacer daño a los demás» no sólo incluye el acto de causar daño en sí sino también cualquier pensamiento que implique celos, prejuicios o inquina hacia otros. Renunciar firmemente a la violencia de pensamiento y en el trato con los demás crea un ambiente en el que toda violencia y enemistad deja de existir porque no habrá reciprocidad.

He aquí un importante conocimiento que puedes empezar a incorporar enseguida a tu vida: cualquier situación en la que experimentes ira o incluso una leve incomodidad, da pie a pensamientos de enemistad hacia la otra persona o personas. Patanjali explica que las otras personas no sentirán enemistad o angustia si tú te abstienes firmemente de tener malos pensamientos con relación a ellos. ¡Asombroso! Si tú te esfuerzas en no emitir juicios ni tener malos pensamientos, los que te rodean también estarán libres de angustia.

Ser consciente de que nos abstenemos firmemente de malos pensamientos es una potente herramienta para encontrar una solución espiritual a los problemas derivados de las relaciones. Cuando una persona te habla y empiezas a sentirte enojado por lo que te dice, acuérdate de no tener malos pensamientos ni enojarte. A mí me resultan particularmente útiles estas dos palabras, primero interiormente y luego en voz alta: «¡Tienes razón!». No con sarcasmo, ni rencor. Simplemente, dejo que la otra persona tenga razón, que es lo que su ego realmente quiere.

Con esta herramienta no das la razón a la otra persona, sólo permites que crea que la tiene, al tiempo que te mantienes firme en tu propósito de abstenerte de malos pensamientos. Cuando lo pongas en práctica, estarás empezando a vivir desde tu yo más elevado y no desde tu ego. Y a la larga, ésa será la forma en que reaccionarás espontáneamente, incluso cuando te insulten.

Hay una historia sobre Buda, en la que se halla en compañía de otro viajero, el cual le pone a prueba reaccionando de un modo insultante a todo lo que dice. Cada día, durante los tres en que Buda habló, el viajero respondió llamándole necio y ridiculizándolo con arrogancia. Finalmente, al final del tercer día, el viajero no pudo más. Preguntó: «¿Cómo puedes ser tan bueno y cariñoso cuando yo no he hecho más que ofenderte y deshonrarte? Cada vez que digo algo desagradable, respondes con amor. ¿Cómo es posible?».

El Buda respondió con otra pregunta: «Si alguien te ofrece un regalo y tú no lo aceptas, ¿a quién pertenece el regalo?». Esta pregunta proporcionó al viajero una nueva perspectiva de lo sucedido.

Cuando alguien te ofrece el regalo de sus insultos y tú te niegas a aceptarlos, es evidente que siguen perteneciendo a quien lo da. ¿Y por qué vas a preocuparte o enfadarte por algo que pertenece a otro?

En este aforismo, Patanjali señala que «todas las criaturas vivas dejarán de sentir enemistad» en presencia de alguien que no piensa o actúa de forma violenta. Esto es una manera de decir que podemos influir en el reino animal cuando somos firmes en este atributo. Ya conoces la historia de san Francisco de Asís, que sólo con su presencia domesticaba a los lobos que estaban diezmando el ganado. Además, las palomas volaban a sus manos y toda clase de criaturas salvajes percibían el amor que emanaba de él y dejaban de sentir enemistad.

He experimentado esto personalmente en muchas ocasiones. Una vez estaba haciendo jogging en Egipto a las cuatro y media de la madrugada; entonces apareció una manada de perros que corría hacia mí ladrando con furia. Dejé de correr y dejé de tener pensamientos de miedo o violencia. Los animales se calmaron y no me hicieron ningún daño.

Cuando contemples esta idea de la abstención de pensamientos o intenciones perjudiciales, ten en cuenta que las áreas de tu vida a las que llamas «problemas» no existirían si te ciñeras a esta idea cada día. La razón por la que no experimentas alegría en este preciso momento es porque te centras en lo que está mal o lo que falta. Inicia el proceso de llenar tu mente de amor, gratitud y perdón. Ernest Holmes escribió: «Qué carga se nos quita de encima cuando nos damos cuenta de que la mente eterna no tiene nada contra nadie».

Lo que tienes que hacer cuando buscas soluciones espirituales en tu vida es estar en el espacio de la mente eterna. No tengas nada contra nadie y, de paso, ten en cuenta las útiles palabras de Albert Einstein respecto a la importancia de cambiar el modo en que analizas todo lo referente a lo que llamas problemas. Einstein dijo: «Los problemas importantes no pueden resolverse al mismo nivel de pensamiento que los creó».

Los problemas son ilusiones del mundo material. Las soluciones son atributos de tu inmersión en el mundo del espíritu. Sí, hay una solución espiritual para cada problema. Pero para encontrarla tendrás que pasar a un nivel de pensamiento más elevado. Éstos son los cinco aforismos básicos de Patanjali que te guiarán para cambiar la mente que creó el problema:

1) Abandona tu identificación errónea.
2) La calma es la paz de Dios dentro de ti.

3) No pecas, sino que creas obstáculos.

4) Abstente firmemente de la falsedad.

5) Abstente firmemente de los pensamientos y actos perjudiciales.

Puedes aplicarlos cada vez que tengas un «problema». Son extremadamente útiles para descubrir y aplicar soluciones espirituales.

Cuando te enfrentes con un problema recuerda que lo creaste con una mente y lo resolverás con otra. Hay una solución espiritual y tú puedes crear la energía necesaria para acceder a ella cuando quieras.

Estos cinco aforismos de Patanjali representan el grado más elevado que puedes alcanzar en el mundo del espíritu. Simbolizan el modo en que aquellos a quienes llamamos maestros y santos vivieron, respiraron y ayudaron a otros a superar sus problemas. Es evidente que no lograrás aplicarlos todos al cien por cien en todas las ocasiones, pero poco a poco irás recordando la necesidad de buscar una solución espiritual en momentos difíciles o cuando tengas un problema.

Poco a poco descubrirás que la armonía y la paz aparecen donde antes había lucha. Literalmente, estarás creando un nuevo campo de energía para ti, lo cual constituye el tema del siguiente capítulo de este libro y también de tu vida.

3

Todo es energía

No sucede nada hasta que se mueve algo.

ALBERT EINSTEIN

Encontrar una solución espiritual a los problemas significa, en definitiva, reconsiderar el concepto de energía de una manera distinta. En general, asociamos a las personas que tienen mucha energía y vigor con las cualidades del entusiasmo y la infatigabilidad. Te sugiero que pienses en la energía en un contexto de vibración y movimiento.

En esta formulación, la energía es la velocidad del campo de energía de un individuo. La idea es que una frecuencia más elevada ayudará a resolver un problema, mientras que una frecuencia inferior intensificará los problemas e inhibirá las soluciones. Éste es un punto crucial en el paradigma simplificado que presento aquí y en el capítulo 4. Posees en tu interior la capacidad absoluta de aumentar tu frecuencia e intensificar el campo de energía de tu vida cotidiana. Al aumentar la velocidad a la que vibras, entras en las frecuencias a las que yo llamo espíritu y te apartas de las que están arraigadas en el mundo material de los problemas.

Stephen Hawking, que es quizá la mente científicamente más iluminada que existe en la actualidad en este planeta, ha dicho: «… Al parecer, las nociones de sentido común son útiles cuando se trata de cosas materiales como manzanas y/o cosas de movimiento relativamente lento como los planetas, pero no sirven para nada en el caso de cosas que se mueven a la velocidad de la luz». En consecuencia, si quieres utilizar la energía que vibra a frecuencias más rápidas que los niveles corrientes de conciencia tienes que aprender a descubrir tu energía del anticuado «sentido común» en el momento apropiado. Valerie Hunt, en su interesante y bien documentado libro *Infinite Mind: Science of The Human Vibrations of Consciousness*, llega a la conclusión de que «Como consecuencia de mi trabajo, no puedo considerar que el cuerpo sea un conjunto de sistemas orgánicos o tejidos. El cuerpo sano es un campo de energía electrodinámica interactivo y en movimiento. En la vida, el movimiento es más natural que el no movimiento; las cosas que se mueven sin cesar son buenas de por sí. Lo que interfiera con el movimiento tendrá efectos perjudiciales» (pág. 48).

No espero que te conviertas en experto en campos de energía electrodinámica ni que explores el campo en continua expansión de la física cuántica. Lo único que quiero en este punto es introducirte en la conciencia fundamental necesaria para activar tu frecuencia más elevada. Hay cinco hechos comprobables que he simplificado y espero que te inicien en tu habilidad innata para hacerlo.

1) Todo vibra, todo se mueve.

2) Las vibraciones más rápidas significan que te acercas al «espíritu».

3) Las vibraciones más lentas nos mantienen en el mundo de los «problemas».

4) Puedes eliminar lo que te impide aumentar tu frecuencia vibracional.

5) Puedes pedir la presencia de factores en tu vida que aumenten la frecuencia de las vibraciones.

Esto es en síntesis. La solución espiritual a todos tus problemas supone un cambio en tu campo de energía para que puedas acceder a la frecuencia más rápida y ponerlo en práctica a voluntad en tu vida cotidiana.

Ahora, vamos a echar un vistazo a estos cinco puntos básicos y a ver cómo pueden ayudarte a poner en práctica las soluciones espirituales.

UNO: TODO VIBRA, TODO SE MUEVE

Si miras una página de este libro bajo un microscopio muy potente, verás que se produce una danza; las moléculas, átomos, electrones y partículas sub y subsubatómicas se mueven sin parar. El libro parece sólido porque a esta frecuencia tus sentidos (que también vibran) perciben la solidez. Así, este libro es energía que se mueve de una forma tan lenta que parece una masa sólida. Esto también ocurre con tu cuerpo y todo lo que está en el mundo material; todo es energía que se mueve tan despacio que parece que no vibra. Pero un vistazo bajo el microscopio nos da esa asombrosa visión de movimiento.

Asimismo, todo se halla en estado de movimiento. Tenemos la impresión de que estamos sentados inmóviles, pero sabemos que nuestro planeta da una vuelta sobre sí mismo cada veinticuatro horas, traza una órbita completa alrededor del sol cada 365 días y se mueve por el espacio a velocidades de vértigo. Girar, orbitar y moverse son verbos que describen movimiento. Lo mismo puede decirse de tu cuerpo. Es un campo de vibración y movimiento que parece sólido e inmóvil.

Toda la información que recibes te llega a través de los sentidos. Por ejemplo, tus ojos perciben la luz, que en realidad es una vibración muy rápida del aire y partículas electromagnéticas. Tus oídos perciben el sonido, que es una frecuencia inferior de las vibraciones del aire. Si tuvieras que examinar la información percibida por los ojos y los oídos antes de que tus sentidos la captaran, verías que esas vibraciones no tienen nada malo ni carecen de armonía. Simplemente, son vibraciones libres de problemas. Pero cuando tú las recibes, dices de pronto: «Lo que oigo es un problema para mí», «Lo que veo es malo y terrible», etcétera. En otras palabras, has cogido esas energías más rápidas libres de problemas y las has procesado de un modo que supongan problema, por mucho que en sí mismas estén totalmente desprovistas de nada que se parezca ni remotamente a un problema o un mal. Procura recordar esto mientras leas.

Ahora, el gran salto. Cada problema con el que te enfrentas tiene una frecuencia vibracional y un movimiento. Cuando vives exclusivamente en el mundo de lo que parece sólido, te encuentras con circunstancias que parecen sólidas, a las que definimos como problemas. Todo, incluso lo que llamamos problema, tiene su propio campo de energía. Cuando los problemas chocan con nuestro mundo sólido más lento sentimos el conflicto como un desequilibrio en nuestro campo de energía, como un problema que no entendemos o no podemos resolver. Así, las enfermedades de toda clase representan una frecuencia y un movimiento exactamente igual que todo cuanto hay en el universo. Las adicciones también tienen una frecuencia o movimiento. El miedo, el estrés y la ansiedad son frecuencias. Creo que todos poseemos la capacidad de explorar más allá del mundo de lo sólido y lo inmóvil y de aprender a aumentar la velocidad de nuestras vibraciones. Ésta es la clave para afrontar con éxito los problemas.

Tal vez pensar en términos de frecuencias y vibraciones sea una idea nueva para ti, pero los científicos lo hacen siempre. Estudian la materia a nivel subatómico y afirman que la esencia de la creación es la energía. Al parecer, las partículas procedentes de la energía se paran y dan la impresión de ser sólidas. No es mi intención entretenerme en el mundo de la física cuántica y darte complicadas pruebas científicas. Otros mucho más preparados que yo ya lo han hecho. Mi propósito es hacer que consideres que la solución que buscas a lo que llamas problema puede residir en tu voluntad de cambiar tus pautas de energía vibracional.

Te voy a dar un ejemplo que te ayudará a comprender lo que es este campo de energía diferente. En las vibraciones más lentas tenemos la enfermedad y la falta de armonía. En un campo de vibración más rápido pero aún lento tenemos la conciencia humana corriente. El pensamiento y el espíritu se encuentran entre las vibraciones más rápidas.

Lento, sólido	Sonido, luz, pensamiento, espíritu	
10.000 ciclos por segundo	20.000 ciclos por segundo	100.000 ciclos por segundo
A	B	C
1. Enfermedad	1. Sin síntomas	1. Salud perfecta
2. Miedo, ansiedad, estrés, depresión	2. Sentimientos corrientes	2. Incapaz de ser inmovilizado emocionalmente
3. Conciencia del yo	3. Conciencia de grupo	3. Conciencia de Dios
4. Frecuencia pesada, sólida	4. Más ligero, sólido	4. Luz, pensamiento, espíritu
5. Frecuencia baja muy lenta	5. Frecuencia media	5. Frecuencias más elevadas, más rápidas

Piensa en tu salud física; pasas la mayor parte del tiempo intentando llegar al punto B, donde te sentirás bien porque tendrás ausencia de síntomas. Entre el punto A y el punto B es donde tomas medicinas, consultas médicos y, en general, te esfuerzas por llegar a un punto de conciencia humana corriente en el que te limitas a sentirte bien. El punto C representa la supersalud, donde te sientes muy bien. Puedes hacer quinientas flexiones, correr una maratón y estar libre de toxinas y colesterol. Hipotéticamente, la enfermedad se materializa a una frecuencia de energía muy baja. La conciencia humana corriente es lo que llamamos una frecuencia normal, y la supersalud representa una vibración rápida equilibrada que tiene la capacidad de contrarrestar las frecuencias de la enfermedad.

Sólo con fines explicativos, he asignado una cifra arbitraria para representar la velocidad de la frecuencia. A = 10.000 ciclos por segundo, B = 20.000 ciclos por segundo y C = 100.000 ciclos por segundo. Cuando vives continuamente a 20.000 cps o menos, vives en un campo de energía extremadamente lento y todo aquello a lo que llamas problema, que también vibra a esta frecuencia, se hace perceptible para ti. Tu objetivo será alcanzar el nivel al que te sientas normal.

Este ejemplo también se puede aplicar a tu estado emocional. En A encontramos miedo, ansiedad, estrés, ira y enfermedad mental. En el punto B tu bienestar emocional es estable y te encuentras bien pero cualquier cambio brusco en las circunstancias o las conductas de los demás puede enviarte de nuevo a ese mundo frenético de la preocupación, el miedo, la culpa y la depresión; aun así, en este punto pareces tener la vida bajo control. El punto C simboliza la salud emocional perfecta. Aquí sabes que nadie puede interferir en tu felicidad ni obstruirla. Las circunstancias externas no te atormentan. Las acciones y opiniones de los demás no producen ningún efecto desagradable en tu estado emocional. En el plano real, el movimiento de A a C supone un cambio en las frecuencias de la energía que tú puedes cultivar y elegir. En la teoría y en la práctica, tienes dentro de ti el poder de acceder a la frecuencia de la luz y el espíritu.

Cuando te apartas del nivel de los 20.000 cps y aceleras tu energía, lo que consideras accidentes y mala fortuna desaparecen. En las frecuencias vibracionales más rápidas puedes acceder sin dificultad a la intuición y otras cualidades que en un estado normal de conciencia se hallan en estado latente. Hay otro elemento fundamental a la hora de acceder a la guía espiritual para acabar con los problemas.

Hemos contemplado los estados físico y emocional desde la perspectiva de las frecuencias. Cuanto más lenta es la frecuencia, más te alejas del espíritu. Cuanto más elevada sea la vibración de tu campo de energía, menos problemas tendrás en tu vida. Puedes recurrir a las cualidades del espíritu para eliminar el pensamiento erróneo que provoca los problemas. En consecuencia, tus problemas, que son ilusiones, quedan anulados cuando apelas al espíritu.

Al tercer elemento de este ejemplo lo llamaré conciencia. En el punto A, el nivel más bajo es la conciencia del ego. Cuando estás en esta frecuencia tienes la visión interior de estar separado de los demás y en competencia con el resto del mundo. Te crees importante y te juzgas según lo que posees, lo que haces y lo que los demás creen de ti. La conciencia del ego es una frecuencia muy baja en la que te sientes claramente separado del espíritu, que es la vibración más rápida del universo. En realidad, en la conciencia del ego te hallas tan lejos de la energía de Dios como es posible y, básicamente, faltan de tu vida las siete características expresadas en la palabra «espiritual» tal como la defino en el capítulo 1.

Cuando avanzas hacia una conciencia media o normal llegas al punto B. A este punto lo llamo conciencia de grupo. Aquí te identificas según los grupos que has elegido o te han asignado como consecuencia de tu lugar de nacimiento, tu identidad étnica o nivel cultural. En la conciencia de grupo tienes la frecuencia del conocimiento humano normal, que establece categorías expresadas con frases como: Yo soy hombre, tú eres mujer; yo soy viejo, tú eres joven; yo soy italiano, tú eres chino; yo soy cristiano, tú eres musulmán; yo soy blanco, tú eres negro; yo soy conservador, tú eres liberal. Y así se va colocando a cada uno en una frecuencia en la que se resuelven los conflictos determinando quién tiene razón, es más fuerte, más poderoso, mejor o lo que sea.

Las guerras son consecuencia de la conciencia de grupo. Los miembros del grupo piensan en términos de: yo he nacido en este lado del río y tú en el otro. Así fue también con nuestros antepasados, por lo tanto tendremos que pelear para ver quién puede acceder al río y quién tiene razón. En la actualidad se producen las mismas disputas de siempre por los límites fronterizos, las tradiciones, las prácticas culturales, etcétera, y se justifican aludiendo a la necesidad de preservar la identidad y las tradiciones históricas de «mi pueblo». La conciencia de grupo es normal; la entiendo perfectamente. La frecuencia de 20.000 cps nos anima a unirnos a los grupos que se nos han asignado y a sentirnos orgullosos de derrotar a cualquiera que no sea «de los nuestros».

Cada vez que pones una etiqueta a alguien o a ti mismo estás creando un problema potencial, que te enfrenta contra quien sea que está en el otro grupo. Las relaciones causan problemas cuando estás en conflicto con el otro. La enfermedad se convierte en un campo de batalla cuando debes pelear con el que está invadiendo el territorio al que llamas «mi cuerpo». La falta de prosperidad se debe a que otros tienen más que tú. O sea que el que está en el nivel de la conciencia de grupo tiene que competir con «ellos» para gozar de prosperidad.

El punto B, la conciencia de grupo, está un paso más allá del punto A, la conciencia del ego. Sin embargo, implica una existencia que no es pacífica y tranquila y en la que no se pueden anular los problemas. A esta frecuencia, tener problemas se considera una función normal de la vida.

Cuando llegas al punto C de la escala de conciencia, llegas a un lugar al que yo denomino unidad o conciencia de Dios, donde no se conoce la separación. Como he apuntado, sólo existe un problema, que es la creencia de que estamos separados de Dios. Cuando aumentas la frecuencia a la que vives, tu campo de energía pasa a un nivel que te permite participar de las cualidades de la santidad. Te conviertes en espíritu puro. No ves divisiones y sabes que estás unido a todos los seres vivos. Te conviertes en una parte de Dios, por así decirlo, y el sentido místico de la unión ya no te permite sentirte separado.

Literalmente ves a Dios en toda flor, criatura y persona. A este nivel de conciencia de la unidad ha desaparecido el discurso crítico que te había situado como víctima o enemigo en las frecuencias más bajas. Utilizas esta frecuencia vibracional rápida en todas las situaciones y ya no ves el mundo como lo hacías cuando tenías una conciencia del ego o de grupo. El mensaje que lanzas al mundo ya no es: «Dame, dame, dame», sino «¿Cómo puedo dar?». Y la respuesta del universo, como un espejo, es: «¿Cómo puedo darte yo a ti?».

En este estado de conciencia de la unidad ya no ves las

circunstancias de tu vida como problemas. Comprendes la magia del famoso poema de Rumi, «La casa de huéspedes», que ilustra poéticamente lo que estoy diciendo. Los problemas no pueden existir cuando vemos la vida desde las vibraciones espirituales más rápidas.

LA CASA DE HUÉSPEDES

El ser humano es una casa de huéspedes.
Cada mañana llega alguien nuevo.
Una alegría, una depresión, una mezquindad,
Alguna conciencia momentánea llega
Como un visitante inesperado.
¡Dale la bienvenida!
Aunque sea una multitud de penas,
Que barren violentamente tu casa
Y la despojan de todo mueble,
Aun así, trata con honores a todo huésped.
Puede que te esté preparando
Para algún nuevo deleite.
El pensamiento oscuro, la vergüenza, la malicia,
Recíbelos en la puerta riendo,
E invítalos a entrar.
Agradece la llegada de todos,
Porque cada uno te ha sido enviado
como guía desde el más allá.

(*The Essential Rumi*)

En la conciencia de la unidad te ves conectado y no separado. Sabes que no hay accidentes y contemplas cada acontecimiento de tu vida con perspectiva. La energía nos influye en todo momento, y la frecuencia a la que esa energía se mueve determina nuestra salud física, mental y espiritual.

Acuérdate de esto: todo vibra, todo se mueve.

Dos: LAS VIBRACIONES MÁS RÁPIDAS SIGNIFICAN
QUE TE ACERCAS AL ESPÍRITU

Valerie Hunt, al escribir sobre iluminación espiritual en su fascinante libro *Infinite Mind*, observa: «En mi laboratorio descubrimos que cuando el campo de energía de una persona alcanzaba las vibraciones más elevadas, más complejas, mediante la imaginación o la meditación, esa persona tenía experiencias espirituales independientemente de sus creencias» (pág. 285). Para crear soluciones espirituales, cuando menos, debes intentar aceptar la idea de que tienes poder para aumentar las vibraciones de tu energía. Cuanto más rápida y más compleja es la frecuencia, más te acercas al mundo del espíritu invisible y puedes anular las situaciones vibracionales más lentas.

La doctora Valerie Hunt es científica e investigadora psicológica de los campos de energía humana. Sus conclusiones son casi idénticas a las de un hombre al que muchos consideran un maestro espiritual. Su nombre es Sathya Sai Baba; es un maestro divino que posee el don de los panes y los peces y tiene devotos en todo el mundo. Sai Baba nació en 1926 y ha pasado toda su vida enseñando y repartiendo amor incondicional y paz desde su *ashram* situado en el sur de la India. A sus muchos seguidores les dice: «La energía humana es baja y la energía divina no tiene límite. Tú eres Dios. Tú eres la energía divina cuando haces el trabajo divino. Tu energía crece…».

La filosofía científica de Hunt y la filosofía espiritual de Sai Baba nos ofrecen una visión grandiosa de la energía invisible como una frecuencia rápida que, cuando se abraza, nos impulsa hacia los confines de lo divino. Sus interpretaciones recalcan el valor de liberarnos del impacto negativo de las vibraciones más mundanas, que son más lentas. Esta capacidad de la mente superior parece estar más allá de los parámetros por los que nos guiamos a la hora de cuantificar la realidad material o física. La mente se diferencia del cerebro en que su vibración no puede medirse con aparatos materiales. La mente superior es como un campo que trasciende la realidad física del cerebro. Cuando explores la presencia del espíritu en tu vida como una frecuencia de la energía más rápida y más compleja, considera que los niveles más elevados de la mente contienen las capacidades de la interpretación, la imaginación, la creatividad y la conciencia espiritual. La mente es una construcción superior y se la puede considerar infinita y omnipresente.

Quiero que imagines que tu mente, quizá separada de tu cerebro, es como un campo de energía invisible de vibración rápida que no está situada en ningún sitio y que tiene la capacidad de convertirse en una experiencia ilimitada. «La mente experimenta y el cerebro registra», así lo describe Wilder Penfield en su grandioso libro *The Mystery of The Mind*. En consecuencia, cuando hablo de energía y de frecuencias vibracionales, hablo de la mente, la experiencia infinita, no simplemente del cerebro. Es tu mente lo que vas a ejercitar para pasar a una frecuencia más rápida y encontrar soluciones espirituales a tus problemas. No tengo intención de dar pie a un debate científico. Lo único que pretendo es presentarte la idea de que las frecuencias más rápidas representan el ascenso de lo sólido a lo ligero, al espíritu, y de que es en el espíritu donde hallarás la paz.

Piensa en la sensación que produce estar cerca de alguien que parece poseer estas capacidades superiores de la mente. Cuando observamos a alguien que tiene una percepción profunda nos quedamos pasmados. La persona de percepción profunda que te llega al alma con sus palabras y despierta sentimientos de amor y aprecio está vibrando a una frecuencia de energía más rápida.

Esta cualidad de la percepción es un ingrediente de la mente superior (y por tanto más rápida). Estas percepciones profundas no tienen por qué centrarse en campos esotéricos como la física cuántica o la ciencia nuclear. Recuerdo haber hablado con un futbolista profesional que tenía una gran percepción de cómo construir defensas contra las diferentes formaciones. Yo sabía que hablaba y experimentaba el campo en el que se centraba su vida desde una frecuencia alta. Las personas que saben ser pacíficas y amorosas a pesar de las circunstancias externas parecen poseer una mayor percepción de cómo vivir la vida cotidiana y pueden influir profundamente en aquellos con los que se encuentran.

Las frecuencias superiores de la energía que hay en tu mente contienen las semillas de la imaginación y la creatividad. Cuanto más creativo eres, más rápida es la frecuencia de tu campo de energía y con mayor facilidad puedes acceder al mundo invisible del espíritu para anular la energía inferior que produce lo que llamamos problemas. Si empleamos con frecuencia la palabra problema es sólo porque no hemos aprendido que la imaginación y la creatividad pueden hacerse cargo de la situación.

Hace varios años recibí una carta de una mujer de Oregón que se hallaba ante lo que la mayoría consideraríamos un problema importante. Reproduzco la carta para que veas cómo la creatividad y el espíritu le permitieron transformar una situación dolorosa en una bendición.

Querido Wayne:

Ni siquiera sé cómo empezar esta carta. Le escribí en 1996 porque mi hijo había desaparecido. Se metió en el mundo de las drogas y se perdió. En la época en que le escribí estaba angustiada y asustada. Asimismo, intentaba montar una organización para ayudar a los demás a encontrar a sus hijos mayores de edad que habían caído en la drogadicción.

Muy amablemente usted me respondió y su primera frase decía: «¡Serás guiada hacia Jeff! No lo dudes».

Guardé aquella carta y repasé mentalmente esas palabras una y otra vez, mientras veía en mi imaginación a Jeff y a mí abrazándonos cuando le encontrara. Todas las personas con quienes hablaba me decían que Jeff probablemente no querría verme, o que se pondría furioso conmigo o que huiría de mí. Jamás lo creí. Sabía que cuando nos viéramos hablaríamos y llegaríamos a comprendernos por lo menos.

Ahora, la buena noticia: encontré a Jeff. Cuando estuvimos cara a cara, la visión que yo había tenido se hizo realidad. Me abrazó, me dijo que me quería, me habló de su dolor, de sus deseos de llevar una vida diferente, y luego salió conmigo del mundo de la droga. Ahora hemos montado juntos una asociación, llamada «Tercera opción», para ayudar a otros padres a reunirse con sus hijos.

Escribí un artículo en la columna «My Turn» del *Newsweek* que apareció en la edición del 18 de agosto de 1997, y a raíz de eso nos pidieron que interviniéramos en el programa *Primetime Live, Good Morning America*, de la CNBC, y en otros muchos. Después, firmamos un contrato para llevar nuestra historia al cine. Asimismo, he escrito un libro que espero se publicará, titulado *To Jeff, Love, Mom*. Con los ingresos que consiga tendré dinero para llevar nuestra organización tal como deseamos. Ya hemos ayudado a un par de padres a encontrar a sus hijos y hemos asesorado a una docena más. Jeff acaba de resolver un caso en San Francisco.

Ahora estoy empezando a ponerme en contacto con los legisladores federales para ver qué podemos hacer para dar más derechos a los padres que han perdido a hijos mayores de edad en el mundo de la adicción.

Quería escribirle para darle las buenas noticias y agradecerle esa sencilla frase que me escribió en su carta. Todos podemos llevar la luz a la vida de otras personas, y aquellas palabras que me dijo de que sería guiada hacia Jeff iluminaron mi camino en más de una ocasión, cuando el miedo y la desolación que me producía no tener conmigo a mi hijo me abrumaban. Muchísimas gracias.

Bueno, esto es todo. Reciba un abrazo con toda la gratitud de mi corazón. Ah, por cierto, es posible que se produzca un gran aumento en las ventas de su libro *Real Magic*. Es mi favorito y les digo a todos los padres que lo compren.

Cuídese.

Muy cordialmente,

MICHALE MOHR

Con este ejemplo puedes ver el gran potencial de la creatividad y la imaginación para despejar la ilusión de un problema. El «problema» no sólo desapareció, sino que de esa energía de la penetración y creatividad surgió una solución espiritual para Michale y otros muchos.

Los investigadores de la ciencia de las vibraciones de la energía nos recuerdan que las cualidades a las que nos referimos con las palabras penetración, imaginación y creatividad son los componentes de los estados superiores de la mente. Evidentemente, cuando pensamos en la mente de Dios, pensamos en el creador que a partir de su conciencia imaginó un universo físico que desplegó, según se nos narra en el Génesis, con una profunda percepción.

Tu mente es una expresión individualizada de la mente de Dios y, al mismo tiempo, es la mente universal. Estas palabras de la doctora Valerie Hunt me llenan de agitación, porque me hacen pensar en el potencial creativo de nuestra mente: «Según mi experiencia en descifrar y emitir pensamientos desde un campo, creo que todas las ideas grandes y profundas jamás expuestas, los principios de las culturas avanzadas, los sucesos espirituales profundos y significativos en torno a los cuales se organizan las religiones, todo ello nos es asequible en su forma vibracional original. [...] El concepto del campo de mente abierta indica que todo pensamiento importante está ahí para que lo cojamos».

Estas «formas vibracionales originales» a las que yo llamo energía se hallan en el nivel más rápido o más elevado. Cuando domines los siete ingredientes del espíritu de los que hablo en el primer capítulo de este libro estarás en posición de anular todos los problemas. Luego, aumentará la rapidez de tu frecuencia mental y accederás a las facultades más elevadas de la percepción, la imaginación y la creatividad, que forman la base para estar en la mente de Dios. A la larga, tu campo mental enfocado, moviéndose a las frecuencias más rápidas del espíritu, se extenderá a todo lo que sucede en el mundo.

Cuando empieces a considerar esta idea de las vibraciones más rápidas como sinónimo del espíritu, recuerda que vivimos en un mundo de energía invisible que damos por supuesta. Las fuerzas electromagnéticas operan en frecuencias vibracionales que no vemos, ni olemos ni tocamos. Piensa en la electricidad, las señales de radio y televisión, las microondas, los faxes, los teléfonos móviles. Sabemos que podemos enviar ondas de radio a la atmósfera, hacer que vayan en un viaje de ida y vuelta hasta los satélites, codificarlas y descodificarlas y recibir información de ellas. Cuando aumentamos la frecuencia de estas ondas de energía podemos enviarlas a distantes planetas y sistemas solares, y, quizá, incluso hasta Dios y de nuevo a nosotros.

¿No es esto lo que haces cuando rezas, enviar una señal energética invisible de tu campo mental al campo mental universal al que debes estar conectado? Si no, ¿qué objeto tendría la plegaria? La investigación ha demostrado que las personas que rezan y por las que se reza ofrecen un mayor índice de recuperación. La plegaria es una vibración energética invisible que se acerca a las frecuencias más rápidas del espíritu. Y funciona, como ha demostrado la investigación.

Reflexiona sobre esta idea de las vibraciones más rápidas asociadas con el espíritu y de que el espíritu es el origen de la solución a todos los problemas. Esta percepción te proporcionará las herramientas que necesitas en la vida para llegar a la conclusión última de que eres la manifestación de las vibraciones de Dios. Te animo a que busques tu camino para deshacerte de la ilusión de que estás separado de Dios.

La observación con la que voy a cerrar esta sección está tomada del libro de Hunt: «... descubrimos que cuando el campo de una persona alcanzaba estados vibracionales más elevados ya no experimentaba cosas materiales como los cuerpos y los estados del ego o el mundo físico. Experimentaba una información más elevada, ideas trascendentales, percepción de las fuentes últimas de la realidad y creatividad en su forma pura. Los pensamientos eran más grandiosos, más penetrantes y globales» (pág. 93).

Los estados vibracionales más elevados te sacarán del mundo físico del ego donde se asienta la ilusión de los problemas. Lo siguiente que debes saber es que las vibraciones más lentas te mantienen en el mundo de los problemas.

Cuando vives de forma permanente en las frecuencias inferiores de la conciencia material no tienes capacidad para participar en los dominios de la interpretación superior, de las ideas trascendentes, la percepción, el conocimiento y la creatividad pura. Esto es lo que revela la investigación de Valerie Hunt sobre la ciencia de las vibraciones humanas de la conciencia.

Hay otro fascinante libro sobre este tema titulado *Power Versus Force* y escrito por el doctor David R. Hawkins. El autor pasó veintinueve años realizando un estudio exhaustivo para medir las vibraciones de la conducta y el pensamiento y ayudarnos a ver cómo pasamos de las frecuencias inferiores y más lentas de la vergüenza, la culpa, la apatía, el miedo y la ira a las vibraciones más elevadas de la buena voluntad, la aceptación, la razón, el amor, la alegría, la paz y la ilustración. El libro no tiene desperdicio, y cito aquí parte de su prefacio: «La mente humana individual es como un terminal de ordenador conectado a una base de datos gigantesca. La base de datos es la conciencia humana misma, de la que nuestra conciencia es tan sólo una expresión individual, pero con sus raíces en la conciencia común de toda la humanidad. Esta base de datos constituye lo que conocemos como genio; dado que el hecho de ser humano significa participar en la base de datos, todo el mundo, por el hecho de haber nacido, tiene acceso al genio» (pág. 12).

Pero ¿qué significa esto para ti, que querrías poder

librarte de la carga de las luchas y problemas del mundo material? La respuesta está en la cita de Einstein «Nada ocurre hasta que algo se mueve», que he colocado como epígrafe de este capítulo. Debes estar decidido a deshacerte de esos estados vibracionales más lentos del mundo material, porque ahí es donde residen tus problemas.

Tengo un amigo al que considero un hombre espiritual, sabio y perpicaz. Me contó que había ido a visitar a una mujer de Arizona cuyo cuerpo estaba tan corroído por el cáncer que se esperaba que muriera pronto. Estaba rodeada de su familia y amigos más íntimos, que meditaban y rezaban por ella, cuando de pronto todos los presentes oyeron una voz que decía: «¡Marchaos!». Mi amigo preguntó de inmediato: «¿Quién eres?», y la voz respondió: «Soy el cáncer». «¿Qué derecho tienes a reclamar a esta mujer?», preguntó mi amigo.

El cáncer respondió: «Ella me invitó. Cuando la ira, la rabia, el miedo, el odio, los celos, la furia, la preocupación y la envidia invaden el campo de energía de una persona, la energía negativa florece y se abre paso. Y aparece una abertura lo bastante grande para que yo entre». Es posible que te cueste creer en la presencia de una voz sin cuerpo, pero mi amigo, que sé que es sincero, insiste en que todos la oyeron.

Piensa en este diálogo con el cáncer desde el punto de vista de las frecuencias de la energía. El cáncer, como todo lo que existe en el mundo físico, posee una frecuencia vibracional. Esa frecuencia es incompatible con el cuerpo y empezará a devorar las células vecinas. Las frecuencias de la enfermedad pueden invadir tu cuerpo cuando vives en un estado no espiritual continuo de ira, miedo, envidia, crítica y preocupación. Estas vibraciones inferiores son inherentes a prácticamente todas las circunstancias de la vida a las que llamamos problemas.

¿Cómo reconcilias, pues, el mensaje del capítulo 1 de que Dios es bueno, Dios es el creador, Dios es omnipresente y todo lo que no es Dios no puede existir, salvo cuando permitimos que entre en nuestro pensamiento? Lo no bueno es una ilusión que desaparece cuando el espíritu está presente. A la inversa, cuando no permanecemos en el espíritu, nuestro campo de energía va más lento y se estanca en los elementos del mundo material como la ira, el odio, la envidia, la culpa y cosas parecidas. Entonces se produce un agujero en nuestro campo de energía, lo bastante grande para que otras frecuencias de vibración lenta penetren y dominen nuestro cuerpo.

Inconscientemente las estamos invitando a venir. Por decirlo de alguna manera, al permitir que nuestro campo de energía abandone el dominio espiritual. Y eso significa que no hay ninguna vibración de alta frecuencia disponible para contrarrestar la acción de estas vibraciones más lentas. Así, cuando abandonamos nuestra conciencia espiritual, estamos abriendo la puerta a las frecuencias de movimiento lento. El único antídoto posible es eliminarlas de nuestro cuerpo por completo; primero, identificando la frecuencia, y, luego, contrarrestándola con las vibraciones más rápidas de la energía espiritual.

Los estados emocionales del miedo, la preocupación, la ira, la envidia, la codicia, los celos, la culpabilidad y el odio son las reacciones de frecuencia inferior que utilizamos como respuesta a las circunstancias y acontecimientos de nuestra vida. Y la presencia de esos estados de la mente inferior permite que en nuestro campo de energía se abran agujeros lo bastante grandes para que otras frecuencias inferiores, incompatibles, entren en nuestro cuerpo en forma de enfermedad.

Pero aparte de la enfermedad, estas reacciones vibracionales de nivel inferior también pueden crear grandes agujeros en casi todas las áreas de nuestra vida. Agujeros que permiten que las frecuencias inferiores de los problemas entren y causen tanto daño a nuestras relaciones, nuestra familia y nuestro empleo como el que causan al destruir nuestro cuerpo. Una vez que asumamos la responsabilidad de la presencia de estas frecuencias inferiores sin ningún sentimiento de culpa, estaremos en disposición de eliminarlas.

El mundo material parece sólido, y lo experimentamos exclusivamente a través de los sentidos, que son las fuerzas motivadoras dominantes de nuestra vida. Queremos complacer a los sentidos con la riqueza, la adulación, el alcohol o las drogas y posesiones de toda clase; juguetes y joyas más grandes y mejores. Cuando no satisfacemos estas demandas de los sentidos, decimos que tenemos un problema. «No me pagan lo suficiente, mis hijos me desobedecen, no me tuvieron en cuenta para un ascenso, no puedo comprarme el coche que quiero, soy drogadicto, tengo exceso de peso, sufro de ansiedad, me pusieron una multa por exceso de velocidad y pueden retirarme el carné.» Podría seguir y seguir con la lista y no acabaríamos nunca.

Todo esto, además de los problemas de salud, se debe a que permites que tus sentidos (que son vibraciones muy bajas y lentas) dominen tu vida. Sin embargo, sólo son problemas en tu mente. Recuerda: cualquier relación que tengas con cualquier persona tan sólo existe en tu mente. Ahí es donde experimentas a los demás. Si procesas a los otros con tus sentidos, los experimentarás con la misma frecuencia inferior de tu vida cotidiana y siempre tendrás problemas que resolver.

Sólo cuando decides ir más allá de los sentidos y de las vibraciones de la energía más lentas e inferiores eliminas los problemas asociados con el mundo material de los sentidos.

En el Talmud hay una frase que dice: «No arrojes piedras al pozo que te proporciona el agua». Confiar en las frecuencias del mundo material es como arrojar piedras a ese pozo. El agua es el espíritu, que es una fuente inagotable, y las piedras que vibran más despacio contaminan esa fuente y crean toda clase de problemas.

En las viejas películas del Oeste a menudo hay una escena en la que aparece una dama en una diligencia que ha perdido el control. El cochero está herido de muerte con una flecha clavada en el pecho y los cuatro caballos tiran salvajemente de la diligencia mientras la dama de Filadelfia ruega inútilmente al cochero que pare. Retén esta escena en la mente y piensa que la diligencia representa tu cuerpo y el cochero tu intelecto, que ha sido silenciado. Las riendas representan tus emociones, que están inútilmente unidas a los caballos, que simbolizan tus sentidos. Los sentidos están completamente desbocados y te arrastran por los diferentes avatares de la vida, y la dama, que simboliza tu yo superior (tu conciencia) te ruega que tomes el control, que por favor detengas esa locura y pongas orden. Pero, ay, el intelecto está muerto y las emociones están inútilmente conectadas a los sentidos desbocados.

Esta imagen expresa claramente por qué tienes tantos problemas. Tus sentidos, de frecuencia lenta, te arrastran por la vida; tu intelecto no responde y tu yo superior de vibración rápida (el espíritu) te grita desde tu mente que hagas lo que hay que hacer.

He visto una papila del gusto que pesa tres gramos empujar a un hombre de más de cien kilos a una pastelería mientras la dama le rogaba que hiciera lo que él sabía que era lo correcto para no engordar. Él dirá: «Tengo un problema de peso», y justificará de ese modo su problema. Pero, en realidad, tiene un problema con los caballos, y si escuchara esa vocecita insistente de la dama que le ruega que invoque al espíritu para controlar sus caballos, de inmediato éstos dejarían de ir desbocados. Daría una vibración más elevada a su problema y la ilusión de ese problema desaparecería por completo de su vida.

De alguna manera, puedes y debes intervenir para detener esos caballos e impedir que corran enloquecidos y te arrastren hacia el mundo de los problemas, lo cual nos lleva al cuarto punto.

CUATRO: PUEDES ELIMINAR LO QUE TE IMPIDE AUMENTAR TUS FRECUENCIAS VIBRACIONALES

Vamos a echar un vistazo a las frecuencias más lentas que te impiden aumentar tu estado vibracional de conciencia.

Son los obstáculos que quieres cambiar y para ello has de estar alerta constantemente. Recuerda que las frecuencias de la conciencia del alma, o espíritu, tal como he señalado en el capítulo 1, incluyen las vibraciones más rápidas de la rendición, el amor, la relación con el infinito, el vacío sereno, la generosidad y la gratitud, sentirse conectado y no separado y, por último, la sensación de alegría. Así es como yo las defino, aunque podrían incluir muchas subáreas como la fe, la esperanza, la paciencia, la comprensión, la bondad, el perdón y la no interferencia.

Estas frecuencias más rápidas son las que llevarás a tu vida, hasta que ya no quede espacio para las vibraciones más lentas que llenaban tu casa de problemas. Las frecuencias más lentas son obstáculos. Se irán cuando lleves a su presencia el mundo vibracional del espíritu.

Con el fin de eliminar estos obstáculos de vibración lenta debes verlos como parte de un campo de energía al que te has acostumbrado y que, al principio, se resistirá a abandonar tu casa. Si recuerdas con insistencia que no estás luchando contra esas energías de frecuencia inferior, éstas sucumbirán a la conciencia de la presencia del amor. Eliminar obstáculos significa llenar el espacio que ocupan con vibraciones más rápidas y más elevadas hasta que las energías inferiores no tengan más remedio que marcharse. A la larga abandonarán tu casa porque ya no quedará espacio para ellas.

Siempre me ha gustado la manera en que un gran santo indio del siglo XIX y principios del XX respondía a sus devotos cuando le preguntaban cómo podían deshacerse de sus energías inferiores. «En primavera —respondía Vivekananda—, observa los capullos de los árboles frutales. Los capullos desaparecen cuando crece la fruta. De la misma manera, cuando lo divino crezca en ti desaparecerá el yo inferior.»

Las manzanas no tienen grandes conflictos con los capullos que ocupan el espacio destinado a ellas en las ramas del árbol. No hay ira, ni miedo, ni lucha entre el fruto y sus capullos. A medida que el fruto crece, el capullo desaparece. Esto también es así cuando llenas las habitaciones de la vida con las siete energías del espíritu de vibración más elevada. Como dirían los indios americanos: «Ningún árbol tiene ramas tan tontas que se peleen entre sí».

Los obstáculos del yo inferior no tienen más opción que marcharse. Lo que desaparece cuando el espíritu ocupa su lugar es una ilusión, y es en ese momento cuando comprendes que no era real. Así, como aconseja santa Teresa de Ávila:

> *Nada te turbe;*
> *nada te espante;*
> *todo se pasa;*
> *Dios no se muda,*
> *la paciencia*
> *todo lo alcanza.*
> *Quien a Dios tiene,*
> *nada le falta.*
> *Sólo Dios basta.*

El punto más importante de la observación de santa Teresa es: «Todo se pasa; Dios no se muda».

Todo lo que hay en este mundo material se halla en un estado constante de cambio y, a la larga, desaparecerá. Pero también existe el mundo de lo inmutable, lo que llamamos Dios, un espíritu inalterable que transformará las cosas a las que llamas problemas. Como dijo sabiamente santa Teresa: «Sólo Dios basta».

Es reconfortante saber que no tienes que equiparte para una gran pelea cuando te preparas para eliminar los problemas de tu vida. Simplemente, vas a poner en tu espacio vital algo que se mueve un poco más deprisa de lo acostumbrado. La energía más rápida sustituirá tranquilamente esa energía más lenta e inferior que residía en ti.

Los estados vibracionales inferiores son responsables de los problemas que inhiben tu estado de salud perfecta. Eliminando estas energías incompatibles, y sustituyéndolas por las energías más espirituales y más rápidas que son compatibles con los estados superiores de bienestar físico, puedes eliminar la ilusión de la enfermedad, la incomodidad, la fatiga, el estrés y similares. Además, al aplicar las energías de vibración más rápida del espíritu a esos problemas ilusorios de la mente sustituyes las energías inferiores que tienes instaladas en ti por energías espirituales más elevadas.

La última sección de este libro explica por qué y cómo sustituir estas frecuencias inferiores por otras superiores. De momento, limítate a reconocer las vibraciones de la energía de frecuencia inferior y permanece alerta a la manera de utilizar soluciones espirituales para erradicarlas.

Entre los protagonistas que aparecen en los problemas ilusorios encontramos: el miedo, la preocupación, la culpa-

bilidad, la vanidad, la ira, la envidia, la codicia, la maledi-
cencia, la hipocresía, el odio, la vergüenza, los celos y el
egocentrismo. Se han escrito muchos libros sobre estas vibraciones bajas de la energía y el efecto autodestructivo
que pueden tener en tu vida. Algunos de estos libros los he
escrito yo y, por ello, he optado por no entrar en detalles
aquí. Si has llegado hasta este punto, creo que tienes idea
de cómo funcionan estas vibraciones de baja energía de la
mente. Sabes cuándo están presentes y sabes cómo te sientes cuando permites que se instalen en tu vida cotidiana.

Por ahora, basta con que seas consciente de que no
sólo interfieren en tu felicidad y realización como persona,
sino que son energías inferiores que puedes eliminar.
¿Cómo? Accediendo a una pauta de energía más elevada,
más rápida, a la que yo llamo solución espiritual. Esto nos
lleva al punto quinto y último: puedes pedir la presencia
de factores en tu vida que aumenten la frecuencia de las
vibraciones.

Cinco: PUEDES PEDIR LA PRESENCIA DE FACTORES
EN TU VIDA QUE AUMENTEN LA FRECUENCIA
DE LAS VIBRACIONES

La esencia de este quinto punto es que posees la capacidad
y el poder de elevar tu nivel de energía a un plano espiritual
en el que desaparecen los problemas. Puedes pedir la presencia de factores que aceleren tu energía y te hagan ser
consciente espiritualmente. El resto del libro se centra en la
forma de llevar a tu vida esta energía espiritual más rápida y

más elevada. De momento, me gustaría que recordases que tu principal tarea no es preguntar cómo sino decir: «¡Sí!».

El miedo a la divinidad es lo que con mayor frecuencia nos impide disponer de las energías espirituales. El miedo al poder espiritual parece ser universal. Tal vez esto se debe a que concentramos la mayor parte de nuestra energía en el poder material en forma de dinero, liderazgo, posición social y prestigio. Si buscas el poder material verás aparecer en tu vida prácticamente todos los problemas, incluida la enfermedad.

Si pretendes solicitar guía espiritual, has de aceptar y poner en práctica esa ayuda, aunque no se corresponda exactamente con la imagen que tienes de cómo debería ser la vida. De lo contrario, estarás buscando energía espiritual para seguir siendo igual, lo que significa que los problemas seguirán a las frecuencias de energía inferiores. No rechaces por imposibles las respuestas espirituales que no coincidan con la manera en que tú quieres que tu vida se estructure.

Para comulgar con lo divino debes estar sintonizado en esa frecuencia. No puedes sintonizar una emisora de radio de FM si tienes el aparato puesto en AM. Sin duda, las frecuencias más elevadas de la FM están ahí, pero si no las sintonizas llegarás a la conclusión de que no se puede llegar a ellas. Por lo tanto, para acceder a la energía espiritual y utilizarla para anular y eliminar tus problemas debes ser más divino y menos materialista.

Nuestras instituciones están organizadas en torno a la idea de facilitar, regular y guiar la conducta humana. No puedes ir a las escuelas, a las empresas, a los gobiernos o ni siquiera a las iglesias, sinagogas o mezquitas a pedir la presencia de esta energía. Estas instituciones están ahí para tratar con el mundo material y mantener a raya a los seres humanos. Vibran a las energías inferiores del mundo material y a menudo son el origen de tus problemas, no la solución.

A la larga, habrá suficientes personas que alcancen un estado superior de vibración espiritual y formarán una masa crítica. Entonces verás emerger instituciones que no estarán creadas para regular, facilitar y guiar la conducta humana sino para encontrar, poner en práctica y enseñar un modo de vida espiritual. En resumen, el fin de nuestras instituciones ya no será controlar, sino fomentar la felicidad. Pero no tienes que esperar a que exista esa masa crítica. En realidad, es muy probable que no vivas lo suficiente para verlo. En cambio, tú puedes contribuir a la aparición de esa nueva masa crítica viviendo con tu campo de energía divina cada día.

Los poetas lo expresan perfectamente con gran economía de palabras. He aquí uno de mis poemas favoritos, que habla de la manera de llevar esta energía superior a tu vida.

Pido un instante de indulgencia para sentarme a Tu lado.
Las obras que tengo entre manos
Las terminaré después.
Lejos de la vista de Tu rostro
Mi corazón no conoce descanso ni respiro,
Y mi obra se torna una carga interminable
En un mar infinito de esfuerzo.
Hoy ha acudido a mi ventana el estío

Con sus suspiros y murmullos;
Y las abejas emiten su canto
A su cortejo en el bosquecillo florido.
Es hora de sentarse en silencio
Cara a cara contigo,
Y de cantar la entrega de la vida
En este ocio callado y rebosante.

RABINDRANATH TAGORE

Tagore sugiere que esas «obras que tengo entre manos» pueden dejarse a un lado; se refiere a las preocupaciones materiales que hacen aflorar tus problemas. El poeta describe la presencia de los problemas diciendo: «Lejos de la vista de Tu rostro, mi corazón no conoce descanso ni respiro».

Cuando pones en práctica estas cinco maneras simplificadas de vivir, empiezas el proceso de cambio de una forma de energía a otra y dejas de gastar energía en cosas que en el fondo no quieres o en las que no crees. Examina esta idea con atención mientras te diriges hacia una conciencia superior más rápida. Verdaderamente, hay una solución espiritual esperando para todo lo que consideras un problema.

4

Deja de gastar energía en cosas en las que no crees

> Empecé a comprender que las promesas del mundo son, en su mayor parte, vanos fantasmas y que lo mejor y más seguro es tener fe en uno mismo y convertirse en algo valioso.
>
> MIGUEL ÁNGEL

En este capítulo me gustaría que imaginaras tus pensamientos y sentimientos como energía que fluye y que puedes controlar porque tú eres la fuente de esos pensamientos y sentimientos. Puedes utilizar esa fuente para conseguir lo que quieres en la vida, así como lo que no quieres. Empecemos por la energía para conseguir lo que quieres, que resumiré brevemente antes de pasar al punto central de este capítulo, que es la eliminación de la energía que gastas en conseguir lo que no quieres.

CONSIGUE LO QUE QUIERES

Ten en cuenta el principio central que guía tu vida en este universo material: serás lo que pienses; cuatro palabras que constituyen la base para transformar tu vida. Todo empieza con un pensamiento. Los pensamientos son invisibles, de modo que el origen de tu mundo material se encuentra en el reino invisible de la energía, el cual, como ya sabes, puede ser una vibración muy rápida o todo lo contrario. Una vez que comprendas plenamente que lo que piensas es lo que se expande, tendrás más cuidado con lo que piensas.

Mira a tu alrededor. Fíjate en que todo lo que observas tiene sus orígenes en el mundo invisible de la energía. He oído decir que «un montón de rocas deja de ser un montón de rocas en el momento en que una persona lo contempla asociando con ellas la imagen de una catedral». De manera similar, un bloque de mármol deja de ser un bloque de mármol en el momento en que un visionario lo ve como David. El modo en que ves el mundo y las imágenes que tienes dentro de ti determinarán lo que vas a obtener en la vida. Y no te confundas, todos tus pensamientos forman un bastión de energía que puedes irradiar para crear las circunstancias de tu vida.

Las personas a las que consideramos felices o que creemos que tienen éxito son las que poseen la capacidad de atraer a su vida lo que les gustaría tener. Y esto es cierto también a la inversa. Las personas que no tienen éxito, que no son felices o están cargadas de problemas básicamente son incapaces de atraer a su vida lo que les gustaría tener. Vamos a ocuparnos de los dos grupos por orden.

Para mí, todo es cuestión de en qué empleas tu energía y a qué frecuencia estás energetizando tu mundo interior. Las personas de éxito (aquí hablo en términos muy generales; en capítulos posteriores seré más específico) tienen tendencia a hacer lo siguiente.

1. *Expresan sus ideas.* Las personas con éxito y sin problemas no dudan en expresar en voz alta lo que les gus-

taría que se manifestara en su vida. En primer lugar, son capaces de desear la solución como estado inicial para erradicar los llamados problemas. «Ojalá pudiera dejar de beber; Me encantaría que me aumentaran el sueldo; Me gustaría mucho perder peso; Realmente quiero llevarme mejor con mis hijos.» Ésta es la fase inicial, a la que llamo fase del deseo. Al expresar un deseo las personas con éxito llegan a la segunda fase.

2. *Están dispuestas a pedir.* Esto implica la conciencia de que no están solos, de que hay un origen divino al que están unidos en todo momento, de que este origen les proporcionará el sustento y respuestas que pidan. «Pedid y se os dará» no es una frase vacía, es una recomendación de las Escrituras para solicitar la ayuda divina con el fin de eliminar obstáculos para llegar al bien máximo.

Personalmente, cuando me encuentro atascado en una zona de problemas voy a un lugar tranquilo, lejos de toda distracción, y pido a Dios que me guíe hacia una solución. No le pido que lo haga por mí, pues sé que nunca estoy separado de mi origen divino. El acto de pedir es una forma de olvidarse del ego y acceder a esa guía espiritual más elevada. He descubierto que pedir en voz alta tiene aún más poder. Encontré por casualidad este pequeño poema cuando daba una conferencia en Suráfrica. Lo incluyo para que recuerdes que recibirás lo que pidas, incluso una vida pobre.

> *Regateé un penique a la Vida,*
> *Y la Vida no me pagó más;*
> *Sin embargo, lo pedí por la noche*

Cuando contaba mi escasa provisión;
Pues la vida es un patrón justo,
Y te da lo que le pides,
Pero una vez que has señalado el precio,
Debes soportar la tarea.
Hice un trabajo de poca categoría,
Sólo para descubrir consternado
Que el precio que había pedido a la Vida
La Vida de buena gana me lo había pagado.

Jessie B. Rittenhouse

Hablo por experiencia. Cada vez que pido, ocurre algo que me ayuda a resolver los problemas. Si me encuentro atascado al escribir, después de pedir, suena el teléfono y alguien me da la pieza que me falta en el rompecabezas, o me «orienta» hacia un libro, lo abro y allí está la respuesta a lo que unos minutos antes me tenía confundido. Parece que en el proceso de pedir abandonamos nuestro sentido de la presunción, y este acto de «rendición», que he descrito anteriormente, nos conduce al siguiente modo de actuar de las personas con éxito.

3. *Manifiestan una intención.* En esta fase inician el proceso de asumir toda la responsabilidad de la creación de su mundo tal como quieren que sea. Han expresado su deseo, pedido guía y ahora toda su energía se acelera porque no albergan dudas respecto a su capacidad de resolver cualquier problema. «Perderé peso; No tendré artritis; Quiero que haya prosperidad en mi vida; No me dejaré intimidar por él.» Las personas de mucho éxito son las que

saben resolver problemas y no se dedican a demostrar a todo el mundo que tienen razón. La verdad es que en general callan sobre el asunto.

Una intención es casi un vínculo con lo divino en que no existe arrogancia o exigencia y en que se tiene la poderosa sensación de que «no puedo permitir que ni una sola duda resida en mí o actuaré entonces según esa duda y, en consecuencia, se manifestará exactamente lo que dudo». La palabra intención es sinónimo de una suprema confianza que nos permitirá emplear la energía correcta para la resolución de un problema y lograr que se haga realidad.

No deseo embellecer más este punto, ya que escribí un libro entero dedicado a ese tema, *Manifest Your Destiny*, y quiero seguir con el tema de este capítulo, que es cómo dejar de gastar energía en cosas que no quieres y en las que no crees. Por tanto, la cualidad final de las personas que nos parece que resuelven sus problemas o tienen éxito es:

4. *Refuerzan la voluntad.* A menudo a esto le llamo sentir pasión por lo que te gustaría atraer a tu vida para resolver tus problemas. Recuerdo a un famoso maestro de India que decía a sus fieles que cualquier intento de manifestar lo que quieres en la vida sin pasión es semejante a vestir de gala un cadáver. Puede que el cuerpo tuviera un aspecto sensacional, pero sería un fracaso porque estaría muerto por dentro. Estar muerto por dentro es carecer de pasión.

Cuando las personas con éxito refuerzan su voluntad se vuelven inmunes a las fuerzas externas que intentan disuadirles de su pasión interior. En realidad, las presiones externas los reafirman en sus compromisos.

Quizá la fuerza más poderosa que puedes poseer es el ardiente deseo de alcanzar un objetivo. Pero un deseo es una cosa, y todo el mundo tiene el deseo de desembarazarse de sus problemas y alcanzar un estado superior de felicidad y realización personal. Si no me crees, pregunta a las diez primeras personas que te encuentres si quieren tener una vida sin problemas. Te dirán: «¡Claro que sí!». El deseo existe. Pero un ardiente deseo es algo muy diferente. Es como tener una vela encendida en nuestro interior, una vela que jamás vacila, ocurra lo que ocurra. Se trata de un deseo interno que ninguna fuerza externa puede extinguir. Arde dentro de ti y debe ser satisfecho.

Puedo atestiguar personalmente la presencia de un ardiente deseo o un endurecimiento de la voluntad en prácticamente todas las empresas de mi vida. Cuando publiqué mi primer libro, *Tus zonas erróneas*, en 1976, mi ardiente deseo era exponer al mundo esas ideas. Compré tiradas enteras y recorrí el país visitando todos los programas de radio y televisión que podía, haciendo catorce o quince entrevistas al día y pagándome yo mismo los gastos. No lo hacía porque quisiera estar en la lista de más vendidos o para ganar una fortuna, sino porque no podía apagar el ardiente deseo de decir a todo el mundo lo que yo creía tan firmemente. Esa firme voluntad sigue dominando mi vida. Y la verdad es que ni siquiera sé cómo suavizarla.

Hace poco, produje dos programas para la televisión pública de Estados Unidos cuyo objetivo era animar a la gente a contribuir a la televisión pública sin anuncios. Tengo sentimientos muy fuertes sobre las imágenes que llegan a nuestro hogar en forma de señales de televisión. Estas señales son vibraciones de energía que se transmiten a la atmósfera y que llega a nuestros hogares a través de nuestro receptor. Si permitimos que entren en nuestro hogar y envenenen la mente de nuestros hijos señales que transmiten imágenes de violencia, promiscuidad sexual, falta de respeto, vulgaridad y cosas por el estilo todo esto se reproducirá en nuestra vida cotidiana. La televisión pública no debería emitir señales de energía teñidas de imágenes violentas o vulgares.

Cuando edité los dos programas, se titularon *Mejora tu vida utilizando la sabiduría secular* y *Cómo conseguir lo que de verdad de verdad de verdad de verdad quieres*. Y esa firme voluntad que se manifiesta como un ardiente deseo de inmediato se encendió dentro de mí. Si tenemos una carencia espiritual en nuestro país, en el que violencia y vulgaridad se han convertido en un modo de vida, sobre todo entre los jóvenes, quizá se deba al tipo de señales de energía que entran en nuestros hogares. Si el niño medio ha visto más de doce mil asesinatos en la televisión cuando cumple catorce años, quizá, sólo quizá, sea ésta una contribución a los elevados índices de violencia infantil y matanzas escolares en masa.

De modo que hice esos programas con la intención de recaudar fondos para la televisión pública, que se ha comprometido a evitar la violencia y la vulgaridad en sus emisiones, confiando en que el público me secundara. Fue ese ardiente deseo de ver una solución colectiva al déficit espiritual que causa esos actos lo que me impulsó. Visité cincuenta y seis emisoras, cruzando el país de punta a punta, y ayudé a recaudar millones de dólares. No podía limitarme a visitar unas cuantas ciudades y descansar; mi firme voluntad, mi firme deseo siguieron empujándome.

Recuerdo haber leído sobre el acuerdo que el presidente Carter logró entre dos rivales implacables, Israel y Egipto, en Camp David, en 1978. Carter no permitió que la existencia de obstáculos aparentemente insalvables enturbiaran su objetivo. El propio presidente Carter visitó noche tras noche a Anwar Sadat y a Menachem Begin, a veces a las tres y las cuatro de la madrugada, para conseguir un acuerdo. Hay una fotografía de Sadat, Carter y Begin estrechándose las manos y celebrando los Acuerdos de Camp David cuando estos enemigos, antes atrincherados, cuyos soldados habían estado luchando y matándose en sangrientas guerras, se unían en la paz. Este importante problema de ámbito social encontró una solución espiritual gracias al ardiente deseo del presidente Carter de no cejar hasta haberlo logrado. Si pones la misma decisión y voluntad para resolver cualquier problema que tengas en tu vida, conseguirás también tu solución espiritual.

Es posible que te preguntes por qué puse cuatro veces la expresión «de verdad» en el título del programa. Lo hice porque cada uno simboliza estos cuatro ingredientes que poseen los que obtienen soluciones espirituales a los problemas y, en consecuencia, tienen éxito en su vida. Los cuatro «de verdad» en resumen son: deseo, pedir, intención, pasión. Y la buena noticia es que conseguirás lo que de verdad, de verdad, de verdad, de verdad quieras.

Ahora, la mala noticia. La razón por la que la mayoría de la gente es incapaz de manifestar el deseo de su corazón y eliminar los problemas de su vida es la siguiente —y presta mucha atención, porque esto te explicará en un lenguaje muy sencillo por qué no has logrado resolver todos tus problemas—: también conseguirás lo que de verdad, de verdad, de verdad, de verdad no quieres.

EVITA CONSEGUIR LO QUE NO QUIERES

Aquí sirven los mismos cuatro «de verdad». En el resto del capítulo voy a centrarme en cómo puedes dejar de emplear energía para las cosas que no quieres y las cosas en las que no crees, que, sorprendentemente, es en lo que la mayoría de la gente emplea más energía. Pero ¿por qué iba nadie a emplear energía en lo que no quiere o en lo que no cree?

Volvamos brevemente a aquellas cuatro palabras mágicas: serás lo que pienses. Esta ley universal tiene un doble sentido. Si pones pasión al pensar en tus intenciones, a la larga actuarás según esos pensamientos y atraerás a tu vida lo que estás pensando. Como siempre, el antecedente de cualquier acción es un pensamiento. Esta ley también te impide atraer soluciones a tus problemas.

Éstos son los cuatro subgrupos que empleas al gastar energía en lo que no crees, cuatro categorías que explican por qué la mayoría de la gente no sabe resolver sus problemas y no consigue lo que quiere en la vida.

1. *Enviar la energía a lo que no quieres.* Imagina esta escena: Te doy un millón de dólares y te digo que vayas a gastarte este dinero en lo que quieras, sin limitaciones. Coges el dinero y te vas a un centro comercial. En la primera tienda en la que entras ves muebles que te parecen horri-

bles y espantosos y te gastas cien mil dólares. La segunda tienda en la que entras está llena de joyas que te parecen de mal gusto y caras. Aquí gastas otros cien mil dólares en joyas que no quieres. Y sigues así hasta gastar todo el dinero.

Tienes dinero para gastar en lo que quieres y, cada vez que ves algo que no quieres, lo compras. Cuando llegas a casa y te entregan todas tus adquisiciones, te preguntas: «¿Por qué tengo la casa llena de cosas que no quiero?». La respuesta es: «¡Porque estás loco! Tenías dinero para comprar lo que querías y lo has gastado en lo que no querías». Es una locura.

Teniendo presente esta escena, recuerda que tus pensamientos son la moneda para conseguir lo que quieres en la vida. Recuerda: tus deseos, peticiones, intenciones y pasiones son pensamientos, y cuando piensas en lo que no quieres, por muy negativos que sean tus sentimientos al respecto, aparecerán en tu vida más cosas que no deseas. Igual que el mobiliario espantoso y las joyas de mal gusto. Están en tu casa porque neciamente has gastado ese precioso dinero en lo que no querías.

¿Cómo funciona esto y por qué gastas tu preciada energía vital, en forma de pensamientos, en algo que no quieres? Tu mente está siempre activa y tiene unos sesenta mil pensamientos diferentes cada día. Examina esos pensamientos. ¿Cuántos son de cosas que no deseas? «Con mi mala suerte, esto no saldrá bien; Este resfriado está cada vez peor; Sé que esas acciones se devaluarán, siempre me pasa igual; Ese trato no saldrá bien; Nunca quedan buenas localidades cuando vamos al teatro; Esta comida añadirá diez kilos a mi cintura; Dejar de fumar cuesta mucho; Probablemente lloverá y nos estropeará la excursión.»

La lista podría proseguir y llenar mil páginas. ¿Empiezas a entenderlo? Tus pensamientos se hacen realidad. Si piensas en lo que no quieres, por mucho que aborrezcas la idea de que suceda, actuarás según esos pensamientos y seguirá sucediendo. Cuando dejes de emplear energía en lo que no quieres, verás que pasas a tener una energía más rápida y, en consecuencia, más espiritual. He aquí la manera de cambiar esta costumbre.

Cuando te des cuenta de que estás pensando en algo que no quieres, por insignificante que te parezca, recuerda que este pensamiento se materializará en tu vida. Párate y, en silencio, pregúntate: «¿Qué es lo que quiero?». Es decir, en lugar de pensar que tu artritis empeorará, que es precisamente lo que no quieres, pasa a pensar en una intención. «Esta artritis desaparecerá de mi vida por completo.» A la larga, lentamente, pero con seguridad, empezarás a actuar según esta nueva intención, que es una energía más rápida, y esta nueva intención se hará realidad. Harás lo que tengas que hacer para evitar sufrir con tu artritis. No te quejarás, porque ya no lo considerarás un problema. Y, milagro de milagros, tu cuerpo, que es un sistema de energía, reaccionará también a tus pensamientos. Como se ha dicho muchas veces: «Tu biografía se convierte en tu biología».

Pero, lo que es más importante, emplearás tu energía en soluciones porque primero eliminarás el problema de tu mente y, después, el de tu cuerpo. Por ejemplo, cuando buscas aparcamiento, dejarás de pensar: «Probablemente no habrá ninguna plaza libre» y, en cambio, te dirás: «Estoy buscando mi plaza de aparcamiento». De pronto, has dejado de buscar una plaza ocupada y la energía cambia para adaptarse a ti.

Utilizo la palabra «intención» intencionadamente. No te estoy sugiriendo que mantengas tus pensamientos en lo que quieres, porque si lo haces permanecerás siempre en estado de querer algo. Te estoy sugiriendo que pases de desear a pedir, a pretender y, por último, a la pasión. Lo que pretendas de pensamiento con pasión es lo que crearás.

El secreto radica en recordar continuamente que, antes que nada, debes evitar la expresión verbal de lo que no quieres. En segundo lugar, examina el pensamiento que se halla tras esa expresión y, por último, pasa a la intención de lo que vas a crear para ti, aunque no sepas cómo lo vas a hacer, porque con ello accederás a poderes universales superiores y más rápidos que te proporcionarán las soluciones.

He aquí un ejemplo de cómo empleé hace poco estas sugerencias. Al regresar de dar una conferencia en Puerto Rico, llegué a la habitación del hotel de Chicago a las dos y tres minutos de la tarde. Tenía muchísima hambre y llamé al servicio de habitaciones para pedir un bocadillo y un zumo. Me informaron de que el servicio de habitaciones cerraba a las dos en punto y volvería a abrir a las cinco, así que no podía tomar nada hasta al cabo de tres horas. Supliqué a la mujer por teléfono, recordándole que sólo pasaban tres minutos de las dos, que me enviara un bocadillo. Ella no se inmutó. Las dos son las dos, no las dos y tres minutos. Mi primer impulso fue enfadarme. «¿Cómo se atreve a tratarme así? Soy un cliente que paga. No he comido en todo el día; no me merezco esto.» Salí de la habitación y me dirigí hacia el ascensor para ir a quejarme al director por semejante trato.

Cuando cerraba la puerta de la habitación, recordé lo que había dicho a un grupo de mil personas en Puerto Rico el día anterior. «No pienses ni emplees energía vital en lo que no quieres.» Esto era exactamente lo que yo estaba haciendo, pensar en lo estúpido de la situación, lo enfadado que yo estaba y, lo que era más absurdo, que no conseguía que me dieran de comer. De inmediato repasé los tres puntos que he señalado antes y decidí emplear toda mi energía en lo que quería.

Lo único que yo quería era un bocadillo, y empecé a verme consiguiendo un bocadillo; me liberé de mi ira y dejé de pensar en lo indignado que estaba porque no me habían tratado bien. «Conseguiré el bocadillo», me dije, y reforcé mi voluntad.

Cuando salía del ascensor con una nueva decisión y energía espiritual dentro de mí, observé que al fondo del vestíbulo un camarero retiraba un bufé completo de comida. Crucé tranquilamente el vestíbulo y me puse a charlar con el hombre. Sin darme cuenta había salido con el programa de la conferencia de Puerto Rico en la mano y el hombre me dijo, con marcado acento español: «¿Ha estado en Puerto Rico? Yo soy de allí». Le dije que acababa de llegar y que había dado una conferencia el día anterior. Hablamos un poco más y luego le hice la pregunta clave que era la base de mi intención: «¿Podría prepararme un bocadillo con este bufé y cargarlo a mi habitación?».

Su respuesta fue inmediata y definitiva: «Dio una conferencia en mi ciudad. Le haré el mejor bocadillo que jamás ha probado». Unos minutos después, salió con un enorme bocadillo envuelto en unas servilletas y dos vasos de zumo de naranja fresca que se negó a dejarme pagar. «Ha sido muy agradable hablar con alguien que acaba de llegar de Puerto Rico. Me ha recordado mi hogar. Disfrute de su almuerzo a mi salud.»

En cuanto retiré mi energía de lo que no quería y la empleé en lo que pretendía crear, el universo conspiró en sincronía conmigo y pude crear el resultado de mi energía interior superior y más rápida. Te recomiendo que emplees esta técnica incluso en los momentos más difíciles, cuando suceden cosas sobre las que te han hecho creer que no tienes control.

Hace poco tiempo, mi hermano me hablaba de todas las personas a las que conocía que tenían cáncer de próstata. «Es como una epidemia —dijo—. Tres tipos de esta misma calle, dos en el trabajo, todos la semana pasada.» Mi respuesta inmediata fue: «Yo no tendré cáncer de próstata». Cuando un amigo mío, al que recientemente han puesto una prótesis de cadera debido a la artritis reumatoide, me dijo que yo, con tanta actividad, era un candidato perfecto para una prótesis de cadera, mi respuesta inmediata fue: «Yo no necesito una prótesis de cadera. No tengo artritis reumatoide».

Cuando expreses interiormente estas intenciones, no sólo actuarás de acuerdo con ellas sino que pondrás tu cuerpo en un estado de prevención y salud. Pasas de los 20.000 ciclos por segundo a las frecuencias espirituales más rápidas, con lo que mantienes tu energía lejos de lo que no quieres y cerca de lo que pretendes crear. Si piensas en lo que no quieres y actúas sobre tus pensamientos, atraerás a tu vida lo que no quieres, te guste o no.

2. *Enviar tu energía a lo que es.* Ésta es otra razón por la que a la gente le cuesta tanto eliminar los problemas y atraer a su vida lo que quieren. Es fácil gastar tu energía en las circunstancias de tu vida, o, como lo expreso aquí, en lo que es. De nuevo, volvamos a nuestro tema: lo que piensas se cumple. Si empleas tu energía en lo que es, aparecerá en tu vida más de lo que es porque con tus pensamientos influirás en ello. Aunque detestes las circunstancias de tu vida y las cosas que te están pasando, si empleas tu energía en ello influirás en estas condiciones y conseguirás que sigan manifestándose en tu vida.

Ésta es una de las áreas de energía más difíciles de cambiar debido en gran medida a que probablemente has estado rodeado de personas que siempre se quejan y lamentan de las circunstancias de su vida. Pongamos por ejemplo que tienes poco dinero y te pones la etiqueta de pobre, infortunado o de clase media baja. ¿Cuánto tiempo pasas pensando y diciendo que eres pobre, quejándote de las circunstancias en las que te ves obligado a vivir, lamentándote de la falta de dinero, encontrando defectos a los políticos que son responsables de tu vida de escasez? Todo eso es energía lenta y baja, pero no obstante es la moneda de tu vida que estás gastando en lo que es. Ten presente esta frase si te encuentras en esta categoría de conciencia de escasez: no puedes manifestar prosperidad con pensamientos del estilo de «odio ser pobre». Actuarás según este pensamiento y potenciarás cada vez más la situación de odiar ser pobre.

San Pablo nos recordó que: «Dios puede proporcionarte todas las bendiciones en abundancia». Es preciso que pases de la energía de lo que es a la energía de lo que quieres y de lo que pretendes crear. Cada vez que acudan a tu mente las circunstancias de tu vida que te desagradan, piensa en lo que te gustaría experimentar como circunstancias presentes y, luego, da el gran salto a la energía espiritual superior visualizando lo que pretendes crear. Si mantienes la visión de lo que quieres, influirás en esa energía.

Uno de los mayores beneficios que supone el no emplear energía en las cosas en las que no crees es el descubrimiento de que el universo es la abundancia ilimitada. Puedes acudir al océano inagotable con un cubo y sacar de él la cantidad que quieras. Si tienes suficiente fe puedes llevarte tantos cubos llenos como desees y el océano seguirá igual. Y, aun mejor, puedes ir a buscar más tan a menudo como quieras. Y puedes hacerlo cuando estés insatisfecho con lo que es o cuando lo que es esté lleno de problemas. ¡Te has llevado un cuentagotas al océano infinito y luego te quejas de lo poco que tienes!

La verdadera abundancia es el conocimiento absoluto de que todo lo que necesitas te será dado. Como nos recuerdan las Escrituras: «Todo lo mío es vuestro» (Lucas 15:31). Sin embargo, si gastas tu energía en lo que es, que te resulta insatisfactorio, seguirás manifestándote de forma insatisfactoria, en gran parte porque no cesas de preguntarte por qué. Siempre me ha gustado la observación de George Bernard Shaw que Ted Kennedy empleaba al elogiar a su hermano: «Algunos hombres ven las cosas tal como son y dicen por qué; yo sueño cosas que jamás han sido y digo por qué no».

Este subapartado no se limita a las cosas que faltan en tu vida. También se refiere a cualquier aspecto de tu vida cotidiana que consideres un problema y en el que sigas empleando energía inferior.

No puedes adelgazar si piensas que odias estar gordo.

No puedes ser puro si desprecias la adicción.

No puedes gozar de buena salud si aborreces estar enfermo.

Con cada una de las anteriores afirmaciones de lo que te desagrada estás creando más de lo mismo. Como te vuelves aquello en lo que estás pensando todo el día, una vez más las soluciones precisan un nivel de energía diferente a esas y similares circunstancias.

Si piensas que odias tener exceso de peso, tendrás que actuar según lo que estás pensando y seguirás odiando tener exceso de peso. Por el contrario, si empleas tu energía interior en la imagen de ti mismo que prefieres, mantienes esa visión como intención, pones tu peso ideal en números en todos los lugares que te sea posible y te envías amor a ti mismo, entregándote a la guía divina superior para que camine contigo en tu senda hacia el peso ideal, tendrás que actuar según esas nuevas intenciones y habrás dejado de gastar energía en lo que no quieres.

Además, los adictos se han descrito como personas que nunca tienen suficiente de lo que desprecian. En este caso también gastas energías vitales en lo que no quieres, de hecho en lo que odias, y luego lo persigues y con ello creas un círculo vicioso de autodestrucción. Para liberarte de cualquier adicción no debes seguir empleando energías en ella, no debes etiquetarte como adicto y sí, en cambio, cultivar la energía superior y más rápida de ti como un ser sano y puro. Cada vez que tengas la tentación de gastar energía en lo que no quieres, cambia a lo que pretendes crear. Poco a poco, con seguridad, darás una presencia espiritual a los pensamientos de lo que no quieres y, sin duda, las adicciones se disiparán.

Aunque se han escrito libros enteros sobre el tema de la medicina del cuerpo y la mente, a mí me resulta muy útil lo que mi colega y amigo íntimo Deepak Chopra siempre me recuerda: «Los pensamientos felices crean moléculas felices, y los pensamientos sanos crean moléculas sanas». Yo añadiría que lo contrario también es cierto: «Los pensamientos insanos crean moléculas insanas». Si tu energía en forma de pensamientos está en la enfermedad o dolencias de tu cuerpo, éste reaccionará a esos pensamientos. Como lo expresa Norman Cousins: «La mayor fuerza del cuerpo humano está en su impulso natural a curarse, pero esa fuerza no es independiente del sistema de creencias [...] todo empieza con la fe».

Tu cuerpo seguirá el mismo principio. Manifestará enfermedad. La salud no es algo que tengas que adquirir, es algo que ya posees. No interfieras en ella, en particular con tus creencias. Es importante reconocer que esto se aplica también a todas tus relaciones.

Si la naturaleza de cualquier relación que mantienes es de alguna manera insatisfactoria, puedes estar seguro de que no vas a solucionar el problema si sigues empleando energía en los aspectos que te desagradan o no te gustan.

Por ejemplo, cuando alguien dice que no se lleva bien con sus padres o cónyuge, está definiendo la relación en función de lo que le desagrada. «Es imposible vivir con ella, siempre está discutiendo, no me tiene respeto», etcétera. Sus pensamientos están en lo que no quiere, por tanto, eso es lo que fomentará en la relación, que continúen el malestar y la insatisfacción.

Si te ves reflejado en esta situación, empieza a aumentar tu nivel de energía y recuerda que las relaciones sólo las experimentas en tus pensamientos. Pasa estos pensamientos a la frecuencia de la conciencia espiritual. La relación cambiará independientemente de cómo actúe o reaccione la otra persona, y el problema desaparecerá.

Si piensas en lo que está mal o en lo que detestas de la otra persona, ésa será tu experiencia de la relación dentro de ti, que es donde lo experimentas todo. Cuando dejas de gastar energía en lo que no te gusta, los problemas desaparecen casi de inmediato. Lo que te estoy pidiendo es que accedas a tu visión más elevada, como señaló sucintamente James Allen: «El mayor logro al principio y durante un tiempo fue un sueño. El roble duerme en la bellota; el pájaro espera en el huevo; y en la visión más elevada del alma, se agita un ángel que despierta. Los sueños son las plántulas de las realidades».

Busca tu visión más elevada del alma y jamás volverás a malgastar energía en circunstancias de la vida que no quieres o en las que no crees.

3. *Enviar tu energía a lo que siempre ha sido.* ¿Cuántas veces has oído decir: «Pero si siempre lo he hecho así» o «No puedo evitarlo, me enseñaron a hacerlo así» o frases

parecidas? Una vez más, es importante recordar las cuatro preciosas palabras: eres lo que piensas.

Si tus pensamientos están donde han estado siempre, aunque te desagrade, actuarás según esos pensamientos y lo que siempre ha sido seguirá siendo parte de tu vida, aunque no te guste. Muchos de los problemas a los que nos enfrentamos se deben a nuestro apego al modo en que siempre hemos hecho las cosas. Simplemente, no sabemos emplear nuestra energía en lo que pretendemos crear. He oído definir la locura como: «Hacer las cosas como siempre las has hecho pero esperando resultados diferentes».

Supongamos que tienes una actitud que te ha acarreado multitud de fracasos y todos los problemas que eso conlleva. Es posible que estos problemas impliquen una serie de relaciones fallidas en las que siempre acabas sintiéndote una víctima. O podrían ser consecuencia de una conducta adictiva que persiste pese a haber cambiado lo que has deseado durante años. O puede que malgastes tu dinero una y otra vez, aunque las circunstancias hayan variado con los años. O quizá has experimentado una enfermedad crónica tras otra, aunque en diferentes partes del cuerpo. Tal vez incluso has dicho: «Siempre ha sido así».

En este caso, estás gastando energía en lo que no crees porque prestas atención a aquello a lo que estás acostumbrado. Pero, como sabes por el título de este libro, existe una solución espiritual para cada problema. Empieza el proceso de aumentar tu frecuencia de vibración y deja atrás las energías materiales, más lentas e inferiores, que has estado empleando y justificando con la frase: «Siempre ha sido así».

¿Qué es lo que te hace seguir utilizando tu energía para crear problemas que no quieres? Todo se reduce a dos factores que pueden desaparecer cuando decidas elevar las vibraciones de tu energía y acercarte al mundo del espíritu.

La gran ilusión

En nuestra vida cotidiana estamos sometidos a muchas ilusiones. La mayor es la que nos hace seguir malgastando energía en lo que siempre ha sido. Esta ilusión se caracteriza por la creencia de que: «El pasado es la razón por la que sigo creyendo estas cosas». Anteriormente, me he referido a la estela de un barco que va rápido. La estela es el rastro que el barco deja atrás, nada más. No necesitas ser físico nuclear para entender que la estela no conduce el barco. Tampoco lo hace la estela de tu vida. No es más que el rastro que dejas atrás.

La mayor ilusión consiste en mirar al pasado (tu estela) y poner en él tu energía, aunque lo encuentres reprensible, porque eso significa que vas a materializar tus pensamientos y producirás más de lo mismo. Para superar esta ilusión, en primer lugar, debes ver qué es lo que lo convierte en una ilusión. La estela no puede conducir el barco. La estela de tu vida no te impulsa en el presente. Pero la energía que empleas en los acontecimientos y acciones de tu pasado, explicando o excusando tus problemas continuos, sí que afecta a tu vida de hoy. Es la causa de tus problemas, la verdadera causa. Del mismo modo que la energía que está malgastando es generada por el motor que hace avanzar el barco. El rastro que has dejado no puede gobernar tu vida hoy, a menos que tú te convenzas de que es así, y por eso lo llamo la gran ilusión.

Si no tienes historia, no tienes que estar a su altura

El segundo factor que nos hace seguir produciendo los problemas que no queremos tener es nuestro amor por revivir los dramas de nuestro pasado y por utilizar nuestra energía para recordarnos, a nosotros y a los demás, todo lo que ha contribuido a los problemas que experimentamos hoy. Nadie lo ha expresado mejor o más sucintamente que Shakespeare cuando nos recordó: «Lo hecho, hecho está».

Hace poco, se me acercó una mujer en una librería mientras yo estaba firmando algunos libros. La mujer se llamaba Erikka y estaba de visita en Estados Unidos. Dos años antes, Erikka me había oído hablar en Amsterdam y me contó cuánto la habían ayudado mis palabras para sobreponerse a una serie de problemas que había tenido. Poco más de un año después de haberme oído hablar en Amsterdam, le cayó encima la mayor bomba de su vida: su esposo, con el que llevaba veinticinco años, le informó de que ya no la amaba, quería el divorcio e iba a casarse con su secretaria de treinta años. Erikka y su esposo tenían cuatro hijos, y él desapareció de sus vidas por completo.

Esto supuso una gran conmoción para Erikka y me contó que el año siguiente fue para ella como el infierno de Dante. Siguió una terapia, empezó a tomar antidepresivos, no podía dormir ni comer, perdió casi veinte kilos y estaba incapacitada en general. Fue en ese momento de desesperación cuando vino a Estados Unidos a buscarme con la esperanza de que la energía espiritual positiva que había sentido en mi seminario dos años antes la ayudara a salir de la depresión y a superar la rabia por las acciones de su ex marido.

Cuando se me acercó en la librería, estaba llena de entusiasmo porque parecía una coincidencia que yo estuviera allí firmando libros justo cuando ella se había desplazado hasta allí en un intento por encontrarme. Me abrazó, sollozando y rogándome que le dijera algo para recuperar la paz y armonía en su vida. Le pedí que sacara un papel y anotara algo que el maestro de Carlos Castaneda, Don Juan, le había dicho respecto a lo que cuesta llegar al nivel más elevado de impecabilidad. Erikka temblaba y anotó estas palabras del maestro místico a su alumno: «Un día —dijo—, me di cuenta por fin de que ya no necesitaba una historia personal y, como si fuera la bebida, lo dejé; y eso, sólo eso, fue lo importante».

Erikka se marchó con la esperanza de encontrar una solución espiritual. La animé a que comprendiera que todos los años que había pasado con su ex marido, su rabia por el engaño, todo ello estaba en el mundo amorfo e informe de sus pensamientos que constituía su historia personal. En realidad, ahora sólo tenía el momento presente, y ahí es, precisamente, donde está y sólo puede estar Dios. Ahora.

Deja correr tu historia personal, que no es más que una serie de pensamientos de energía baja sobre por qué las cosas no son como antes. Muchos de tus llamados problemas están ahí porque o estás en la estela y le echas la culpa de tus dificultades o porque estás atrapado en tu historia personal y te niegas a renunciar a ella. Todo lo que está en tu estela tenía que ocurrir y constituye la historia personal que explica por qué hoy estás donde estás. Y ¿qué pruebas tengo para hacer esta afirmación? Todo ocurrió, punto. En lugar de maldecirlo, bendícelo, ámalo y acéptalo.

Quizá el mejor consejo que puedo darte para ofrecerte una solución espiritual a esta inclinación a gastar energía en lo que siempre ha sido procede de Jesús de Nazaret: «Ningún hombre que haya puesto la mano en el arado y mirado atrás es apto para el reino de los cielos». Ahí lo tienes. Mira atrás y tu vida será un infierno. En verdad, recuerda: si no tengo historia, no tengo que estar a su altura.

4. *Gastar tu energía en lo que quieren de ti.* No falta gente que te diga cómo esperan que pienses, sientas y te comportes. Supón que tienes un profundo resentimiento hacia esas personas que continuamente te recuerdan lo que esperan de ti. Si has comprendido este capítulo, te darás cuenta de que a pesar de tu resentimiento seguirás atrayendo a tu vida lo que ellos quieren. Puede que esto sea un problema considerable para ti, pero en el momento en que dediques tu energía a lo que los otros quieren para ti, seguirás atrayéndolo a tu vida.

Por supuesto, el antídoto para resolver este resentimiento porque los demás te dicen lo que deberías ser es espiritual. Debes aprender a aumentar las vibraciones de tu energía, elevarlas de la banda baja de la ira, la amargura y el resentimiento a las bandas más elevadas de la bondad, el amor y el perdón. En el instante en que ya no reacciones con esa energía baja, la ilusión de tu problema desaparecerá.

En una ocasión, observé a un amigo de dieciocho años de una de mis hijas mientras hablaba con su madre por teléfono. Cuando colgó, frustrado, dijo: «Me pone tan furioso... Siempre me está diciendo lo que tengo que pensar y adónde tengo que ir y cómo tengo que hacer las cosas». Era evidente que esto le molestaba y le llenaba de ira. Le dije que tenía dos opciones: podía seguir queriendo tener razón o bien ser amable.

Si insistes en seguir queriendo tener razón, discutirás, te sentirás frustrado y enojado y tu problema con tu madre persistirá, le expliqué. Si te limitas a ser bueno, puedes recordar que se trata de tu madre, que siempre ha sido así y es muy probable que siga siéndolo, pero, cuando empiece con su costumbre, vas a enviarle amor en lugar de ira. Di una frase tan sencilla como: «Me parece bien, mamá; pensaré en ello» y tendrás una solución espiritual a tu problema.

Cuando necesitas tener razón te quedas en el mundo de la baja energía. Cuando eres amable, das una esencia espiritual a la presencia de la ilusión de un problema y, sorprendentemente, éste desaparece.

Recuerdo un maestro espiritual muy evolucionado que me dijo: «Deja de tomarte la vida de un modo tan personal». Esto me sorprendió y respondí algo así como: «¿Qué quieres decir? Es mi vida, es muy personal». Él aludía a la idea de que no somos nuestro cuerpo, nuestra personalidad o ninguna de nuestras posesiones materiales. Somos seres espirituales eternos disfrazados de padres, esposos, directores y propietarios. Cuando conocemos nuestra verdadera naturaleza divina, dejamos de tomárnoslo todo como una cosa personal, incluso nuestra vida.

Aunque es posible que no estés preparado para el consejo de mi maestro (¡yo tampoco lo estaba en aquella época!), te recomiendo que dejes de tomarte las opiniones de los demás como algo personal. Acuérdate de que no vas a gastar energía en lo que ellos quieren para ti si esto choca con lo que quieres en tu vida, a menos que se trate de la energía de la bondad, la comprensión y el amor.

Los problemas de la ira, el resentimiento y la amargura desaparecen cuando los afrontas con amor, comprensión y bondad. ¿Por qué? Porque, para empezar, no eran sino ilusiones. Porque nunca han existido salvo en tu mente. «Deja de tomarte la vida como algo personal» es un gran consejo, pero «deja de tomarte la vida de los demás como algo personal dirigido a ti» es otra forma de recordarte que ya no vas a malgastar más energía en lo que quieren de ti.

Éstas son las cuatro maneras más corrientes de gastar energía en las cosas en las que no crees. Recuerda cada día que debes detener la energía mental cuando se centre en lo que no quieres, en las circunstancias de tu vida, en lo que siempre ha sido o en lo que los demás quieren de ti. Pasa a una frecuencia más elevada de energía espiritual para concentrarte en lo que quieres y en las circunstancias que pretendes crear.

Recuerda: obtienes lo que quieres de verdad, y obtienes lo que de verdad no quieres. Tú decides.

5

Mantén sin contaminar tu campo
de energía

> En algunos momentos, siempre imprevistos,
> me siento feliz […] Miro a los extraños que
> tengo cerca como si los hubiera conocido
> toda la vida […] todo me llena de afecto […]
> Puede transcurrir una hora hasta que ese
> humor pasa, pero últimamente tengo la im-
> presión de comprender que siento así en el
> instante en que dejo de odiar.
>
> WILLIAM BUTLER YEATS

En este capítulo hablaré de tres campos de energía y maneras de mantenerlos despejados y sin contaminar. El primer campo de energía es tu cuerpo de energía inmediato,
al que también llamo etérico o más rápido.

De pie, extiende el brazo hacia delante y percibe mentalmente el punto más distante hasta donde se extienden
tus dedos. Luego, imagina que tu brazo se extiende recto
por encima de tu cabeza hacia un punto por encima de tu
cuerpo y luego detrás y también debajo de ti. Ahora tienes
una imagen de un campo de energía que rodea tu cuerpo
en todo momento. A este campo lo llamo el cuerpo de
energía rápido, que es inseparable de tu cuerpo de energía
sólido y visible, más lento. Utilizando la imaginación, visua-

liza ahora este campo de energía más rápida con sus límites alrededor de ti.

Cuando otra persona, en particular un extraño, cruza tus límites y te habla, inmediatamente tienes la sensación de que te han invadido. De forma instintiva retrocedes para crear una distancia más segura. ¿Por qué? Porque cada vez que violan esos límites imaginarios tu cuerpo de energía siente la fuerza invasora y te alerta produciéndote un estado de incomodidad. Si alguien permanece en tu cuerpo de energía durante un largo período de tiempo, su energía afecta a todo tu ser: te sientes mal si no sintonizas con esa persona y te animas si resuena a una vibración de energía superior a la tuya.

Llamo al segundo campo de energía campo de energía ambiental más amplio. Para percibir este campo de energía física imagina que tu campo de energía se extiende a tu hogar, tu lugar de trabajo, la calle donde vives, tu familia, tu comunidad. Sé consciente de que, adondequiera que vas, estás inmerso en un campo de energía que se extiende no sólo hasta donde llega tu brazo sino hasta donde tus ojos pueden ver, tus oídos pueden oír y tu nariz puede oler. La pauta vibracional de este campo de energía es tu campo de energía ambiental más amplio. Así, eres una forma de energía dentro de un campo de energía mayor que se mezcla con un campo de energía más amplio, al que afectan las frecuencias y campos de energía de los demás y todas las actividades en el campo bruto de la energía ambiental. Este campo de energía en el que tu cuerpo sólido camina, habla, duerme, trabaja y juega se ve afectado por la frecuencia de la energía de quien entra en él.

Ahora quiero que pienses en un campo de energía que va más allá de tu cuerpo y del ambiente físico en el que te mueves. Este campo de energía es tan inmenso que no puedes siquiera crear límites imaginarios para él. Yo lo llamo la energía del campo mental. Tus pensamientos y los de los demás interactúan en tu campo mental de tal modo que aumentan o disminuyen tu frecuencia de vibración. Me gusta esta observación de David Hawkins en *Power Versus Force*: «Todo pensamiento, acción, decisión o sentimiento crea un remolino en los campos de energía de la vida que se entrelazan» (pág. 104).

Cuando los pensamientos y sentimientos de los demás afectan a tu campo de energía mental se produce uno de estos dos resultados: o tu campo de energía aumenta, como se dice que ocurría cuando Buda y Jesús entraban en una aldea y su sola presencia elevaba la conciencia de los que les rodeaban, o tu campo de energía disminuye y, en consecuencia, queda contaminado. La manera de pensar de los demás y su forma de irradiar su energía del pensamiento pueden afectarte. Y, tal como señala Hawkins, lo contrario también es cierto: «En este universo interconectado, cada mejora que efectuamos en nuestro mundo privado mejora el mundo en general para todos» (pág. 104).

Pero no sólo las personas influyen en tus campos de energía. Los ruidos, la calidad del aire y la pureza de los alimentos también les afectan. Es posible que no te des cuenta, pero tú también tienes un importante papel a la hora de mantener tus campos de energía limpios y sin contaminar y también puedes tener un efecto purificador en el campo de energía de los que te rodean. Por esta razón te pido que aprendas a ser consciente de lo que dejas entrar en tus campos de energía. Cuando lo hagas, verás lo fácil que es ser arrastrado por la energía inferior más lenta.

Es de esperar que estés motivado para empezar a poner en práctica un nuevo sistema que despejará todos tus campos de energía y te mantendrá en un estado de claridad, libre de las pautas de energía que contaminan tu vida de alguna manera.

LIMPIEZA DE TUS CAMPOS DE ENERGÍA

Tus campos de energía invisibles son de naturaleza eléctrica. La comunidad científica se refiere a estos campos de energía que rodean a todas las cosas vivas como ondas invisibles electromagnéticas. Estos campos de energía empiezan a ser mensurables, ya que estamos creando dispositivos de medición informatizados cada vez más complicados.

Tu cuerpo, la comida que tomas, el agua que bebes y todo en este universo tiene una copia de su matriz original de energía. El campo electromagnético de todo lo creado por la naturaleza es puro y se halla en un estado de cooperación y amor —a falta de una palabra mejor— con todos los demás campos de energía. Como lo expresó Rumi: «El amor es el elixir energético del universo, la causa y el efecto de todas las armonías». Un campo de energía contaminado está en desequilibrio con su armonía electromagnética original creada por la naturaleza. O, como dicen los metafísicos, Dios es amor y donde el amor está ausente no puede existir Dios. En sentido profundo, mantener limpio y armonioso tu campo de energía es el acuerdo que tienes contigo mismo para permanecer en contacto consciente con Dios.

Como Dios es amor, y el que mora en el amor mora en Dios, es imperativo que predomine el amor en tu conciencia cuando examines esta idea de mantener sin contaminar tus campos de energía. Cualquier cosa que penetre en un campo de energía que estés experimentando y que no sea el amor armonioso es un agente contaminante y te mantendrá atrapado en el mundo de los problemas.

El proyecto de limpieza de tu campo de energía incluye las tres categorías de campo de energía que he citado antes. No pretendo decir que estas tres descripciones de los campos de energía tengan una base científica verificable; simplemente representan mi visión personal de las energías y cómo mantenerlas libres de las frecuencias más lentas, que según mi parecer se caracterizan por una ausencia de amor. El primer campo es tu campo personal o inmediato.

1. *Descontaminar tus campos de energía inmediatos*

Ten presente la extensión del cuerpo de energía que te rodea. Este campo de energía irradia hacia fuera y en él influyen dos factores. Uno es la relativa armonía de tu cuerpo desde dentro y el otro es lo que tú permites que afecte a tu cuerpo desde fuera. Para examinar el primer factor debes responder a las siguientes preguntas:

¿Cómo tratas a este cuerpo, que es el organismo vivo que te envía las ondas de energía electromagnéticas? ¿Qué alimentos empleas para llenarlo? ¿Qué toxinas absorbes? ¿Cuánto descanso le proporcionas? ¿Lo mantienes equilibrado con suplementos nutricionales? ¿Haces ejercicio regularmente? ¿Respiras de forma armoniosa y sin tensión? ¿Tu estado emocional es calmado? ¿Meditas para ponerte en armonía con Dios? En resumen, ¿eres buen amigo de tu cuerpo?

Has de amar tu cuerpo; es tu hogar y debe estar limpio de estorbos. Tu cuerpo está permanentemente a tu servicio. Incluso cuando duermes trabaja para ti, haciendo la digestión, eliminando las células muertas, aportando oxígeno fresco, llevando los nutrientes a la sangre. Todo ello para tu supervivencia. Tu cuerpo no es tu enemigo. No tienes que liberarte de él para acceder a la guía espiritual. El amor y la compasión son necesidades absolutas. Tu cuerpo es tan sagrado como tu alma. En el mundo de la existencia, todo es sagrado; todo palpita al compás de lo divino. Cuando eliminas las frecuencias de lo divino mediante la introducción de energía de no amor contaminas tu campo de energía del cuerpo inmediato.

Se han escrito literalmente miles de libros sobre el tema de cómo mantenerse en forma. Libros de dietas, guías de meditación, tomos sobre nutrición, manuales para el tratamiento de las adicciones, todos ellos creados para ayudarte a mantener un equilibrio positivo de la energía natural que permite a tu cuerpo formar tus huesos, sangre, piel, cerebro y todo lo demás con el combustible que le pones. Esta máquina de funcionamiento perfecto sabe lo que necesita, dónde se necesita y qué necesidades tienen prioridad en momentos de crisis. Si el cerebro necesita oxígeno, pone el resto del cuerpo en espera mientras abastece a ese órgano tan importante. Si estás herido, de inmediato el cuerpo dirige glóbulos blancos a la zona afectada. Se trata de una labor asombrosa y misteriosa. Respetando sus necesidades, tu cuerpo y su campo de energía se mantienen a un nivel vibracional elevado. Esto incluye no llenarlo de venenos, ni permitir que se aletargue por falta de ejercicio, ni llenarlo con un porcentaje más elevado de alimentos alcalinos en lugar de alimentos ácidos. Éstas son maneras lógicas de impedir que tu energía corporal se contamine. Con los pensamientos controlas este instrumento maravillosamente complejo y misterioso que es tu hogar. Nuestra hija de siete años, Saje, lo ha experimentado.

Durante casi tres años, Saje sufrió una grave dolencia de la piel, verrugas planas en la cara. Daba la impresión de que el tratamiento médico sólo hacía que las verrugas se extendieran hasta que llegaron a cubrir una buena parte de su bello rostro. Saje se curó de estas verrugas en cuestión de días, después de escuchar una lección espiritual de un amigo mío, llamado Kenny Malott, que practica la dermatología en Maui. Cuando Saje recibió en el colegio el encargo de escribir sobre el tema de vencer obstáculos, escribió sobre las verrugas. Esto es lo que ocurrió, en palabras de Saje escritas de su puño y letra.

Por Saje Eykis Jrene Dyer

LECTURA

Vencer obstáculos

NJNGUNA ERUPCJÓN   (Sin linterna)

Hace unos 5 años, me salió una erupción en la cara cuando estaba en un jacuzzi en Maui Hawai. Esta erupción me duró 2 años hasta que un verano en Maui mis padres me llevaron a un dermatólogo y me dijo que podía hacerme un lavado de cara, pero también dijo que primero la cara se me pondría roja, o sea que le pregunté si tenía otra opción y él dijo puedes hablar con ella. Y mi primera reacción fue reírme, pero luego me lo tomé más en serio y pregunté ¿qué quiere decir? Él me dijo que hablara con mi erupción y le dije que lo probaría. Aquella noche cuando llegué a casa después de hacer surf me di una ducha y cuando me metí en la cama hablé a mi erupción y seguí haciéndolo durante 3 días, hasta que un día mi hermano y yo estábamos jugando a Nintendo y me palpé la cara y dije Oh, y corrí a buscar a mis padres y les dije que la erupción había desaparecido y mi madre no se lo creía y le dije que mirara y dijo que había desaparecido, y mi padre dijo déjame ver y me acerqué a él y había desaparecido, así que dijo ¿qué has hecho con tu erupción? Le dije que era un secreto y siempre me pregunta qué hice y yo digo que es un secreto. Y desde ese día sigue siendo un secreto. Si lo crees, puedes conseguir lo que desees.

136

Hasta el día de hoy Saje no ha revelado lo que dijo. Pero sé que en su preciosa mente llevó una presencia espiritual a aquella erupción y elevó su campo de energía lo suficiente para eliminar la ilusión de esa enfermedad. Su conclusión es fuerte: «Si lo crees, puedes conseguir lo que desees».

El segundo factor que afecta a tu campo inmediato de energía es lo que permites que afecte a tu cuerpo desde fuera. ¿Qué clase de personas permites que entren en tu espacio inmediato? Cuando permites la entrada a personas tóxicas, verás que tu sensación de bienestar disminuye. Igual que si permites que alguien que está resfriado estornude en tu cara aumentas las probabilidades de contagiarte, debes tener cuidado con quién te asocias para no contaminar la energía de tu vida. Yo mismo tuve que hacer un gran esfuerzo para aprender esta lección hace muchos años en la siguiente situación.

Hace años, tomé la firme decisión de abandonar para siempre el alcohol. Antes de eso siempre permití que en mi espacio vital hubiera gente a la que le gustaba pasar la noche de juerga, por lo que cuando la encontraba me olvidaba de mi decisión y volvía a caer en la tentación. Cuando estuve auténticamente listo para limpiar mis actos así como mi campo de energía, me alejé de las influencias contaminantes de aquel ambiente destructivo. Mi cuerpo tuvo que despedirse de esas influencias contaminantes. Cambié de número de teléfono, me mudé de barrio y me mantuve completamente al margen de cualquiera que tomara sustancias adictivas. Cuando me contuve y dejé de frecuentar ese tipo de campos de energía, mi cuerpo dejó de estar sometido a esa clase de contaminación.

Debes despedirte, aunque con amor incondicional, de cualquiera que contamine tu espacio vital con energía lenta. O estar preparado para rechazar la intrusión de personas de energía inferior primero reconociéndola, y en segundo lugar neutralizándola irradiando energía más fuerte. El problema de intentar ser constantemente un neutralizador es que el esfuerzo requerido te deja agotado a menudo y ese nivel de fatiga te hace vulnerable a las energías inferiores.

Mantener limpio tu campo de energía permaneciendo alejado de los que aportan negatividad a tu vida es una estrategia importante. Esto es así para cualquier negatividad o energía baja que invada regularmente tu espacio corporal.

Si alguien te aporta ansiedad, vergüenza, depresión, miedo, lamentos, apatía, estrés, preocupación, ira, culpabilidad o cualquiera de la multitud de lo que yo denomino pautas de energía inferior, te está invitando a unirte a su desdicha y cargar tu vida con los problemas con que esa persona vive cada día. Sé consciente de qué campos de energía están afectando tu cuerpo de energía y aléjate de toda toxicidad que amenace la pureza de tu espacio vital. Cuando tengas la sensación de que esto está ocurriendo, actúa enseguida. Primero, reconoce lo que está ocurriendo, y, luego, contraataca. Observa tu respiración, procura inspirar lenta y profundamente. Luego, envía conscientemente pensamientos de bondad y amor. Aléjate sin conflictos de las fuerzas energéticas invasoras.

He descubierto que esta estrategia funciona muy bien cuando mis hijos tratan de arrastrarme con discusiones violentas y discursos irracionales. Cuando les escucho y les respondo con educación, y su respuesta son las frecuencias inferiores de los gritos, observo lo que ocurre dentro de mí. Me fijo en mi respiración, recuerdo que no debo dejar que mi campo de energía se contamine y me retiro lo antes posible. Esto me resulta útil cuando estoy cerca de los que hablan en voz muy alta y groseramente debido a un consumo excesivo de alcohol. Mi regla es retirarme con educación lo más rápidamente posible, no quedarme cerca y sentir que me estoy deteriorando en esos campos de energía inferior.

Todos los que visiten con regularidad tu campo de energía corporal deben venir con amor, paz y energías espirituales superiores. De lo contrario, pon en práctica tu estrategia silenciosa de retirarte lo antes posible de las energías debilitadoras. Esto explica por qué los que alcanzan niveles de conciencia espiritual tienen un pequeño grupo selecto de amigos. Guardan su intimidad como un tesoro y se protegen de las fuerzas indeseables de las personas de energía inferior. Además, valoran el silencio y un ambiente puro, se alejan de las personas ruidosas, los ruidos fuertes, las personas perniciosas y los ambientes tóxicos.

Ahora, vamos a descontaminar el segundo campo de energía.

2. *Descontamina el campo de energía ambiental más amplio*

Al leer el apartado que sigue, ten presente este consejo de la madre Teresa de Calcuta: «Al final, todo es entre tú y Dios; nunca ha sido entre tú y ellos». Esto me resulta muy útil cuando trato de mantener limpios mis campos de energía. Resolver conflictos, resolver problemas o limpiar de contaminantes los campos de energía más amplios de tu vida no es algo entre tú y los que están en conflicto contigo; es entre tú y Dios. Esto significa buscar una energía espiritual superior e irradiarla cuando tropiezas con una energía debilitadora inferior y más lenta. Esto es exactamente lo que sucedió en la siguiente situación.

Un amigo mío que tiene hijos adolescentes me contó que tenía un conflicto con una de sus hijas. La chica pasaba toda la noche fuera de casa y frecuentaba un grupo de gente de índole cuestionable y que tomaba drogas y alcohol. Me dijo que el campo de energía de su hogar se contaminaba de forma regular. Él y su esposa pasaban horas debatiendo qué hacer, y los otros hijos sufrían cuando se producían discusiones. En este ambiente físico de baja energía, la falta de respeto, las explosiones de furia, el consumo de alcohol y drogas, la preocupación y la tristeza estaban contaminando a toda la familia. Entonces, según me dijo, hubo un momento en que comprendió que se trataba de una cuestión entre él y Dios. En medio de una confrontación en la que su hija estaba abiertamente turbada y también avergonzada por haber llegado muy tarde a casa, de pronto interrumpió su estallido de ira y preguntó: «¿Podrías abrazarme?».

Mi amigo de inmediato extendió los brazos y la estrechó; en ese momento la relación entera y la conducta de la chica empezaron a pasar a las frecuencias superiores del espíritu. Él se dio cuenta entonces de que no se trataba de algo entre él y su hija, sino que era entre él y Dios. ¿Podía dar amor frente a la ira y la falta de respeto? ¿Podía amar a alguien que le estaba desafiando? ¿Había un lugar en él al que podía llegarse a través de las energías superiores del amor y la compasión aun cuando sintiera los efectos contaminantes de aquellas vibraciones inferiores y más lentas? «No era entre yo y mi hija —me dijo—, era entre yo y Dios.» Esta lección es la más importante que puedes aprender para mantener libre de contaminantes tu campo de energía ambiental más amplio.

Este campo de energía ambiental más amplio incluye todos los lugares en los que estás a diario: tu hogar, vecindario, lugar de trabajo, lugares de recreo, incluso donde caminas, corres y conduces. Mira alrededor en cualquier momento y reconoce que lo que ves en tu entorno es un componente de tu campo de energía. ¿Y cómo puedes tú, una persona, hacer algo para mantener un campo de energía cuya contaminación se reduce al mínimo o incluso se elimina? Vuelve al capítulo 2 y repasa las observaciones de Patanjali sobre la conciencia espiritual. Cuando te abstienes firmemente de la falsedad y de dañar a los demás influyes en todo ser vivo y en la pauta de energía global de lo que te rodea.

Mi amigo Deepak Chopra describe este impacto en una serie de cintas que creamos juntos recientemente, tituladas *Creating Your World The Way You Really Want It to Be.* Deepak habla de un experimento en el que varios miles de personas se reunieron con el fin de meditar en grupo. Habían medido el nivel de serotonina de cada persona del grupo antes de la larga sesión de meditación. La serotonina es un neurotransmisor del cerebro. Su presencia en cantidades elevadas indica un nivel de calma. Cuanto mayor es el nivel de serotonina, mayor es la paz de uno. Después de varias horas de intensa meditación en grupo, volvió a medirse la serotonina y se vio que se había producido un importante aumento de su nivel en casi todos los participantes. Como se esperaba, los participantes en esta larga sesión de meditación en grupo estaban más calmados, según indicaba el aumento de su nivel de serotonina.

La segunda parte de este experimento consistió en medir los niveles de serotonina de las personas que se hallaban en el entorno más inmediato y que no hubieran participado en la meditación. Se midió su nivel de serotonina antes e inmediatamente después de la meditación del grupo formado por varios miles de personas. Se descubrió que estos niveles habían aumentado significativamente por el simple hecho de encontrarse cerca de un grupo numeroso de personas que irradiaban energía tranquila. Lo que este tipo de investigación científica implica es asombroso. Piensa: cuando estás en paz y envías esta silenciosa serenidad, influyes en todos los que se encuentran a tu alrededor.

En varias ocasiones he tenido el placer de estar en presencia de personas que lo hacen y las considero maestros divinos. En un pequeño pueblo de Alemania, permanecí junto con otras 199 personas en presencia de la Madre Meera, un alma iluminada, que dedicó su vida a difundir la paz y el amor a devotos de todo el mundo. Mientras me sostenía la cabeza con su mano y me miraba a los ojos, sentí como si me hallara en presencia de Dios en una forma humana sin ego. Cuando la Madre Meera entró en la pequeña sala abarrotada con doscientas personas para permanecer sentada durante tres horas, la atmósfera de la sala se elevó a un nivel superior de amor y júbilo debido a su presencia.

Libre del ego y asociado con los principios espirituales del amor, la bondad, la rendición, la paz, la conexión, el perdón, la alegría y la gratitud te acercas cada vez más a Dios. Cuando empieces a irradiar cualidades espirituales influirás más de lo que crees en el campo de energía de tu entorno inmediato. Además, con tu mayor conciencia espiritual mantendrás tu propio campo de energía menos contaminado y evitarás que surjan conflictos y problemas. Ten siempre presente que nunca se trata de algo entre tú y ellos, sino entre tú y Dios.

Este fascinante mundo de la energía invisible es cada vez más accesible a la ciencia. Las partículas de energía invisible se llaman feromonas. En la naturaleza, incluso los árboles emiten estas excreciones invisibles. Por ejemplo, cuando la enfermedad del olmo holandés ha atacado a un árbol de un vecindario, éste envía una señal de alarma a través de estas feromonas a todos los demás árboles de las proximidades. Entonces ellos ponen en marcha sus propios mecanismos de defensa para luchar contra los gérmenes invasivos de la enfermedad.

De manera similar, los animales y las personas poseen feromonas de energía invisible que se emiten en momentos de miedo y de su contrario: el amor. Estudios bien documentados indican que los animales que entran en una habitación donde se ha matado a otros animales reaccionan con espasmos de aprensión y de miedo. Asimismo, cuando los humanos se hallan en una habitación donde se han producido torturas sienten la energía del dolor y la crueldad. Las feromonas del miedo se hallan en la atmósfera y afectan al campo de energía del entorno hasta tal punto que afecta a todo el que entra en ese espacio. También ocurre lo contrario. En los lugares donde se practica la conciencia espiritual y el amor incondicional se emiten feromonas de belleza y ternura que permanecen en el ambiente.

Yo he percibido las feromonas cuando he estado en lugares en que ambos extremos eran práctica corriente, y he sentido sin lugar a dudas su influencia sobre mi bienestar. He aquí cuatro ejemplos extraídos de mi propia experiencia, dos de los campos de energía baja y lenta del miedo y dos de los campos de energía elevados y rápidos del amor. Cuando los leas, recuerda el poder que tienes de contaminar y de iluminar los campos de energía en los que trabajas y juegas cada día. El hecho de que no veas estas feromonas no significa que no existan.

Ambientes de miedo: Amsterdam, Holanda

En tres ocasiones diferentes he visitado la casa en la que vivió Ana Frank con el miedo de ser capturada por los nazis durante la Segunda Guerra Mundial. Esta casa, incluido el ático en el que Ana se ocultó durante varios años con su familia, y donde anotó sus pensamientos en su diario, actualmente es un museo visitado por miles de personas cada año, un tributo al espíritu de Ana y un recordatorio de los horrores del Holocausto. Cada vez que visito esta casa junto al canal, me invade la sensación de tristeza que parece impregnar el lugar. Ese sentimiento permanece en las feromonas del miedo que sintieron la familia Frank y los que arriesgaron su vida para protegerles de los ocupantes nazis. Además, todos los que lo visitan parecen emitir sus feromonas de aflicción.

En mi última visita, no pude tolerar el campo de energía de la casa. Me costaba muchísimo respirar y físicamente me sentía asfixiado y con ganas de devolver. Cuando hablé con otras personas que salían de allí, me dijeron que también habían experimentado una sensación similar de tristeza y que se habían encontrado mal físicamente.

Isla de Robben, Ciudad del Cabo, Sudáfrica

Cuando observé la isla de Robben desde lo alto del monte Table en Ciudad del Cabo, sentí de inmediato la fuerte necesidad de visitarla, aunque en aquellos momentos desconocía lo que era la isla o su historia. Cuando me informaron de que era el lugar donde Nelson Mandela pasó diecisiete de los veintisiete años que estuvo encarcelado supe que tenía que visitarla. Hice una reserva para ir al día siguiente, que resultó ser el décimo aniversario de la liberación de Mandela en 1990. Mi esposa decidió no efectuar el viaje de medio día, así que subí a bordo del barco con mi amigo Dimitri, que vive en Sudáfrica con su hijo de once años, Simeon.

En la isla de Robben sólo se encarcelaba a los prisioneros políticos negros a causa del *apartheid* y la segregación racial. En aquella época, los surafricanos negros se convertían en presos políticos por el simple hecho de asistir a alguna reunión en la que se trazaran planes para derrocar el sistema del *apartheid*. En consecuencia, la isla de Robben era un lugar donde se obligaba a personas inocentes a trabajar todo el día triturando piedra caliza en las canteras. En la actualidad, los turistas lo visitan y los ex internos de la isla les guían.

Mientras la recorría con Dimitri y Simeon, vi la celda donde Nelson Mandela había vivido en reclusión y silencio obligado. Creo que este hombre simboliza el ejemplo máximo de lo que este libro pretende enseñar: que existe una solución espiritual a cada problema. El encarcelamiento de Nelson Mandela le obligó a guardar silencio y al estar consigo mismo pudo conectar conscientemente con Dios. El silencio, al igual que Dios, es indivisible. Cuando Nelson Mandela salió de la cárcel en 1990, había perdón y reconciliación en su corazón. Creo que la energía espiritual que había en él fue lo que transformó Sudáfrica, desmanteló el *apartheid* e hizo posible que fuera elegido presidente de forma democrática. Esto ocurrió con relativamente poca violencia, en contraste con lo que costó eliminar el racismo.

Durante nuestra visita a la isla, sentí la angustia que impregna los lugares en los que se ha practicado la injusticia y la tortura y ha existido miedo. Cuando abandonamos la isla, el joven Simeon se volvió a mí y, sin más, dijo: «Me sentía incómodo ahí. ¿Vosotros también?». En realidad, este inocente muchacho confirmó lo que yo había estado sintiendo toda la mañana. Se crea un campo de energía de miedo en los lugares donde se han practicado los malos tratos y Simeon se limitó a expresar lo que ambos habíamos sentido.

Ambientes de amor: Asís, Italia

En una pequeña localidad no lejos de Florencia, un solda-do fue encarcelado en el siglo XIII. Hijo de un rico merca-der, este joven soldado había estado «perdido» casi toda su vida, cuando de pronto tuvo la visión de que debía servir a Dios de forma incondicional. Abandonó todas las pose-siones materiales y vivió y enseñó el mensaje de Jesús de Nazaret. Este hombre sería conocido como san Francisco de Asís.

San Francisco, que experimentó las heridas de Cristo (los estigmas), practicaba el consejo de Patanjali, que he descrito en el capítulo 2, de abstenerse firmemente de la falsedad y de dañar a los demás de pensamiento. Se hizo famoso por ayudar a muchos sólo con su presencia. Los animales salvajes y los pájaros se hacían mansos y sumisos cuando estaban cerca de él, y le lamían las manos y volaban hacia ellas cuando las abría.

Para mi esposa y para mí, Asís fue una peregrinación. Allí fuimos a visitar la pequeñísima capilla en la que san Francisco rezaba cada día. La capilla sigue exactamente como estaba en aquella época. Un espacioso edificio con magníficas vidrieras y un techo adornado la rodea. Esta es-tructura exterior es un hervidero de gente, que se encuen-tra en Asís para orar y rendir homenaje a este santo del si-glo XIII. Llegan y se van cada día visitantes procedentes de todas las partes del mundo, tras hacer tributo solemne y amoroso a este ser divino.

Mi esposa y yo fuimos conducidos al interior de la pequeña capilla que en tiempos fuera el lugar de meditación de san Francisco. Los dos nos sentamos a meditar en este lugar sagrado y de inmediato sentimos penetrar en nuestro campo de energía las feromonas de la felicidad y el amor incondicional. Nuestras lágrimas de júbilo fueron la respuesta a esos sentimientos gloriosos. En realidad, realizamos una segunda visita para confirmar lo fuerte que había sido la experiencia y para estar seguros de que no se trataba sólo del cumplimiento de nuestras expectativas. La estancia irradiaba amor incondicional; se encontraba en el aire, por decirlo de alguna manera. La pequeña capilla, en el interior de la cámara que la rodeaba, parecía una metáfora de nosotros mismos. Nuestro cuerpo es la cámara protectora. Pero en el interior de esa cámara, muy al fondo, hay un lugar de armonía y paz, un lugar para visitar a menudo y sentir lo que irradia de él.

En Asís se encuentra el lugar donde san Francisco se comunicó conscientemente con Dios, un lugar al que han acudido millones de personas con amor y gratitud para poder participar e imbuirse de su campo de energía. Esta clase de energía deja señal. Permanece, aunque sea invisible; sin duda, se siente y se experimenta. La radiante energía del amor influye felizmente en el campo de energía de todos los que entran en él.

Machu Picchu, Perú

Los españoles recorrieron Sudamérica realizando su versión del Holocausto, al igual que otros intrusos europeos diezmaron las poblaciones nativas de Norteamérica, donde estaban miles de años antes de la llegada de los invasores.

No se salvó nadie. Fueron asesinadas millones de personas. La conciencia de odio e intolerancia impregnó ambos continentes. La historia de estos lugares, representada en cada una de sus poblaciones, es la historia de la falta de humanidad del hombre con el hombre.

A los conquistadores españoles no se les pasó nada por alto al difundir el terror matando sistemáticamente a los nativos. A los que no mataron con las flechas y las balas los infectaron con enfermedades que los invasores llevaban consigo. Salvo alguna rara excepción, descubrieron todos los lugares donde habitaban. Machu Picchu es una de las experiencias. Los indeseados visitantes se la saltaron. Este lugar sagrado, construido miles de años atrás como santuario por los nativos, se halla en lo alto de una montaña remota de los Andes. No fue descubierto por Occidente hasta 1911.

Cuando nos dirigíamos a Machu Picchu, primero por aire, luego por tren, autobús y finalmente a pie, reflexionamos sobre las preguntas que todo el mundo se hace respecto a este lugar. ¿Cómo pudo construirse algo así hace miles de años? ¿Cómo transportaron millones de rocas gigantescas por un camino tan accidentado, sin grúas, helicópteros ni excavadoras? ¿Quién subió las rocas a lo alto de esta montaña remota y las dispuso en forma de terraplén? ¿Cómo construyeron este homenaje a su culto a la naturaleza hace miles de años, cuando hacía poco que se había descubierto la rueda? ¿Cómo es posible que el odio que asoló la zona pasara de largo por Machu Picchu? ¿Cómo es posible que siguiera siendo un lugar sagrado aislado?

Junto con mi esposa y cuatro de nuestros hijos pasamos varios días andando, meditando, observando y respirando la energía de este magnífico lugar. Los días que pasé en Machu Picchu me proporcionaron algunas de las sensaciones más felices de bienestar que jamás he conocido. Medité en el santuario y me sentí rodeado de la presencia de Dios. Cuando di una conferencia a las setenta u ochenta personas que nos acompañaban, las palabras no parecían provenir de mí. Yo sólo era un vehículo para la energía rebosante que parecía proceder de alguna otra parte e ir hacia la audiencia. No paraba de repetir a mi esposa que jamás había tenido semejante sensación de bienestar en mi vida. Las feromonas de la energía amorosa, que no estaban teñidas con las bajas energías de la intolerancia y el odio, se hallaban claramente presentes en ese magnífico lugar que permaneció intacto durante siglos. Las energías inferiores que infectaron los territorios circundantes y crearon campos de aflicción sólo serán erradicadas con una nueva infusión de amor, o una solución espiritual a un problema colectivo muy grande.

Éstos son sólo cuatro ejemplos, aunque podía haber señalado muchos otros en este apartado. Mis visitas a Dachau, cerca de Munich, Gettysburg en Pensilvania, o Alcatraz en San Francisco provocaron sensaciones similares de ambientes de sufrimiento con baja energía. De forma similar, al entrar en los campos de energía de la Gran Pirámide, las sagradas colinas de Sedona, Arizona, y los antiguos santuarios de Bali experimenté la sensación de hallarme en un campo de energía superior y más rápida.

Lo importante ahora no es darte una lista interminable de ejemplos, sino animarte a que despiertes al hecho de que la energía es algo que se irradia hacia afuera y que influye durante eones de tiempo en todo el que entra en ese espacio. Tú puedes elegir entre llenar de dicha el entorno que ocupa tu campo de energía, enviando esta clase de conciencia, o dejar que se vea afectado por emociones menos gratificantes.

Cuando sientes que tus ambientes familiar, social y laboral están envenenados de alguna manera por la negatividad y la energía lenta e inferior de los demás, en tu mano está hacer algo al respecto. Me remito de nuevo a la madre Teresa para proponerte una manera de mejorar esos campos negativos. El siguiente apartado es un modelo para un campo de energía ambiental más amplio libre de contaminación. Los ocho puntos son de la madre Teresa de Calcuta y van seguidos de mis comentarios.

Plan de ocho puntos para la descontaminación

1. A menudo los demás son irrazonables,
    ilógicos y egoístas.
    Perdónales de todos modos.

En tu corazón el perdón es como un agente limpiador para tu campo de energía. Cuando observes una conducta de baja energía en otra persona, en lugar de permitir que ello afecte a tu entorno inmediato y lo infecte envíale una callada bendición y no te dejes llevar a su baja energía. Cuando perdonas a los demás, estás eligiendo no dejarte influir de manera negativa.

2. Si eres bondadoso, quizá los demás te acusen
de tener motivos egoístas.
Sé bondadoso de todos modos.

Tu campo de energía está protegido de la contaminación por la bondad. Una vez que eres independiente de las acusaciones de los demás, eres incapaz de enojarte o sentirte dolido por lo que los otros dicen de ti. Sé bondadoso por ti mismo, no por las reacciones que quieres obtener de los demás. La bondad que procede de tu corazón bastará para impedir que te arrastren a un campo de energía contaminado por las falsas acusaciones.

3. Si tienes éxito, te ganarás algunos
falsos amigos y algunos verdaderos enemigos.
Ten éxito de todos modos.

El mundo está lleno de personas que buscan la ocasión de ofenderse. Tu éxito en cualquier cosa es suficiente para provocar semejante reacción en los demás. Mantén limpio tu campo de energía concentrándote en lo que sabes que es tu divino propósito y, cuando lo hagas, el universo te apoyará y sostendrá con lo que se llama éxito. Los otros se sentirán ofendidos, pero si insistes en pasar por alto sus reacciones, no permitirás que la presencia de falsos amigos o verdaderos enemigos afecte a tu vida.

4. Si eres honrado y franco, los demás
puede que te engañen. Sé honrado y franco
de todos modos.

Tu campo de energía no se contaminará si sabes que estás siendo honrado y franco. Esto puede hacer que otras personas, que están en las energías inferiores de la falta de honradez y el engaño, intenten aprovecharse de ti. Pero no serás víctima de ellos porque tendrás esa paz interior que caracteriza a la energía superior y más rápida. Los que intenten engañarte respetarán tu posición cuando actúes según tus valores espirituales. Actúa con los demás desde tu yo más elevado y, a la larga, estarás libre del miedo a ser engañado. Irónicamente, cuando ese miedo desaparece también lo hace el problema de resultar engañado.

5. Lo que te ha costado años construir,
      alguien lo puede destruir de la noche a la mañana.
         Construye de todos modos.

No construyas nada sólo con el fin de terminarlo. Construye porque es tu manera de expresar tu propósito. Cuando te comes un plátano, la meta no es terminarlo, sino disfrutar cada bocado mientras te alimentas. Construir algo es una manera de expresarse. Si alguien cogiera todos los libros que he publicado y los destruyera, seguiría escribiendo. Si se destruyeran todas las cintas de mis conferencias, seguiría dando conferencias. Todo lo que se construye en el mundo material a la larga será destruido. No construyas con miedo a que se destruya, sino para dar expresión al espíritu infinito que llevas en tu interior.

6. Si encuentras la serenidad y la felicidad,
      puede que los demás sientan celos.
         Sé feliz de todos modos.

Siempre me recuerdo a mí mismo que no hay un camino que lleve a la felicidad. La felicidad es el camino. Si buscas en las reacciones de los demás una confirmación de tu forma de ser, los estarás convirtiendo en la fuente de tu felicidad. La felicidad es una tarea que se hace desde dentro. No la obtienes de nadie ni de nada; la das a todos y a cada suceso de tu vida. Mantén tu campo de energía libre de contaminación recordando que tú eres quien lo limpia. Los demás pueden estar celosos, encontrarte defectos y decir cosas terribles de ti, pero eres libre de elegir la felicidad para ti de todos modos. La consecuencia de tu respuesta es que poco a poco influyes en sus campos de energía de los celos y la mezquindad con la felicidad que irradias.

7. El bien que haces hoy, a menudo los demás
lo olvidarán mañana.
Haz el bien de todos modos.

Igual que ser feliz, hacer el bien es algo que constituye la expresión de tu esencia espiritual invisible. Deja de buscar la aprobación y gratitud de los demás para hacer el bien. Aunque nadie te dé las gracias, haz por los demás lo que tu corazón te dicte desde el espíritu, que está arraigado en la energía más rápida del amor, la bondad y la conexión a todo. Tu espíritu te insta a expresar la energía del corazón. El ego, arraigado en el mundo material, te insta a hacer lo que haces para que seas recordado y gratificado como si la vida fuera un concurso. Escucha a tu espíritu. Acuérdate de dar amor y hacer el bien porque tú eres así y no por otras razones.

8. Da al mundo lo mejor que tienes y puede que
   jamás sea suficiente. De todos modos,
   da al mundo lo mejor que tienes.

Cuando la madre Teresa habla de «lo mejor» se refiere a tu yo más elevado y sagrado. O sea, la energía vibracional más rápida y la fuente de la solución de todos los problemas. Los demás quizá intenten contaminar tu campo de energía exigiendo más de ti, o criticándote repetidamente, o incluso haciendo caso omiso de tus esfuerzos. Cuando regresas a tu yo más elevado, te libras de esas opiniones casi al instante y dejas de sentirte falto de aprecio. Entrega tu espíritu al mundo y aléjate del resultado de tus esfuerzos, y tu campo de energía estará cada vez menos contaminado.

Éstos son los ocho consejos que la madre Teresa de Calcuta ofreció como plan para tu vida. Su conclusión es la esencia verdaderamente profunda de este ofrecimiento: «Al final, todo es entre tú y Dios; nunca ha sido entre tú y ellos».

Recientemente, me detuve ante un semáforo en el que había un hombre mal vestido con un perro al que le faltaba una pata a su lado. Mientras esperaba a que cambiara la luz del semáforo observé la escena con compasión y sentí la necesidad de aportar algo. El hombre llevaba un cartel que decía que era un sin hogar. Los que iban conmigo en el coche comentaron que era un hombre joven y fuerte, que había muchas oportunidades de empleo y por qué había que dar nada a personas que eran capaces de trabajar. Mostraron un leve desprecio por aquel hombre que pedía limosna cuando «debería estar trabajando» como ellos hacían cada día. Mis pensamientos estaban con él y con el hecho de que se ocupaba de su perro tullido y lo alimentaba. Bajé el cristal de la ventanilla y le di varios dólares, por lo que expresó una enorme gratitud.

Cuando mis compañeros me regañaron un poco por ser así y por permitir a aquel hombre seguir siendo un mendigo, oí las palabras de la madre Teresa. Verdaderamente, aquello no era algo entre yo y mis amigos del coche, ni entre yo y aquel hombre sin hogar. Era entre Dios y yo. Y algo dentro de mí me instó a enviarle amor y darle también un poco de dinero. La próxima vez que veas a alguien pidiendo limosna, recuerda esto y, si sinceramente crees que no quieres darle nada, no lo hagas, pero en lugar de mostrarte crítico, enfadado o incluso un poco molesto, ofrece a esa persona una callada bendición y sigue adelante sin contaminar tu campo de energía con vibraciones inferiores.

Antes de pasar al tercer campo de energía, cerraré este apartado con el poema de la madre Teresa. Es una valiosa guía para impedir que las energías inferiores de las personas que pueblan tu entorno inmediato afecten a tu campo de energía de un modo impuro.

EL ANÁLISIS FINAL

A menudo los demás son irrazonables, ilógicos y egoístas;
Perdónales, de todos modos.
Si eres bondadoso, quizá los demás te acusen de tener
    motivos egoístas;
Sé bondadoso de todos modos.
Si tienes éxito, te ganarás algunos falsos amigos y algunos
    verdaderos enemigos;
Ten éxito de todos modos.

Si eres honrado y franco, los demás puede que te engañen;
Sé honrado y franco de todos modos.
Lo que tardas años en construir, alguien lo puede destruir de la noche a la mañana;
Construye de todos modos.
Si hallas la serenidad y la felicidad, puede que los demás sientan celos;
Sé feliz de todos modos.
El bien que haces hoy, a menudo los demás lo olvidarán mañana;
Haz el bien de todos modos.
Da al mundo lo mejor que tienes, y quizá nunca será suficiente;
Da al mundo lo mejor que tienes de todos modos.
Al final, todo es entre tú y Dios;
Nunca ha sido entre tú y ellos, de todos modos.

MADRE TERESA DE CALCUTA

3. Descontaminar tus campos mentales de energía

Aquí entramos en un área un poco oscura. No obstante, tiene la misma importancia para evitar contaminar tu vida con el fin de encontrar soluciones espirituales. Estamos hablando de pensamientos, tuyos y de los que te rodean, y de cómo mantener puros los tuyos y no permitir que los pensamientos de baja energía de los demás te afecten negativamente. Esta anécdota de mi vida te ayudará a entender lo que quiero decir.

En 1982, fui a Grecia a correr, siguiendo los pasos de

Filípides, que corrió los cuarenta y dos kilómetros de Maratón a Atenas en el año 490 a.C. para llevar la noticia de la victoria griega sobre los persas. Yo formaba parte de un gran grupo de corredores y otros turistas que nos encontrábamos en el aeropuerto Kennedy de Nueva York, en el vestíbulo de salidas, cuando nos avisaron de que el avión saldría con siete horas de retraso. El lugar se convirtió en una gigantesca colección de gente que se quejaba y lamentaba, agitada, y que tenía que decidir qué haría durante las siguientes siete horas.

En medio de este caos había una anciana griega, de unos ochenta y pico años, vestida de negro, que se sentó, cerró los ojos y, como si el retraso no le afectara, se puso a sonreír como si estuviera meditando. Yo deambulé durante dos horas por la terminal de Olympic Airways y luego regresé a la zona de salidas; allí seguía la anciana griega, sentada con gran serenidad, en la misma posición, sin dar muestras de consternación.

Tomé entonces un taxi para ir a un cine a una ciudad próxima, regresé al aeropuerto tres horas más tarde y la anciana griega seguía con su actitud pacífica. Otros pasajeros empezaron a regresar, alterados y quejosos, seis horas después del anuncio. Pero la anciana griega vestida de negro estaba imperturbable y tan serena como antes. Ocho horas después de la hora de partida inicial subimos al avión. La anciana griega ocupó el asiento del otro lado del pasillo. Me sonrió cuando nos sentamos y luego, lo creas o no, durante las trece horas que duró el vuelo a través del mundo no se movió ni una sola vez. No comió, no bebió, no se levantó, no vio ninguna película, no se quejó, no se agitó;

no hizo nada, sólo permanecer sentada en la misma posición que en la zona de salidas, con la misma expresión de contento en el rostro.

Por fin, casi veintidós horas después de haber llegado al aeropuerto en Nueva York, aterrizamos en Atenas. Cuando salíamos de la zona de la aduana reparé en la anciana griega vestida de negro que era recibida por su familia. La mujer reía, sacó regalos para los muchos niños que esperaban su llegada, abrazó a todos y se fue del aeropuerto con gran ánimo y alegría.

Han transcurrido casi dos décadas y nunca he olvidado a esa anciana griega y la influencia que iba a tener en mi vida, aunque sólo intercambiamos una mirada sonriente. Cada vez que la observaba, en la caótica zona de salidas del aeropuerto o en el avión, notaba que me sentía más cómodo, más a gusto y menos inclinado a sentirme alterado. Y el mismo efecto produjo en todos los pasajeros que iban a participar en la maratón. Todos comentamos que la mujer nos doblaba la edad y vestía ropa incómoda. Y todos nos fijamos en que no pidió vales para comida ni para alojamiento, no amenazó con demandar a la compañía, sino que se limitó a sentarse y poner su mente en un estado de felicidad. Su actitud influyó en todos los que la observábamos, haciendo que nos sintiéramos más relajados. Hasta el día de hoy, cada vez que me encuentro en una situación similar, recuerdo a esa mujer griega vestida de negro y entro en un campo mental de paz.

Que nuestros pensamientos influyen en nosotros es evidente. Todos sabemos que nos volvemos aquello en lo que pensamos. Pero es importante recordar que nuestros pensamientos son un campo de ciclos de energía, un campo mental, y que con nuestros pensamientos influimos no sólo en nosotros, sino en los que nos rodean. La anciana griega fue capaz de infundir una energía invisible de felicidad en todos los que íbamos en aquel vuelo limitándose a permanecer sentada y a pensar. Es evidente que su calma interior resonaba en todos nosotros.

Los científicos describen el pensamiento como un campo de energía organizado que consta de complejas pautas de vibraciones, las cuales consolidan la información. La doctora Valerie Hunt lo describe en su clásico *Infinite Mind*: «Los pensamientos son acontecimientos en el campo mental asequibles no sólo a la conciencia del creador, sino también a otras mentes». Explica que nuestros pensamientos no son un campo privado sino público. Esto significa que no piensas en un vacío, sino que tus pensamientos se crean a partir de transacciones con otros campos. Los pensamientos pueden pasarse de una generación a otra no sólo por las fotografías, la letra impresa o el mundo hablado, sino también por la fuerza de los pensamientos que permanece en nuestro campo mental.

Cuanto más dinámico es tu campo de energía, más capaz eres de comunicar tus pensamientos, de influir con ellos en los demás y de resultar afectado tú mismo. ¿Cómo conseguir que tus pensamientos sean tan dinámicos y creativos? Cito de nuevo a la doctora Valerie Hunt: «Para obtener respuestas no hay que demorarse en el proceso ni hay que luchar. Hay que confiar en el proceso del pensamiento creativo superior» (pág. 157). «Ésta es la capacidad que poseen los grandes sanadores, conferenciantes, videntes, médicos y líderes espirituales cuando entran en un estado de conciencia ampliada» (pág. 143) Tú puedes hacerlo. Tienes el potencial de mantener descontaminado tu campo de energía y el potencial de irradiar una energía espiritual dinámica. Con tu simple presencia, vibrando en este campo mental de la creatividad y la paz, puedes influir en los demás.

Tal vez tu intelecto proteste e intente convencerte de que los campos mentales y la comunicación silenciosa de energía son una tontería. Pero cuando lo veas funcionar sabrás que no es así. El intelecto mismo está demasiado desconectado de las fuerzas de la energía etérica para aceptar esta posibilidad, pero yo lo he visto personalmente en muchas ocasiones. Cuando soy capaz de proyectar amor, comprensión y compasión de forma consciente a los que se hallan en mi espacio vital inmediato siento el cambio de energía. Abandono mi opinión o el deseo de que acepten mi opinión y la energía del campo mental cambia. Poco a poco, observo que la diferencia de energía afecta a los demás y disfruto interiormente del cambio. Mi esposa Marcelene es maestra en ello.

He tenido la exquisita experiencia de estar en la sala de partos cuando mi esposa ha dado a luz. Ella sabe que está entrando en un espacio dominado por pensamientos de tensión y de miedo, así que se prepara con sus pensamientos antes de entrar. Irradia sus pensamientos de amor, felicidad y gratitud por poder participar en el misterio de crear y dar la vida. Se entrega al misterio, sin miedo, con la determinación de estar en paz durante este acontecimiento. Su actitud mental es ésta y, por tanto, su campo mental también lo es. Yo estoy con ella, pero en realidad resulto inútil. Ella proyecta su paz interior y la calmada determinación de hacer «lo que las mujeres han hecho siempre», como ella lo describe. La presencia de sus pensamientos produce una sensación de paz y calma en las otras mujeres que están de parto, las enfermeras e incluso el personal especializado.

Marcelene está escribiendo un libro sobre el alumbramiento con participación plena en el sagrado misterio a través de la energía del campo mental. Ella es un ejemplo impresionante de la forma de entrar en la misteriosa sacralidad del alumbramiento a través de la energía del campo mental. Marcelene ha dado a luz sin medicamentos a siete niños, creando cada vez el tipo de energía que describo aquí. Además, ahora es una *doula*, que es una mujer que ayuda a otras, con su energía elevada, a dar a luz en un ambiente en el que el miedo y la ansiedad se sustituyen por un sentimiento sereno y amoroso de agradecimiento por poder participar en semejante milagro.

Este campo mental existe y tienes la capacidad, no sólo de mantener el tuyo sin contaminar, sino de aumentar la frecuencia de los demás cuando están en tu presencia. Elevar esas frecuencias es el tema del siguiente capítulo. De momento, trata de aceptar esta idea de un campo mental de energía compuesto por tus pensamientos y los de quienes te rodean. Cuanto más te acerques a un estado dinámico de gracia en tus pensamientos y te niegues a estar en los campos de los que proyectan pensamientos de energía inferior de miedo, tensión, maldad, ansiedad, depresión y similares, más te acercarás al campo mental de Dios. Así lo expresó el maestro Eckhart:

La intención de la Naturaleza no es la comida ni la bebida,
ni la ropa, ni la comodidad ni nada
en lo que Dios quede fuera.
Te guste o no, lo sepas o no,
en secreto la naturaleza busca, persigue,
intenta ver el camino en
el que pueda hallar a Dios…

Me gusta esta idea de ver el camino en el que pueda hallar a Dios. Éste es el campo de energía en el que te pido que pienses. Está desprovisto de las energías inferiores que contaminan nuestra vida y nos cargan con ilusiones a las que llamamos problemas.

Como he iniciado este capítulo con una observación de William Butler Yeats, voy a cerrarlo con otra de sus observaciones poéticas:

VACILACIÓN (IV)

Mi año cincuenta había llegado y transcurrido,
era un hombre solitario
en una abarrotada tienda de Londres,
un libro abierto y una taza vacía
sobre el mostrador.
Mientras estaba en la tienda y la calle,
contemplé mi cuerpo de repente encendido;
y durante veinte minutos más o menos
me pareció tan grande mi felicidad
que me sentí bendecido y pude bendecir.

Cuando te niegas a permitir que tus campos de energía se contaminen, te sientes bendecido y sabes que también puedes bendecir a los demás. Esto es verdaderamente un campo de energía elevada. Te invito a que pases algún tiempo pensando, imaginando que te sientes bendecido y que puedes bendecir.

En el capítulo 6 presento algunos principios dinámicos para interiorizar con el fin de vivir en estas frecuencias de energía más rápida.

6

Aumenta y mantén tu energía espiritual

> Pero no creo que el hombre pueda percibir
> sus cualidades «divinas» hasta que su campo
> alcanza unas vibraciones cada vez más eleva-
> das y un mayor grado de coherencia. Por mu-
> cho que intentemos recibir guía espiritual,
> no podemos conseguirla hasta que nuestros
> campos están sintonizados con ese sistema
> vibracional.
>
> DOCTORA VALERIE HUNT

Johann Wolfgang Goethe, un genio creativo de principios del siglo XIX, hizo esta observación: «Si tratas al hombre como parece ser, le haces más de lo que es. Pero si tratas al hombre como si ya fuera lo que en potencia podría
ser, le haces lo que debería ser». Su consejo es pertinente en
el mundo actual y, en especial, en lo que se refiere a aumentar tu energía espiritual si lo aplicas al modo en que te tratas a ti mismo.

Primero, ¿quién pareces ser? Tus condicionantes, tu
historia y tus sentidos te proporcionan una multitud de
respuestas. Pareces una persona con un cuerpo, que tiene
ciertas limitaciones obvias. Pareces ser de una etnia particular, de cierta edad, con unos antecedentes que te han
llevado hasta este punto de tu vida. Ve a mirarte a un espejo para ver qué pareces ser.

Ahora ve más allá de esas apariencias y mírate profundamente a los ojos para verte a ti mismo como un ser espiritual que tiene una experiencia humana. Imagina lo que podrías ser si esas apariencias no te limitaran. Por debajo o dentro de lo que pareces ser, se encuentra la imagen de la magnificencia y la felicidad ilimitada que en verdad eres y que te pido que consideres cuando leas lo referente a estos principios. La base para formar un campo de energía espiritual es lo que potencialmente puedes ser. Ésta es la base de la que surge la energía espiritual para resolver los problemas. Me gusta la descripción de Shakespeare: «Estás lleno de materia celestial y llevas en tu mente el inventario de tus mejores gracias».

Deja que esta idea permanezca en ti: te hicieron para prosperar y vas a decidir identificarte con esta potencialidad y no con lo que pareces ser. Reconocerte como hijo de lo superior, como una presencia divina, te ayudará a elevar y mantener ese campo de energía espiritual superior más rápido. Y desde este nuevo campo de energía producirás las chispas de la divinidad que anulan y erradican los problemas de tu vida. En el resto del capítulo describiré una serie de principios que te ayudarán a poner en práctica esta idea.

ELEVA LAS VIBRACIONES DE TU ENERGÍA

Los siguientes principios no siguen ningún orden de importancia. Representan mi visión personal de cómo tu mente y tu posterior conducta pueden llevarte de los niveles de energía tóxicos del mundo material al nivel del espí-

ritu, donde se encuentra la solución de todos los problemas. Te ofrezco estas ideas con la intención de inspirarte a
ser consciente de tu capacidad de pasar de las pautas de
energía inferior más lenta del mundo material a las vibraciones superiores más rápidas del mundo del espíritu.

Practica la presencia del espíritu

Ten conciencia de la imposibilidad de estar fuera del espíritu omnipresente. Una manera de hacerlo es recordar,
cuando despiertes por la mañana, que empieza un día en
que Dios estará contigo en todo momento. Recuerda que
cualquier lugar donde estés es un lugar sagrado. Cuando
comas, piensa en lo que ha sido necesario para que esa comida llegue a tu plato. Cuando hagas una llamada telefónica, conduzcas tu coche o entres en tu lugar de trabajo,
trata de percibir la presencia de Dios. Cuando pongas esto
en práctica, observarás que tienes una mayor sensación de
paz, de seguridad, de fuerza, la certeza de que estás vivo
por la sensación de integridad que emana de tu interior.
Estos sentimientos son consecuencia simplemente de la
práctica silenciosa, y recalco, silenciosa. No prediques ni
intentes convencer a los demás para que piensen como tú.
Limítate a darte cuenta de la presencia de tu origen, del
que, en verdad, nunca te separas salvo en tu mente. Al ser
consciente de la divina presencia, aumentas las vibraciones
del campo de energía. Esto es a lo que se refiere la doctora
Hunt en la cita que inicia el capítulo. Para poder recibir la
guía espiritual tienes que sintonizar con el campo de energía vibracional de Dios.

Cuando te sientas irritado, ansioso o tengas miedo, ejercita tu mente para reconocer la omnipresencia del espíritu. Hazlo y verás que aquello que te asustaba parece mucho menos inquietante. Es una manera segura de aumentar las frecuencias del campo de energía. Cuando te paras a recordar y practicas la presencia de Dios dentro de ti y a tu alrededor, literalmente te proporcionas a ti mismo un tratamiento.

Tu mente es la sustancia de toda la materia

Echa un vistazo a tu mano. ¿La describirías como inteligente? No, porque la inteligencia es la mente que dirige tu mano para moverla, asir, formar un puño y hacer un gesto de despedida. Tu mano responde a las instrucciones que le da tu mente. Sí, claro, la mano posee inteligencia, igual que toda célula viva tiene un centro de inteligencia, pero esa célula responde a las instrucciones que le da tu mente. Así, tu mente es la sustancia de la materia que se llama mano. Ahora piensa en los demás órganos de tu cuerpo. El corazón, el hígado, el bazo, todo fue creado para actuar de acuerdo con la inteligencia divina central que hay en ellos. Sí, tu mente también es su sustancia.

Si así lo decides, todo tu cuerpo responderá a las instrucciones de tu mente. Desde tu mente puedes decir a las partes de tu cuerpo que Dios les dio funciones y darles instrucciones para que las realicen. Si utilizas tu mente para dirigir tu cuerpo, a la larga éste actuará por sí solo. Al principio, tendrás que indicarle que realice la función para la que Dios lo creó, y luego verás que lo hace por sí mismo. Pero tu mente, esa fuente de energía espiritual invisible, será siempre la sustancia de todo tu cuerpo y lo controlará.

Ahora extiende este principio a todo lo que te rodea. La mente es donde experimentas toda la materia y tu mente es la sustancia de todo lo que experimentas. Cuando aumentas tu campo de energía para incluirte en la mente de Dios, tienes ese campo de Dios a tu disposición. Toda persona en la tierra está regida por la mente de Dios; sin embargo, la mayoría no reconocen este hecho y se encuentran con el problema de la ilusión de la separación que el ego provoca. Aunque he dicho repetidamente que la mente de Dios es tu mente, ello no significa que tengas un monopolio, como si fueras un elegido. Esta fuerza unificadora no es sólo la inteligencia de cada persona, sino que es la inteligencia de todas las células del universo. ¡Y todo eso al alcance de tu mente! Dirige, insiste, exige si es necesario que tu mente esté en armonía con la mente divina y tu energía pasará de ser lenta a ser rápida, de lo material a lo espiritual, de los problemas a las soluciones. La próxima vez que te enfrentes con un problema, mírate la mano un momento y recuerda que, aunque posee inteligencia, es tu mente la que dirige su sustancia para que sea una mano. Luego, afronta el problema con tu mente y la mente de Dios unidas.

La conciencia de nuestra mortalidad ha de rendirse para dejar sitio a la conciencia espiritual

En el escritorio de Beethoven, enmarcadas bajo vidrio, había las siguientes palabras, copiadas de su puño y letra. Las había descubierto en un artículo sobre las prácticas espirituales del antiguo Egipto.

> Soy lo que soy, soy todo lo que es, lo que ha sido, lo que será; ningún mortal me ha levantado el velo. Él es única y solamente de sí mismo, y a este ser único le deben su existencia todas las cosas.

Imagínate a este gran compositor leyendo estas palabras cada día para recordar el origen de su creatividad.

También tú puedes inspirarte y decidir liberarte de tu identificación primaria con tu yo material y mental y rendirte a Aquel al que todas las cosas deben su existencia. Cuando te enfrentes con un problema, detente y recuerda que Dios está en tu campo y que puedes rendirte a esa idea. Personalmente, siempre que lo hago me aparece casi de inmediato una solución. Siempre me sorprende no haberme dado cuenta de que intentaba resolver mi dificultad con mi yo mortal, sintiéndome separado y ansioso y afrontando el problema solo. Al abandonar la conciencia de su mortalidad, el campo de energía aumenta y dejas espacio para la presencia de la conciencia espiritual.

Recibí una carta de una mujer a la que diagnosticaron un cáncer y le dieron sólo unos meses de vida. Decidió no revelar esta información a nadie, ni siquiera a su esposo e hijos. Alquiló una cabaña en los bosques del norte de Minnesota y pasaba cada día en silencio, abandonando su conciencia de la mortalidad y abriéndose a la guía espiritual. Los días se convirtieron en semanas y las semanas en meses, y seguía dedicada día a día a comulgar en silencio con Dios y a liberarse de su apego al cuerpo y al cáncer que lo había invadido. Al no identificarse con su cuerpo empezó a sentirse más fuerte. Cuando regresó a casa, jamás volvió a visitar una consulta médica. En la actualidad, nueve años después de que le diagnosticaran la enfermedad terminal, goza de una salud excelente. Abandonar la conciencia de la mortalidad y dejar que la calmada y serena presencia de Dios se ocupara del cáncer fue lo que de forma intuitiva percibió como su camino hacia la curación.

Cualquier problema, repito, cualquier problema, desaparece de tu mundo interior cuando abandonas tu yo mortal material y permites que las frecuencias del espíritu más elevadas se manifiesten en tu vida.

Envía amor a tus enemigos y ruega por ellos

Utilizo aquí deliberadamente la palabra enemigos. El poeta Henry W. Longfellow escribió: «Si pudiéramos leer la historia secreta de nuestros enemigos, encontraríamos en la aflicción y sufrimiento de cada hombre material suficiente para abandonar toda hostilidad».

Albergar ira y odio hacia otra persona te garantiza que permanecerás en campos de energía baja, donde los problemas seguirán surgiendo repetidamente en tu vida. Te propongo que examines todas las relaciones en las que tengas pensamientos de ira y odio. Sustituye esos pensamientos por energías de aceptación, bondad, alegría y amor. Tendrás que efectuar el compromiso personal de observar qué sientes y, luego, aplicar tu capacidad de enviar amor. Cuando tu corazón se haga puro, tu enemigo será tu amigo o, lo que es aún más importante, tu maestro. Tus peores enemigos son tus mayores maestros porque te permiten examinar las emociones de ira y venganza y superarlas. Te dan las herramientas precisas que necesitas para elevarte a las energías espirituales que te proporcionan soluciones.

Cuando envías amor como respuesta al odio, llevas a cabo una de las cosas más difíciles para todo el mundo. Al mirar a mi conciencia puedo decir sinceramente: no hay nadie a quien pueda llamar enemigo, nadie a quien pueda decirle: «Te odio». En el transcurso de mi vida me han decepcionado muchas veces. Algunos me han pedido prestado y jamás me lo han devuelto. Algunos han olvidado sus promesas. Algunos me han dejado por otros. Algunos me han maldecido y han difundido rumores sobre mí. Algunos me han robado. Les envío amor a todos, consciente de las palabras de Buda: «Vivimos felices, sin odiar a los que nos odian. Entre los hombres que nos odian, moramos libres de odio». Esta transformación de mi pensamiento, quizá más que ninguna otra cosa, es lo que me ha permitido salir de las regiones de baja energía de los problemas. Es una poderosa estrategia para aumentar tu conciencia espiritual.

Dios no te niega su ayuda

Imagina por un momento que conoces a una persona que ha guardado todo lo que quieres o necesitas para tu felicidad, pero se niega a dártelo a menos que hagas lo que ella quiere, se lo pidas como es debido y te comportes como ella quiere. Además, esta persona puede curarte de la enfermedad pero te deja sufrir, y tal vez considere la posibilidad de curarte en un futuro. No sería una persona muy agradable, y mucho menos un Dios muy agradable. ¿Es éste el tipo de Dios que imaginas que es la energía espiritual? En las Escrituras se dice claramente: «Todo lo mío es vuestro». Estas cinco palabras pueden ser el secreto que has estado buscando para elevar tu conciencia a un nivel espiritual.

Dios es percibido a menudo como un ser invisible a quien rezas cuando experimentas alguna carencia en tu vida. «Por favor, Dios, envíame el dinero que necesito; querido Dios, quiero que me cures de mi enfermedad; te lo suplico, Dios, devuélveme a mi esposa, que me abandonó por otro hombre». Y así, rezas para obtener las cosas que crees que te faltan. Crees que Dios decide si darte lo que te falta en la vida según te comportes, si cumples el castigo adecuado y lo pides del modo en que Él lo exige.

Elevar nuestra energía al nivel del espíritu implica saber que dentro de una hora Dios no va a hacer nada diferente de lo que ya está haciendo. Es más, Dios no está haciendo nada diferente de lo que hacía hace una hora o cien años atrás. Dios sólo está aquí en el momento presente, en el eterno ahora. Dios está entrelazado de modo inextricable con tu capacidad de apartar tus pensamientos del ayer y del mañana y escapar al ahora, el único sitio donde Dios puede morar.

El ahora es un punto en el universo de la abundancia que no tiene límites. «Todo lo que tengo» significa la prosperidad ilimitada de este universo. «Es tuyo» significa que puedes tener todo aquello a lo que dirijas tu atención con amor, ahora. No en algún momento del futuro, sino ahora.

Dios no retiene tu parte de esta tarta ilimitada esperando que te comportes debidamente. Dios tampoco disfruta viéndote sufrir en la escasez y la enfermedad hasta que decida dejar de negarte lo que necesitas. Cualquiera que sea la solución que buscas a tus problemas la tienes a tu alcance ahora. Está en ti, no en algún ser mítico como Santa Claus con una larga barba que flota en los cielos, dispensando cosas buenas a unos y cosas malas a otros. Siempre estás unido a esta fuente universal de energía del momento presente.

Como lo expresó san Pablo en su carta a los corintios: «No sabéis que sois el templo de Dios y que el Espíritu de Dios mora en vosotros» (I Corintios 3:16). Cuando conoces esta verdad, dejas de pedirle a Dios que te dé lo que crees que te está negando. Aplica este espíritu de Dios que mora en ti a las áreas que te faltan o que te causan problemas y se te revelará el secreto de que hay una solución espiritual a tus problemas.

Una vez que comprendas que no puedes influir en Dios y que Él no se esconde de ti, sabrás que no se te está negando nada y que puedes comulgar con esta fuente omnipresente para que ese amor influya en tus problemas personales.

No te están castigando

Dios tampoco te castiga cargándote de problemas. Como dijo Joel Goldsmith, fundador del Infinite Way: «Lo único que has de hacer es despertar de la creencia de que hay dos poderes, el bien y el mal, y empezar a honrar a Dios respetando el primer mandamiento. […] ¿Cómo puedes temer a un poder maligno si sólo existe un poder y ese poder es Dios?». La idea de que Dios podría ser punitivo no concuerda con la conciencia espiritual. En otras palabras, Dios es amor y lo creó todo bello, incluidos tú y todos los demás.

Las acciones y los pensamientos que se podrían calificar de malignos son consecuencia del error que cometes cuando crees que estás separado de Dios. Es un error del ego, o del intelecto, creer que Dios te castiga con un mal. Corriges un error formulando la verdad, lo anulas. La idea de que Dios te condenará no concuerda con un Dios que perdona.

Crees en un poder o en dos. Un poder es el poder del amor. El mal existe primero como pensamiento de no bien o no Dios, y luego se actúa según ese pensamiento. Pero todo ello es un error. «Dios es demasiado puro para tolerar la iniquidad.» Si no es bueno, no es de Dios, y si no es de Dios, no puede existir, ya que todo procede del poder único al que llamamos Dios. Puedes corregir todos los errores que conlleva tu creencia de que estás separado de Dios aportando esa energía amorosa superior a las áreas de tu vida que estén saturadas de problemas. No son castigos. Piensa, en cambio, que son errores que hay que corregir. Desaparecerán, tan seguro como que dos y dos son siete desaparece cuando introduces la sustancia de la verdad en el error.

Dios no condena, Dios perdona. Dios no castiga, Dios es amor. Acabas con el error del mal que es un pensamiento de no Dios cuando llevas la idea de Dios a ese error. Elevas tu energía espiritual al reconocer que las energía inferiores son consecuencia de haberte separado del espíritu. Te deshaces de la idea de que cualquier persona mala tiene influencia en ti porque sólo hay un poder en el universo que lo mantiene todo junto, y ese poder es Dios. Todo lo demás que no es bueno es cosa de tu mente, que crea la ilusión de los problemas. Nada de naturaleza maligna ha tocado jamás a Dios. Cuando crees que Dios te ha castigado es porque vivías en la mente del hombre y no en la mente de Dios. Cuando la mente del hombre se ilumina, se convierte en parte de Dios, y ésta es la solución a tu miedo al castigo.

Dios no es un poder vencedor

No hay razón para que te quedes sentado esperando ser favorecido con una experiencia espiritual, porque lo más probable es que no suceda así. Lo que has de hacer para elevar y mantener la energía espiritual superior es aprender estos principios y aplicarlos. La simple verdad es que si piensas bien, si tienes pensamientos amorosos, curativos, puedes conseguir resultados buenos, amorosos y curativos. Y a la inversa, si tienes malos pensamientos puedes conseguir malos resultados. Así, ¿cómo vencer nuestra inercia mental? Cambiando nuestro sistema de creencias fundamentales. Cuando crees en dos poderes debes equilibrar la lucha constantemente, porque lo fuerte derrota a lo débil. Una fuerza mayor derrota a una fuerza menor. Así, tenemos dos fuerzas o poderes siempre en conflicto entre sí.

Me gustaría que probaras una idea diferente para eliminar la barrera de tu inercia mental. No hay buenos poderes y malos poderes, fuerzas buenas y fuerzas malas. Sólo hay un poder y es el poder de Dios o el espíritu. Este poder no vence al mal, a la enfermedad, a la falta de armonía o a los problemas. El poder de Dios no es un poder vencedor. No derrota o entra en conflicto ya que es el único poder que existe. No existe un poder secundario al que subyugar. La idea de los dos poderes es una creación mental y material del hombre en la que luchamos contra las fuerzas inferiores con fuerzas mayores para salir vencedores, o tenemos pensamientos amorosos para vencer los malos pensamientos, para ser más felices. El poder de Dios no vence.

El poder de Dios es un poder creativo, de apoyo. Cuando aceptas esta idea de un poder único, todas las demás formas de poder, ya sean materiales, ya sean mentales, desaparecerán. Una vez que sepas esto dejarás de luchar contra los malos pensamientos y, en cambio, abrazarás la unicidad de Dios. «No te resistas al mal» significa no cedas a la creencia del mal como poder. El mal no tiene poder salvo para aquellos que suscriben que hay dos poderes.

Una vez que aceptes la idea del poder único, comulga con ese poder y libérate de la ilusión de que un poder que no es Dios ha creado tus problemas. Ésta es la actitud de los dos poderes que yo denomino frecuencias de vibración bajas y lentas. Está ahí porque vives en la dualidad de que el no Dios y Dios existen simultáneamente. Al dejar atrás esta dualidad y aceptar la idea de un poder único dejas atrás el conflicto. Acude a esa única fuente, sin necesidad de luchar contra nada, y aplica esta verdad a las áreas problemáticas; observa entonces que se evaporan en presencia de este poder único, un poder que es el único que no puedes buscar o alcanzar ni influir en él ni obligarlo, porque ya estás unido a él ahora mismo, aquí mismo, donde estás. Éste es el significado de: «El reino de Dios está en ti». Como lo expresó san Pablo: «Tú eres el templo del Dios vivo».

El amor divino satisfará toda necesidad humana

Mary Baker Eddy es responsable de que estas palabras estén escritas en la pared de toda iglesia de la Ciencia Cristiana: «El amor divino satisfará toda necesidad humana». ¿Cómo es posible creer esto? La gente sigue teniendo necesidades insatisfechas en presencia del amor divino. Sienten el amor divino y siguen teniendo problemas y la enfermedad persiste. Esta afirmación no implica, como suponen muchos que desean ver resueltos sus problemas, que el amor divino esté ahí para resolverlos por ti. El amor divino es algo que debes expresar y, cuando lo hagas, tu problema o necesidad se resolverá.

El amor divino no significa flotar en el aire o estar sentado en una blanda nube aguardando que caiga la lluvia y se lleve todos tus problemas. El amor divino es lo que irradias y nada tiene que ver con el amor humano. En el amor divino no hay condiciones, ni reglas, ni la necesidad de dar las gracias o devolverlo. El amor divino es un amor espiritual que engloba los siete componentes de la espiritualidad presentados en el capítulo 1. Has de derramar estas bendiciones y no acudir a Dios para recibirlas, porque tú eres el instrumento a través del cual fluye la gracia. Si quieres elevar y mantener tu energía espiritual, debes tener presente que eres tú (no un Dios del que estás separado) quien ha de dejar que el amor divino resuelva los problemas.

Rudolf Steiner observó: «Si no desarrollamos en nuestro interior este sentimiento profundamente arraigado de que hay algo más elevado que nosotros, jamás encontraremos la fuerza necesaria para evolucionar hacia algo superior». El amor divino no es verdaderamente superior a ti, pero sí es más elevado que el yo físico o el ego que has llegado a identificar como tu persona. Ya eres este amor divino, y podrás irradiarlo y dirigirlo hacia tus necesidades insatisfechas cuando reconozcas que existe.

No puedes tener a Dios y también tener miedo

Hablando en términos generales, la mayoría de las personas tienen miedo de su potencial y de convertirse en aquello que imaginan en sus momentos más gloriosos y perfectos. En consecuencia, el miedo se convierte en nuestro estado habitual y evitamos de forma sistemática nuestra divinidad.

Sugiero que tu máximo potencial es llegar a conocer tu propia divinidad. Sin embargo, tu condicionamiento te ha hecho creer que es casi sacrílego suponer que eres divino. Te han dicho que la divinidad es para Dios y quizá sus santos elegidos, pero no para ti. Así, el miedo a tu potencial te impide conocer a Dios y acceder a las soluciones espirituales.

Básicamente, hay dos emociones predominantes: el amor y el miedo. Y esos estados emocionales no pueden experimentarse al mismo tiempo. Si tienes miedo has eliminado el amor, y viceversa. Las Escrituras nos recuerdan: «El amor perfecto arroja de sí todo miedo». También nos dicen una y otra vez: «Dios es amor, y el que mora en el amor mora en Dios y Dios en él» (I Juan 4:16). Así que, evidentemente, la solución consiste en deshacerte de todo miedo y la única manera de hacerlo es pararte en un momento de miedo y ver si puedes sustituirlo por amor. En el momento en que sustituyes el miedo por amor has introducido una solución espiritual al problema que rodea al miedo. Recuerda siempre, en momentos de miedo, que Dios no puede residir donde reside el miedo.

Estoy seguro de que conoces el dicho de que nuestro mayor miedo es el miedo a lo desconocido. Si es cierto, ¿cómo podemos remediarlo? Familiarizándonos con aquello que desconocemos y que tememos. Entonces desaparecerá. ¿Y qué es lo que creemos desconocido? Dios, el espíritu, la conciencia superior y, en definitiva, el amor. Cualquier miedo que albergues te hace señor de un fantasma. Afróntalo, siéntelo. Elimina el miedo sintiendo que el amor o la presencia de Dios reside en el mismo lugar en que estaba el miedo.

He descubierto que en mi vida raras veces tengo miedo. Los viejos miedos al fracaso, o a tener que soportar la desaprobación de los demás, o a no saber cómo saldrán las cosas simplemente ya no prosperan en mi mundo interior. No es porque haya alcanzado cierto nivel de éxito, o de posesiones materiales (sé por experiencia que las personas que consiguen un alto nivel de éxito material tienen mucho miedo de perderlo), sino porque tengo sentimientos de amor más fuertes de los que tenía. Y porque sé que nunca estoy solo o separado de Dios. Si descubres que lo que más temes es tan sólo una ilusión de la mente, ya sabes cuál es el siguiente paso en tu desarrollo. La erradicación de ese miedo, en definitiva, se logra con la introducción del espíritu, que no puede vivir en el mismo espacio que el miedo.

No puedes tener a Dios y también tener miedo. Sólo un ateo teme y cualquiera que tema es ateo. Todo miedo significa que no se cree en Dios en ese momento. Ten presente estas dos observaciones. Una es de las Escrituras: «No temeré ningún mal, porque Tú estás conmigo» y una de los sufíes: «Tu mayor don reside tras la puerta llamada miedo...».

No te sientas espiritual: ¡sé espiritual!

No vas por ahí todo el día sintiéndote honrado. Simplemente, eres una persona moral. Si conscientemente te sintieras moral lo estarías transmitiendo todo el día, explicando cada acto de honradez como reflejo de tus sentimientos de moralidad. En cambio, simplemente eres honrado y tu conducta te sale de dentro. Ocurre lo mismo con tu espiritualidad. Ser espiritual no es un logro emocional del que vanagloriarse. Es tu manera de estar con Dios y es tan natural como tu salud, la moralidad o incluso tu sentido artístico. Intentar sentirse espiritual no es lo mismo que serlo.

Cuando intentas ser espiritual eriges una barrera, porque entonces tu ego entra en acción. El ego quiere alabarte por ser más espiritual que los que te rodean y te condena cuando otros son más espirituales que tú. El ego quiere explicar y defender tu espiritualidad y controlar lo espiritual que te sientes en diversos momentos y circunstancias.

Reconociendo tu unión con Dios e invitando a esa parte de ti mismo a ser consciente elevas tu nivel de energía al nivel del espíritu. Pero si te conviertes en instrumento del juego de «¿Cómo de místico me puedo sentir?», invitas al ego a evaluar en qué medida eres superior a los demás. El ego cree que sentirse más espiritual equivale a formar parte de un grupo de elite y tratará de obtener más puntos espirituales que tus oponentes. Ese mundo elitista de las vibraciones inferiores es precisamente lo que quieres dejar atrás. No intentes sentirte espiritual; sé espiritual.

Dios no puede dividirse

Dios es un poder infinito omnipotente, omnisciente y omnipresente, que no puede fragmentarse ni dividirse. Es decir, Dios no puede estar disponible para algunas personas y no disponible para otras. No puede estar aquí un día y al siguiente no. No puede estar en nada que sea malo y estar también en lo que es bueno. Al definir a Dios, toda discusión desaparece y sólo tienes la presencia única que todo lo sabe y es buena y amorosa.

Cuando te encuentras en la dualidad estás en el mundo físico donde tus sentidos perciben opuestos como: bueno/malo, sano/enfermo, vivo/muerto, bien/mal, etcétera. Ahí es donde te percibes a ti mismo cargado de problemas y buscas soluciones. Tu ego insiste en que la solución a estar enfermo es encontrar la salud; la solución a la escasez es la abundancia; y la solución al dolor es el placer. En el mundo dominado por el ego percibes todos estos opuestos.

Pero si la enfermedad o el mal existieran, Dios sería responsable de ellos y, por lo tanto, su naturaleza sería buena. Como Dios lo creó todo, y todo lo que Dios ha creado es bueno, las cosas a las que llamamos problemas sólo pueden ser obra de nuestros pensamientos y sentidos. Reconoce que la nada, que aparece como problema, es lo que nos asusta. No es que Dios se haya dividido en problemas o soluciones, el bien contra el mal, la enfermedad contra la salud: eres tú.

El camino hacia la salud, la prosperidad y el amor reside en saber que jamás debemos atribuirle un poder a la enfermedad, la escasez o el mal. Si pides a Dios que te cure, estás reconociendo que Dios te ha hecho enfermo. Cuando le pides a Dios favores especiales, reconoces un poder-Dios que impide que tengas lo que te falta. Cuando pides salud a Dios, es como decir: «Dios, tú tienes eso que se llama salud, pero no me lo das; por favor, piénsatelo». Estás pidiendo a Dios que se divida entre tener salud y no tener salud, o entre abundancia y escasez, o cualquier otra cosa.

En lugar de buscar beneficios o favores de Dios, comulga con esta presencia eterna que está en ti. Lleva esta presencia a las ilusiones a las que llamamos problemas que están en tu mente. Observa que en presencia de este amor incondicional, que no juzga, los problemas basados en la dualidad desaparecen y sólo permanece la presencia amorosa.

Joel Goldsmith, al describir el camino infinito, lo expresó así: «Lo que tienes que hacer es afrontar la fuente impersonal de todo el mal del mundo y reconocer su nada, su falta de ley. Luego, quédate callado, calmado, y observa; observa el hipnotismo y sus imágenes que se alejan de ti. Así se hace» (*Foundations of Mysticism*, pág. 258).

La armonía es tu estado natural

Mientras que Dios representa el poder único y no reconoce ningún otro poder, no sucede lo mismo con tu mente. Tu mente tiene el poder del mal y el poder del bien. Siempre que utilices este poder con el fin de crear armonía en ti y en los demás, concuerdas con el poder único del espíritu. El espíritu es la fuerza unificadora del universo.

Es posible que utilices este poder para provocar desarmonía, y cuando lo haces disminuyes la frecuencia a la que vibras energéticamente. Tu cuerpo no puede ser independiente de sí mismo, necesita un «yo» que lo dirija. Si tu mente dice come en exceso, tu cuerpo se adapta a las instrucciones de la mente. Si tu mente dice toma venenos, tu mano obedecerá y vertirá toxinas en tu cuerpo. Una mente imbuida de ignorancia o error mantendrá el cuerpo en un estado constante de desarreglo y problemas; creará una multitud de problemas para tu cuerpo y todas las circunstancias que lo rodean. La armonía es tu estado natural, porque cuando eres natural estás en manos de la presencia amorosa única llamada Dios. Tu mente es lo que genera falta de armonía y lleva a problemas a tu vida.

Ahora bien, de ninguna manera pretendo decir que tengas que deshacerte de la mente o del cuerpo para encontrar una solución espiritual a tus problemas. El cuerpo es un glorioso instrumento a través del cual funcionas como ser humano. Tienes que disfrutar esta encarnación y salir a nadar, conducir y hacer el amor. No tienes que dejar de hacerlo. Tu mente, que es el capitán de esta nave que es tu cuerpo, tiene el poder de guiarte a través de la vida y hacer que sea una travesía maravillosa. Cuando alcanzas la paz espiritual de la que trata este libro, tu mente y tu cuerpo se convierten en instrumentos a través de los cuales fluye la energía-Dios. Ya no estás constreñido por los límites del cuerpo y la mente.

En esta conciencia no existe límite a lo que se te puede revelar. Probarás los frutos de la sincronización, que permitirán que, en colaboración con el destino, controles las coincidencias que se den en tu vida. Tendrás un conocimiento que trasciende la mente y el cuerpo. A medida que seas más consciente de tu divinidad, descubrirás tu capacidad de eliminar las ilusiones de la enfermedad, la escasez y el mal del modo en que Patanjali aludía en el segundo capítulo de este libro. Esta relación armoniosa con el espíritu es tu estado natural.

Nuestras carencias proceden de la no comprensión de la ley de Dios

En el transcurso de los años, a menudo me han preguntado si tengo una fórmula secreta para el éxito, ya que he sido capaz de superar una infancia pasada en parte en hogares adoptivos y he llegado a tener prácticamente todo lo que no podría pedir. Mi respuesta siempre es la misma. He creído en la ley de Dios de la abundancia y siempre la he practicado. Incluso cuando era un chiquillo sabía que podría tener cualquier cosa en la que pusiera la mente, y nunca vacilé a la hora de revelar este secreto. Los otros chiquillos se quejaban porque no tenían dinero para comprar lo que querían, pero en mi bolsillo siempre tintineaban las monedas que había ganado.

Dormía literalmente con la pala bajo la manta y me despertaba a las cinco de la madrugada. Iba por el vecindario y sacaba la nieve de todos los senderos que podía, y luego, a las diez, informaba a los vecinos de que les había retirado la nieve y siempre me daban algún dinero por mis esfuerzos. Entretanto, todos los demás niños dormían profundamente.

Siempre he sabido que la ley de Dios es una ley de abundancia ilimitada. Y esto lo intuí ya a muy temprana edad en las enseñanzas del gran maestro cuando hizo aparecer panes y peces en abundancia para los que no lo creían posible. La mayor parte de la gente cree en una ley de la escasez y la practica, y la mayoría de sus problemas derivan de su apego a esta ley. Se revuelcan en los problemas que ellos mismos se han impuesto, en lugar de ascender a una energía más rápida y más espiritual.

He podido ver y visualizar la abundancia de Dios en mi vida. La veo incluso antes de que llegue, pero el hecho de saber que puedo hacer que llegue procede de mi convicción de que ya estoy unido a lo que sólo me falta en apariencia. Esta sensación de unión me impulsa a actuar como si lo que quiero me quisiera a mí. Así, cuando rezo, nunca trato de influir en Dios, pedirle favores o rogarle que haga algo por mí mientras yo espero sin hacer nada. En lugar de eso, utilizo la plegaria para abrir las puertas de mi alma a esta divina presencia. He empleado la plegaria como modo de residir en ese poder único —y no para pedir a Dios que haga algo—, para estar en la conciencia de Dios, donde los pensamientos de escasez se disuelven, y me siento atraído hacia las piezas de mi vida que faltan, como el hierro es atraído por el imán.

La ley de Dios señala: 1) «Hijo mío, siempre estás conmigo y todo lo mío es tuyo»; 2) «Con Dios todo es posible». Confiar en estas dos promesas es importante para elevar y mantener tu energía espiritual. Examina estas dos frases clave. «Todo lo mío…». ¿Qué deja fuera esta frase? Y «todo…», de nuevo, ¿qué excluye? En la respuesta tienes la clave para comprender que todo lo que consideras que te falta en la vida, sin excepción, deriva de tu falta de comprensión y aplicación de las leyes de la abundancia de Dios.

«No te resistas al mal» significa
que dejes de luchar con tus problemas

Ya he escrito sobre esto y quiero hacer hincapié en la importancia que tiene el eliminar la fuerza de tu vida para alcanzar una existencia libre de problemas. Uno de los pasajes más inquietantes de las Escrituras lo encontramos en Mateo 5:39, cuando Jesús dice: «Pero os digo: no os resistáis a una persona mala». Me gustaría aplicarlo aquí con un nuevo sentido: «No te resistas a tus problemas». Esto parece ser algo que a todos nos enseñan. Aprendemos que el bien triunfa resistiendo y peleando contra el mal. Creemos que ganar significa que lo bueno vence a lo malvado. Luchamos contra la malignidad para que gane la salud.

Una vez más, una manera de comprender el principio de la no resistencia es contemplar la primera página del Antiguo Testamento: «Dios vio todo lo que había hecho y todo estaba bien». Y: «Al principio, Dios creó el cielo y la tierra». O sea que Dios lo creó todo y todo lo que creó Dios estaba bien. Por lo tanto, no existe ninguna posibilidad de que haya algo que no sea Dios o no sea bueno, excepto en nuestra mente. Cuando te resistes al mal crees en dos poderes y no en uno solo y lo estás dotando de una fuerza vital propia. Resistirse y luchar contra los problemas significa reconocer la existencia de un poder que aporta fuerzas negativas en tu vida. No me cansaré de hacer hincapié en estas ideas.

Unas líneas después, en Mateo 5:45 se lee: «Hace que su hijo se alce sobre el bien y el mal». Creo que ésta es la clave para comprender y practicar la no resistencia, porque nos dice que llevemos el espíritu de Dios a todo mal percibido y eso solo lo transformará en un bien. Procura no dotar de poder, en tu mente o en tu vida cotidiana, a la presencia de estos problemas en tu vida. Lleva a la presencia de los problemas una conciencia espiritual más elevada y la luz de esa presencia se disolverá en la oscuridad.

Cuando luchas contra alguna cosa, unes tus fuerzas a aquello que ha provocado el problema. Cuando le preguntaron a la madre Teresa durante la guerra de Vietnam: «¿Se unirá a nuestra marcha contra la guerra?», respondió: «No, pero si hacéis una marcha en favor de la paz, iré».

Luchar contra la guerra es otra guerra. Prestar tu energía y tu atención a lo que quieres, no dar crédito al poder que no es bueno, o no es Dios, da como resultado una fuerza poderosísima que desintegra esas ilusiones.

Esta misma lógica se puede aplicar a los conflictos mundiales. Cuando aplicamos nuestra energía colectiva a lo que queremos, aportando bondad y amor, para dirimir nuestras diferencias de opiniones, se acaba la necesidad de resistirse. Cuando sabemos que en un planeta redondo no se pueden elegir lados y que sólo existe una mente, acabamos con la ilusión del odio, la ira y la represión. Nuestro mundo sólo podrá transformarse a través de un cambio en la conciencia colectiva. Esto es aplicable a tu vida y a todos tus problemas.

Benjamin Hoff, en su excelente libro *The Tao of Pooh*, lo expresó así: «Los maestros de la vida conocen el Camino. Escuchan la voz que hay en ellos, la voz de la sabiduría y la sencillez, la voz que razona más allá de la inteligencia y lo sabe todo más allá del conocimiento. Esa voz no es tan sólo el poder y la propiedad de unos cuantos, sino que nos ha sido dada a todos. Es la clave para aprovechar el poder del bloque sin tallar».

Es la clave para aprovechar el poder único y dejar de creer que existe un segundo poder, el del mal o los problemas. Este poder único, que nos ha sido dado a todos y cada uno de nosotros, ¡también te ha sido dado a ti!

La ley de no resistirte al mal también se aplica a tu lado oscuro. Luchar contra tus demonios o enfadarte contigo mismo por tres errores es dar más energía a ese segundo poder no existente del mal. Recuerda siempre que no hay más que un poder, el poder de Dios, y utiliza este poder para todas y cada una de tus conductas oscuras. Tu diálogo interior puede ser: «Creía en la ilusión de que estoy separado de Dios, y actuaba según esta creencia; ahora, aplicaré el poder único del bien a estos pensamientos de angustia y quedarán anulados».

Ciertamente, eres responsable de esos actos. Poner espíritu en esas sombras es lo mismo que poner luz en una habitación a oscuras. La presencia misma de la luz anula la oscuridad. Envía amor a tu lado oscuro y observa cómo se disuelve y, al mismo tiempo, aumenta tu energía espiritual. No luches contra ello, porque si lo haces perpetúas la ilusión de que el mal es un poder real. Sólo hay un poder. Utilízalo.

No juzgues nada ni a nadie

En el mundo material nos sentimos a menudo divididos debido a nuestras opiniones sobre el bien y el mal. Cuando negociamos la paz, en general vemos un lado malo y otro bueno. Esto es así en los conflictos entre naciones, comunidades, familias y también en tus relaciones personales. No puedes aplicar la armonía espiritual para resolver problemas si aceptas la idea de que un lado es bueno y el otro es malo. En el mundo del espíritu no ocurre así. Sólo hay un campo de armonía infinita al que llamamos espiritual. Las Escrituras dicen: «Sólo hay un bien: el Padre que está en los Cielos». De nuevo, sólo existe un poder, no dos. Abandonar nuestros juicios respecto a lo que está bien contra lo que está mal y encontrar, simplemente, la manera de poner armonía no crítica a un problema elimina la necesidad del ego de encontrar malo a alguien, lo cual, inevitablemente, exacerba el problema.

Una de las ideas más atractivas que he aprendido respecto a las críticas es ésta: cuando juzgas a otra persona, no la defines. Tan sólo te defines a ti mismo como alguien que necesita juzgar. Declarar a alguien estúpido, bobo, arrogante, frívolo o promiscuo no hace cierta esta opinión, sólo indica que tienes un conflicto con algo ajeno a ti.

Si sigues juzgando sin buscar el origen del conflicto que hay en ti, los problemas seguirán existiendo. Cuando te dejas arrastrar por una mentalidad crítica, una solución espiritual podría ser la siguiente: «Deja de juzgar por las simples apariencias» (Juan 7:24). Tu nivel de energía espiritual se eleva de inmediato cuando eres capaz de resistir la fuerte tentación de creer que los demás están equivocados y tú estás en lo cierto. Piensa que todo bien es expresión de Dios, y el mal (o lo erróneo) o la discordia supone la ignorancia de esta verdad. Si aplicas la armonía al conflicto, verás que el problema no sólo desaparece, sino que tu frecuencia de vibración se eleva y te sientes más próspero y en paz.

Si vives con un gran odio dentro de ti, atraerás la energía de frecuencia inferior del odio que desprecias. Cuando Denise (no es su verdadero nombre) se estaba divorciando, no dejaba de aprovechar cualquier ocasión para maldecir de su esposo. Su vida cotidiana estaba cuajada de la angustia del odio, la venganza, la tristeza, la depresión y el miedo por su supervivencia económica. Siempre justificaba sus opiniones remitiéndose al daño que él le había hecho. Mientras mantuvo esta actitud, su «suerte» siguió siendo mala. De pronto le salieron manchas en la piel, le diagnosticaron úlcera sangrante, tenía fuertes calambres en las piernas, una de sus hijas fue arrestada por posesión de drogas y, por último, se vio implicada en un grave accidente de coche en el que sufrió fracturas y heridas en la cabeza. Todo iba de mal en peor para Denise. No se daba cuenta de que la presencia del odio la mantenía en las frecuencias inferiores y hacía que no dejara de atraer energía baja. Por difícil que parezca, cuando tengas mala suerte y parezca que las cosas se deterioran, pregúntate cuántos juicios negativos emites y sustitúyelos por el poder único de la armonía espiritual.

La verdadera nobleza no consiste en ser mejor que los demás, consiste en ser mejor de lo que eras

Al escribir estas palabras te imagino, lector, en algún lugar de la tierra en un momento futuro. Sé que, independientemente de quién seas o de qué sexo, la edad que tengas, cualquiera que sea la posición social que ocupas o no has logrado alcanzar, independientemente de tus méritos escolares o tu nivel de riqueza material, yo, Wayne Dyer, tengo tanto que aprender de ti como tú de mí. Además, tengo el profundo convencimiento de que, en sentido espiritual, tú y yo estamos unidos a un nivel muy profundo.

Saber que tú tienes tanto que enseñarme como yo a ti me reafirma en mi idea de que no soy mejor que ninguna persona de este planeta. No obstante, al mismo tiempo, sé que soy mejor de lo que era. Mucho mejor. Y éste es el barómetro que utilizo para medir mi capacidad de elevar mi energía espiritual. Soy mejor de lo que era. Ya no estoy totalmente dominado por la necesidad de mi ego de tener razón, de conseguir cosas y triunfar. Ahora puedo preguntar cómo puedo servir antes de preguntarme qué hay para mí. Ahora me veo difundiendo un mensaje de paz, gracia, amor, perdón, unión, bondad y felicidad, y he dejado atrás la obsesión por ganar, tener razón, ser enérgico, ser fuerte, estar arriba, tener éxito, etcétera. Enseño meditación y no medicación, y soy mejor padre, esposo e hijo de lo que era.

He oído decir que la única diferencia entre una flor viva y una muerta es que la flor viva está creciendo. Ésta es la verdadera prueba del crecimiento espiritual y de si estás elevando tus vibraciones para que estén en armonía con el espíritu. ¿Estás creciendo? ¿Eres mejor de lo que eras? Así lo expresó Lao Chu hace varios miles de años; sus palabras siguen teniendo vigencia en la actualidad y la tendrán dentro de miles de años:

Al nacer, todos somos blandos y flexibles.
Al morir, somos duros y rígidos.
Todas las plantas verdes son tiernas y flexibles.
Cuando mueren, son secas y quebradizas.
Cuando estamos duros y rígidos
Nos asociamos con la muerte.
Cuando somos blandos y flexibles,
Afirmamos una mayor vida.

Tienes que reducir la velocidad
para acelerar tu energía espiritual

Es irónico, pero la actividad frenética es una forma de energía muy lenta. Cuando tu mente y tu cuerpo se hallen en un estado constante de preocupación y ansiedad, analizando y calculando, siempre en movimiento, cumpliendo plazos y apresurándose para llegar a la siguiente cita, recuerda que en el mundo de la forma física la pauta de energía real es extremadamente lenta. Las vibraciones sólo son más rápidas cuando te acercas a las ondas de energía de la luz y el espíritu. Las ondas de luz, aunque parezcan inmóviles, vibran mucho más deprisa que las frecuencias de la materia sólida.

De ahí la ironía, ya que cuando desaceleras y tienes pensamientos tranquilos eliminas realmente de tu vida la ansiedad y el estrés. De forma similar, cuando meditas acercas el amor silencioso de Dios a tus momentos presentes. En el silencio y la quietud, la energía de Dios será tuya. Desacelerando tu mente y liberándola de los pensamientos enfrentados permites que penetren las vibraciones más rápidas del espíritu. Esa vibración más rápida es de armonía, amor y paz. Es, como dijo Patanjali, conocer a Dios efectuando contacto consciente con Él.

Cuando estoy conduciendo, a veces utilizo una técnica para desacelerar mi mente y permitir con ello que la paz de las vibraciones rápidas de Dios esté presente en mí. Cuando me paro ante un semáforo en rojo, decido si dejar mi mente quieta también o dejar que siga funcionando con pensamientos como cuánto me estoy retrasando, por qué el conductor de delante no ha pasado en amarillo y por su culpa estoy ahí sentado, tendré que pararme en todos los semáforos debido a la conspiración de los organizadores del tráfico, y así sucesivamente. Suelo optar por emplear este minuto o dos, en los que todo lo demás se ha parado, para dejar mi mente quieta también. Es una opción. Puedo cerrar los ojos, meditar durante el rato que dure la parada obligatoria y experimentar la paz de ese momento.

También he descubierto que casi siempre hay alguien detrás que hará sonar el cláxon para recordarme que mi rato de meditación ha terminado. Desacelerando y deteniendo mi parloteo mental en el semáforo invito a entrar en mí la vibración más elevada del espíritu. Y, a la inversa, permaneciendo en una vibración frenética bloqueo la presencia de Dios y sigo viviendo con los llamados problemas.

Éstos son algunos de los principios que te animo a estudiar y adoptar cuando pienses en elevar conscientemente tus niveles de energía para acceder a una conciencia espiritual y mantenerla. Con ello termino esta sección sobre las diferentes formas de adoptar la idea de que existe una solución espiritual para cada problema.

En los próximos capítulos presento lo que es quizá la plegaria más famosa de todos los tiempos y que describe lo que para san Francisco de Asís era un consejo muy práctico para poner en práctica las soluciones espirituales. El título de cada capítulo es una línea de la oración de san Francisco, seguido por sugerencias específicas para aplicar los pensamientos de san Francisco a nuestra vida y nuestro mundo actual.

Sección II

Pon en práctica la solución espiritual de los problemas

Señor, haz de mí un instrumento de Tu paz.
Que donde haya odio, siembre amor,
Que donde haya daño, perdone,
Que donde haya duda, ponga fe,
Que donde haya desesperación, ponga esperanza,
Que donde haya oscuridad, ponga luz,
Que donde haya tristeza, ponga alegría.

Oh, divino maestro, concédeme el no buscar
Ser consolado sino consolar,
Ser comprendido sino comprender,
Ser amado sino amar,
Pues al dar recibimos,
Perdonando somos perdonados,
Muriendo nacemos a la vida eterna.

SAN FRANCISCO DE ASÍS

En la primera mitad de este libro he detallado los principios necesarios para la comprensión de que existe una solución espiritual para cada problema. En esta segunda mitad ofrezco algunas aplicaciones prácticas de estos principios basadas en la conocida plegaria de san Francisco de Asís. Me parece que refleja a la perfección el tema del libro y, por ello, he puesto cada línea de la primera mitad como título de los siguientes capítulos.

Cada línea proporciona un ejercicio sencillo y perfecto para aumentar tu nivel de energía, lo que te permitirá experimentar tus problemas como ilusiones que se disuelven cuando les aplicas el poder único del espíritu. No es necesario que seas un monje célibe sin bienes mundanos, dedicado a una vida espiritual, para comprender el profundo mensaje inherente a esta plegaria. Asimismo, en la segunda mitad de cada capítulo encontrarás sugerencias específicas aplicables a tu mundo cotidiano, inspiradas en la plegaria de san Francisco. A la larga, comprenderás que puedes beneficiarte de los llamados problemas cuando optes por las soluciones espirituales, y ello cambiará tu vida.

Con la inspiración de la plegaria de san Francisco no tienes que abandonar nada más que la ilusión del problema. Movido por el deseo de aumentar tu nivel de energía y siguiendo las sugerencias derivadas de la plegaria de san Francisco podrás dejar de pensar en lo que necesitas del universo y aprender a sustituir esta actitud de necesidad por pensamientos sobre lo que tú puedes aportar al entorno de energía de las situaciones que parecen problemáticas. Esto está en el espíritu de la segunda mitad de esta poderosa plegaria: «Concédeme el no buscar ser consolado sino consolar, ser comprendido sino comprender, ser amado sino amar…».

Las soluciones espirituales significan que eres un instrumento de paz en lugar de exigir que te la den otros a ti. Esto significa luchar con la ironía última de una vida sin problemas, tal como lo expresa la conclusión de la oración de san Francisco: «Porque al dar recibimos, al perdonar somos perdonados, al morir nacemos a la vida eterna». Sí, recibimos al dar, y este cambio de pensamiento es esencial para encontrar soluciones espirituales. Todo empieza con la conversión en un instrumento de paz.

7

Señor, haz de mí un instrumento
de Tu paz

> Si estás en paz, hay al menos un poco de paz
> en el mundo. Compártela con todos los demás, y todos los demás estarán en paz.
>
> THOMAS MERTON

Estas dos palabras, «Tu paz», son la parte más importante de esta primera petición de san Francisco. Cuando piensas en Dios, piensas en la paz. Esto es lo que ocurre cuando estamos en contacto consciente con Dios. He oído describir la iluminación como el estar inmerso en la paz y rodeado de ella. Esta definición implica que la vida iluminada es aquella en la que la paz es la experiencia predominante. Conectarte con tu sentido espiritual más elevado es lo mismo que vivir en la paz a la que denominamos Dios.

Piensa en los más grandes santos que han vivido entre nosotros. Son diferentes del resto de nosotros en una cualidad única: todo lo que pueden dar es paz. ¿Y qué es esta paz? Es la expresión de la inteligencia creativa universal, que se extiende a todo. Es la perfección de la creación. Esto es lo que significa para mí el término «Tu paz». Es algo a lo que siempre estoy conectado, ya que no hay lugar donde no exista, y que pierdo cuando permito que mis pensamientos acaricien la ilusión de los problemas.

Recuerdo que mi amigo Edgar Mitchell, comandante del *Apolo XIV* y sexto hombre que pisó la luna, me contó que, cuando estaba dando la vuelta a la luna, pudo tapar la imagen de la tierra con la uña del pulgar desde su cápsula. Tuvo una revelación al ver millones de objetos celestiales moviéndose, girando y orbitando en armonía, y se dio cuenta de que formamos parte de un sistema inteligente de paz. Dentro de cada objeto existe esta misma armonía pacífica, y esto incluye la tierra, cada milímetro del planeta, de cada objeto y cada ser vivo.

«Tu paz» es la esencia de nuestro universo. Es Dios en acción. Es el amor infinito. No hay ira, miedo, codicia, malicia ni envidia, sólo un vasto océano de paz siempre asequible. En este lugar, los problemas no existen. Y está sólo a un paso.

El aspecto más convincente de todo esto es que «Tu paz» puede ser exclusivamente tuya todo el tiempo cada vez que tomas la decisión de que así es como vas a vivir. «Tu paz» se convierte en aquello de lo que eres instrumento, como pide san Francisco en la primera frase de su oración. Cuando lo sigues, obtienes una solución espiritual a cada problema.

HAZ DE MÍ UN INSTRUMENTO

Si la naturaleza de las cosas es la armonía, y todo forma una unidad perfecta gracias al poder invisible, entonces parece sensato decir: «También yo quiero estar en esa paz, puesto que mi naturaleza es estar de acuerdo con la paz de Dios y no en contra de ella». Muy dentro de ti sabes que estar en paz es lo natural, aun cuando te parezca imposible cuando te hallas en presencia de tantos problemas. No sentirte en paz es consecuencia de un error de tu pensamiento.

Los pensamientos que te alejan de tu paz son más o menos así: «Si fueras un poco más como yo, ahora no estaría alterado» o «Si el mundo fuera como yo creo que debería ser, podría sentirme en paz». Pero la gente no es como tú crees que debería ser, y el mundo tampoco. Encuentras la paz cuando reeducas tu mente para que acepte la vida tal como es y no como crees que debería ser. Por sencillo que parezca, éste es el secreto para ser un instrumento de la paz de Dios.

No te pido que te vuelvas indiferente o apático, sino que simplemente observes el mundo y a todas las personas tal como son y no tengas pensamientos que te hagan abandonar tu energía pacífica natural. Di este consejo a una azafata después de que nuestro avión hubiera estado en la pista durante cuarenta y cinco minutos y el capitán anunciara que regresaríamos debido a una luz de aviso que se había encendido en la cabina. Cuando volvíamos atrás para lo que sería una larga espera, la asistente de vuelo empezó a quejarse a mí de su destino.

— Voy a tener a doscientos cincuenta pasajeros furiosos conmigo y lanzándome miradas enojadas cuando bajen del avión. Estos retrasos me producen mucha tensión.

Hablé con ella varios minutos animándola a que se convenciera de que su ser interior estaba en paz. Le expliqué que su ser interior está cubierto por la estructura ósea, igual que el uniforme cubría su cuerpo.

— Procura no dejar que nadie que no venga en son de paz penetre en el territorio de tu verdadero ser. Deja que choque con el uniforme o con la cubierta exterior que llamamos cuerpo, pero mantente firme en tu resolución de que sólo se pueda llegar a tu yo interior a través de la paz.

Observé que cada pasajero que la miraba con furia recibía una respuesta pacífica y amorosa por parte de ella. Al cabo de unos minutos logró desviar lo que antes penetraba hasta su alma.

En una capilla del siglo XIX de Nueva Inglaterra, encontraron un texto conocido como *Desiderata* que contiene mucha sabiduría y una frase exquisita que siempre he recordado: «Evita a las personas ruidosas y agresivas. Son vejaciones para el espíritu». Y yo añadiría: ¡y te alejan de tu paz!

Tu verdadero yo siempre puede elegir permanecer impasible ante los ruegos no pacíficos. Cuando los otros no se acercan a ti en paz, sólo pueden alcanzar las cubiertas protectoras externas. Siempre eres tú quien elige procesar los actos, no es que los actos mismos determinen tu nivel de paz.

En cualquier momento de tu vida puedes convertirte en un instrumento de paz decidiendo que no vas a utilizar tu mente más que para pensamientos pacíficos. Puede que esto te parezca exagerado, si tienes en cuenta todas las personas difíciles con las que tienes que tratar, tu situación financiera, la enfermedad de un pariente cercano, el jefe desconsiderado que tienes, los impuestos que has de pagar, así como los atascos de tráfico, etcétera, etcétera. Intenta darte un respiro de tu costumbre de buscar continuamente ocasiones para no estar en paz. Ve a ese lugar tranquilo y sereno que hay dentro de ti y que está cubierto por las capas exteriores de tu vida material. Ahí es donde sabes qué significa ser un instrumento de paz. Ahí, tu énfasis está en dar paz y no en recibirla.

DAR PAZ

Cuando eres un instrumento de tu paz, no buscas nada, eres un proveedor de paz. No buscas la paz mirando las vidas de los demás y deseando que cambien para que tú puedas estar más en paz. Lo que haces es ofrecer tu propia calma a todo el que encuentras. No vas por el mundo pensando si cada circunstancia de tu vida satisface o no tu patrón de paz. En vez de eso, ofreces tu actitud pacífica al caos en que te encuentras y tu presencia calma el torbellino exterior. Aunque el torbellino continúe, tienes la libertad de elegir un pensamiento pacífico o de retirarte tranquilamente. ¿Cómo hacerlo? Memoriza esta frase de la plegaria y repítela en silencio: «Señor, haz de mí un instrumento de Tu paz». Esos momentos de caos te permiten recordar que no conseguirás la paz de nadie más y que tú eliges dar paz a todas las situaciones de tu vida. Poco a poco, esta realidad irá calando en ti.

Los momentos más importantes para cultivar esta conciencia son cuando te encuentras en medio de un intercambio tumultuoso, cuando alguien quiere discutir, está malhumorado o se muestra irracional y tú te das cuenta de que estás cayendo en el pandemónium. En general, en estos momentos, tu inclinación es echarle la culpa de tu falta de paz a todas las fuerzas externas. Empieza por contemplar estas situaciones de una manera totalmente nueva, que te ayudará no sólo a ser una persona calmada, sino que te hará un instrumento de paz más firme y digno de confianza.

Honrar a tus grandes maestros

¿Quiénes son las personas que te irritan y te ponen frenético? ¿Tu cónyuge? ¿Tus hijos? ¿Tus padres? ¿Cierto empleado? ¿Tu jefe? ¿Un vecino? Estoy hablando de los que realmente te enojan. Cualquier otra persona podría decir lo mismo y lo pasarías por alto alegremente e incluso responderías en un tono de lo más espiritual y amoroso: «Gracias por compartir…». Es evidente que estas personas, que te hacen sentirte frustrado y te trastornan con una simple mirada de desaprobación o gesto ceñudo no son una amenaza a que seas un instrumento de paz. Son tus mayores maestros.

Empieza a reconocer que todas estas personas son tus maestros y te ayudan a ser un instrumento de paz. Eso es, son tus guías y tienen mucho que enseñarte. Cada vez que creas que otra persona está causando el desorden y el caos que sientes es el momento de reconocer que te está permitiendo descubrir que todavía no te dominas. Así es, necesitabas un recordatorio de paz. Recuerda: estás en estado de iluminación cuando te hallas inmerso en la paz y rodeado de ella. Cualquier persona a quien des autoridad para eliminar de ti ese estado es un recordatorio de lo que has de hacer para estar más en paz.

En mi caso, mi esposa e hijos son mis mayores maestros. Llamo a estos maestros tan especiales mis compañeros del alma. Mi definición de un compañero del alma no es alguien que está de acuerdo conmigo en todo, comparte los mismos intereses y siempre trata de complacerme. Defino los compañeros del alma como las personas a las que amas profundamente, pero de las que no puedes deshacerte, que siempre están ahí y con los que a menudo estás en desacuerdo. Estos compañeros del alma son tus mayores maestros porque son un recordatorio continuo, enviado por Dios, para que te ayuden a dominarte. Así que es tremendamente beneficioso que seas consciente de que has de honrar a estas personas.

Mi esposa es una de ellas. Hace muchos años que estamos juntos y hemos capeado juntos varias crisis, pero aún a veces puede alterarme algo que ha dicho o el tono de voz que utiliza. Sé que si me lo hubiera dicho cualquier otra persona no le habría hecho caso y al instante habría estado en paz. Sin embargo, con mi compañera del alma no estoy en paz. Asimismo, he dado a mis hijos el mismo poder.

Cuando reflexiono sobre algo que me ha trastornado, me doy cuenta de que una vez más no he superado esta sencilla prueba: la capacidad de estar en paz frente a mis maestros. Para ser un instrumento de tu paz hay que ser capaz de irradiar lo que somos por dentro. Independientemente de cuándo los encontremos, nuestros maestros están ahí para ayudarnos a ser un instrumento de paz. Algún día, seguramente poco a poco, sabré estar en paz incluso en los momentos en que mis mayores maestros están realizando su mejor trabajo.

ELEGIR LA PAZ

En *A Course in Miracles* hay una frase que siempre me ha atraído. En realidad, la he reproducido y exhibido en casa, en la oficina y el automóvil en diversas ocasiones. Dice simplemente: «Puedo elegir la paz, en lugar de esto». Es un estupendo recordatorio en momentos en que no estás siendo un instrumento de paz. En uno de esos momentos, este recordatorio puede cambiarlo todo.

Recuerdo haberme sentido muy enojado cuando uno de mis hijos se vio involucrado en un incidente en un bar, a altas horas de la noche. Salía del local cuando varios hombres que habían estado bebiendo le atacaron. Acabó con los dientes frontales rotos y varias heridas sin importancia. Como es evidente, me preocupé por él, pero también me irritó pensar en la cantidad de veces que le había dicho que no frecuentara lugares donde el alcohol hace aflorar los niveles más bajos de conducta y donde a menudo uno se encuentra con problemas con mayúscula.

En medio de esta tormenta mental recordé de pronto esa frase. Me la repetí: «Puedo elegir la paz, en lugar de esto», y al instante dejé de pasarlo mal. Me dispuse entonces a llevarle a un dentista amigo mío, y así pude ser ese instrumento de paz. Además, a partir de esa experiencia, mi hijo decidió no volver a beber ni ir a bares.

No ser un instrumento de paz me mantenía inmovilizado y alterado. Elegir la paz en aquel momento produjo una solución que posiblemente ni siquiera habría considerado si hubiera seguido en aquel estado de angustia. El poeta libanés Jalil Gibran dijo: «Gran parte de tu dolor lo eliges tú. Es la poción amarga con la que el médico que hay en ti cura tu yo enfermo». Esto es cierto en todas las circunstancias que calificamos de no pacíficas o dolorosas.

Cuando te das cuenta de que puedes elegir la paz incluso en los momentos más duros, te conviertes en un ángel de Dios. En lugar de rogar para que el dolor desaparezca, empieza por reconocer la sabiduría que supone el rezar para aprender todo lo que puedas. Elegir la paz es una enérgica llamada a la acción que elimina la autocompasión y los pensamientos que nos limitan a concentrarnos en por qué algo no debería estar sucediendo. Elegir la paz te proporciona una mente serena que se pone en contacto consciente con Dios y te aporta paz para soportar lo que llamamos problema. De nuevo, como señala *A Course in Miracles*: «... todo el dolor procede, simplemente, de una inútil búsqueda de lo que quieres y de la insistencia en encontrarlo».

En la primera línea de la plegaria de san Francisco, éste pide a Dios que le haga un instrumento de Su paz. Reconoce que Dios y paz son sinónimos y que hallarse en un estado que no es el de la paz es creer que puedes estar separado de Dios. Sólo son tus pensamientos lo que te dice que Dios está ausente. La paz y Dios son una misma cosa. Cuando cada día trabajas para hallarte en ese estado pacífico de gracia, independientemente de lo que ocurra, estás abierto a las soluciones espirituales. Aunque los hechos quizá no cambien, y sigas teniendo que tratar con las realidades de la vida cotidiana, estar en paz te permite procesar los problemas sabiendo que tu experiencia más verdadera es cómo piensas. Una vez que estés en paz, serás guiado para actuar de modo razonable y sensato. Pero el problema mismo, que es lo que estás experimentando dentro de ti, habrá desaparecido.

He aquí mis sugerencias para utilizar la petición de san Francisco a Dios en esta primera línea: «Señor, haz de mí un instrumento de Tu paz» para hallar soluciones espirituales a los problemas.

Sugerencias para ser un instrumento de paz

— Escribe esta afirmación en varios papeles y ponla en lugares estratégicos de tu casa, lugar de trabajo y automóvil. «Puedo elegir la paz, en lugar de esto.» Cuando experimentes angustia, miedo, depresión, inquietud, incluso ira, párate y léela o repítela para ti mismo. Mientras reflexionas sobre estas ocho palabras, haz un esfuerzo para tener pensamientos de paz y tranquilidad a pesar de tu angustia. Te sorprenderá agradablemente descubrir que tu antigua costumbre de pensar sin paz desaparece en el instante en que, conscientemente, decides tener un pensamiento pacífico.

No quiero decir con esto que puedas arreglar de inmediato una pierna rota, o hacer desaparecer un accidente o librar tu casa de las termitas, pero te habrás demostrado a ti mismo en ese momento mágico que posees el poder de elegir la paz. Además, cuando te encuentres ante un problema y tengas ese pensamiento pacífico, descubrirás una verdad aún mayor. Todos tus problemas sólo pueden ser experimentados en tu mente, y cuando aportas paz a tu mente, estás preparado para emprender la acción apropiada. Al elegir la paz en un momento de no paz, ésta queda anulada donde la sientes, que es en tus pensamientos.

— Busca un momento del día específico para estar solo y tranquilo. Da un paseo, o enciérrate en tu habitación, o deja el ritmo frenético de tu oficina para ir a otro sitio donde puedas estar a solas y recuerda que estás efectuando contacto consciente con Dios. En tus preciosos momentos de soledad, en los que estás tranquilo, di para tus adentros: «Me abandono a Dios». Lo que haces con ello es dejar de asumir una responsabilidad personal por todo y todos los que te rodean, y de una forma calmada entregas todo eso a Dios. Sentirás que la paz te envuelve casi de inmediato.

Recuerda que tu ego es el mayor obstáculo para alcanzar a Dios. Tu identificación con la idea de que estás separado de Dios es lo que provoca los llamados problemas. Entregándote unos instantes a la soledad, lo que yo denomino tiempo de Dios, te conviertes en instrumento de paz aunque sólo sea por unos momentos. Cuando regreses al mundo bullicioso lo harás con un nuevo compañero, Dios, que es realmente «Tu paz». Poco a poco, con este ejercicio descubrirás que cuando estás despierto te conviertes en un instrumento de paz de forma regular.

— Haz de la meditación una parte de tu vida cotidiana. La resistencia a la meditación es un fenómeno universal en el mundo occidental. Cada día oigo decir: «Estoy demasiado ocupado. No consigo calmar mi mente. No funciona. Tengo demasiadas cosas en la cabeza». Estoy seguro de que tienes tu propia versión de por qué no encuentras tiempo para meditar. Las excusas para no hacer de la meditación una parte de tu vida cotidiana forman parte del ego y no son más que tu miedo a conocer a Dios y, por tanto, a domar tu exigente ego.

Durante los próximos sesenta días, practica la meditación al menos una vez al día, y preferiblemente dos veces. La técnica que utilices es cosa tuya. He creado una cinta y un CD titulados *Meditation For Manifesting*, en los que se te guía a través de una meditación de mañana y de tarde llamada JAPA, que es la repetición del nombre de Dios como mantra. Es una antigua técnica que Patanjali describe en su libro *Yogasutra* que menciono en el capítulo 2. No me importa tanto tu metodología como tu compromiso para practicar la meditación. Existen muchas técnicas y guías. Cualquier método es válido si te permite calmar la mente y te ayuda a llegar a la paz que es «el secreto que reside en el centro y sabe», como lo expresó Robert Frost.

Con la meditación vas al silencio. El silencio no puede dividirse. Como el cero en matemáticas, que nunca puede partirse para que sea otra cosa: siempre es cero. Y lo mismo ocurre con Dios. Es sólo uno. Indivisible. La práctica de la meditación es el camino para experimentar la indivisibilidad, la unidad que es Dios. Cuando practicas la meditación de forma regular, en cada sesión es como si te quitaras de encima el peso de tus problemas y experimentas la sensación de que tu alma se nutre de un modo que te acerca a los demás y a todas las cosas lleno de paz. San Francisco dijo a sus devotos: «¿Qué es más elevado que las palabras? La acción. ¿Qué es más elevado que la acción? El silencio…».

— Párate cuando tu paz dependa de circunstancias externas. El simple hecho de reconocer que culpas a los demás o a las circunstancias de tu falta de paz es suficiente para hacerte volver a la realidad. Cuando te halles en un momento de no paz, recuerda que nada ni nadie puede apartarte de tu paz sin tu consentimiento. Si los niños han derramado el zumo de naranja en la alfombra y la casa está patas arriba y tú estás gritando, recuerda que no tienes por qué renunciar a tu paz sólo porque el mundo no va como tú querrías que fuera, y recuperarás la paz. Cuanto mayor capacidad tengas de vencer tu respuesta condicionada de echar la culpa a las cosas externas por tu falta de paz, más probable es que a la larga te conviertas en la representación viva de «Tu paz».

Tu paz es algo entre tú y Dios. Punto. No es entre tú y nadie más, o ninguna circunstancia, por difícil que a veces te resulte aceptarlo. Cuando la gente me dice: «¿Cómo puedo estar en paz en un mundo que no es pacífico?», siempre recuerdo que la paz interior es simplemente eso, interior, no exterior. Debes llegar al punto de aportar paz a todo el mundo y a todas las cosas, en lugar de intentar obtenerla de las experiencias externas.

Una de mis experiencias no pacíficas que menos me gusta es la visita dos veces a la semana de los jardineros que se ocupan del césped del lugar donde escribo. Vienen armados con máquinas extremadamente ruidosas y llenan el aire con sus vapores tóxicos y ruidos estrepitosos. Hubo un tiempo en que me quejaba a mi esposa y a todo el mundo. Ahora los considero mis maestros. Mi esposa me ha animado a llegar a un punto en que ni siquiera me doy cuenta de su presencia.

Cuando empiezan, envío una silenciosa bendición y, aunque sigo sin ser un fanático de esas ruidosas máquinas, no me permito encontrarme en un estado de no paz en su presencia. Mi paz es una elección mía y ya no acuso a esos hombres y a sus máquinas ruidosas de perturbarla; en realidad, les doy la bienvenida como a maestros que me ayudan a dominarme a mí y a mi ego. Thomas Carlyle dijo una cosa sobre la diferencia entre ruido y creación que siempre recuerdo cuando llega esa gente: «Cuando el roble es talado, todo el bosque resuena con su caída, pero un centenar de bellotas son sembradas en silencio por una brisa que no se nota».

— Piensa en la paz. Recuerda: te conviertes en aquello en lo que piensas. ¿Con cuánta frecuencia llenas tu mente de pensamientos de no paz? ¿Cuántas veces al día dices en voz alta lo terrible que es el mundo, lo violentos que nos hemos vuelto todos, lo despreocupados que parecemos ser, lo racistas que somos, lo poco que el gobierno se preocupa por nosotros? Todos estos pensamientos y su expresión indican que estás atrapado en una mente no pacífica y, por tanto, en un mundo no pacífico. Cada vez que te lamentas de los horrores del mundo, o escuchas las noticias de todo lo que está mal, o lees artículos que explotan los hechos desagradables de la vida de otras personas, estás siguiendo el condicionamiento que te aleja de ser un instrumento de tu paz.

Cuando recuerdas que por cada acto de maldad hay mil actos de bondad, vuelves a poner tus pensamientos en paz. Cuando interrumpes a alguien que te está contando otra historia de un desastre y sacas un tema más agradable, te conviertes en un instrumento de paz. Cuando dejas de pensar en las mismas escenas, con nuevos personajes, referentes a accidentes, crímenes, pobreza, malos tratos y desastres de toda clase y te dispones a hacer desaparecer estas cosas de tu mente te conviertes en un instrumento de paz. Utiliza tu mente para pensar en la paz, porque la paz es el estado natural del hombre y el mal, la guerra y el odio son su desgracia.

— Sé pacificador. Cada día tienes muchas oportunidades de ser pacificador. San Francisco escribió: «Pues al dar recibimos». Si das paz recibirás paz, y cuando estás en paz, todos tus problemas se disuelven. Al hacerte pacificador literalmente te estás dando a ti mismo un remedio para prácticamente todos tus momentos de ansiedad. Hoy, permanece alerta a toda oportunidad de ser pacificador.

Esta misma mañana, mientras me hallaba en la gasolinera esperando a llenar el depósito de mi coche, vi que el cajero estaba siendo descortés con un joven que no entendía cómo funcionaba el lavado de coches automático que costaba tres dólares. El cajero atacaba verbalmente al adolescente que pedía que le devolvieran el dinero, a lo que el cajero se negaba obstinadamente. Además, era evidente que el joven no hablaba inglés y no entendía lo que le decían, y mucho menos por qué lo insultaban de aquella manera. Al ver a ese adolescente perplejo, he visto una oportunidad de hacer de pacificador. He rodeado al joven por los hombros y he salido fuera con él para enseñarle cómo funcionaba la máquina, lo que le ha hecho sonreír por primera vez desde que empezó el incidente.

Anoche, en una cena en la que nos habíamos reunido familia y amigos, empecé a notar que dos personas mayores de carácter antagónico estaban al borde de una explosión de ira porque no se ponían de acuerdo en lo que había ocurrido en una reunión anterior a la que habían asistido ambas. Yo sabía que lo que estaba a punto de ocurrir sería desagradable para todos, porque lo había presenciado en muchas ocasiones. Me puse en el papel de pacificador y ofrecí la manera de que ambos individuos tuvieran razón. En cuestión de minutos, su combatividad desapareció y hasta les vi sonreírse mutuamente.

Esta tarde, en la autopista, me he tropezado con un conductor que avanzaba por el arcén durante una larga retención y que intentaba meterse de nuevo en el carril. Ningún conductor le dejaba sitio, para castigarle por su acción. Cuando se acercaba a donde yo estaba, he recordado que aquello no era entre el conductor y yo, sino entre Dios y yo. Y mi intuición, inspirada por Dios, me ha dicho que podía ser pacificador para este hombre, que muy bien podía tener razones para conducir por el arcén, y le he hecho una señal para que se pusiera delante de mí.

En un solo día tuve diez o doce oportunidades de hacer de pacificador. Y cada vez que aprovecho esta oportunidad me convierto en un instrumento de paz, al tiempo que doy energía espiritual a mi vida, lo que me permite estar libre de problemas en esos momentos. Sé hoy mismo pacificador, en lugar de esperar que la paz te venga de fuera. Verdaderamente, al dar paz la recibirás.

— Haz las paces contigo mismo. No puedes dar lo que no tienes. Si no estás en paz contigo mismo no puedes dar paz. Si no das paz, jamás serás un instrumento de ella. Toma la decisión de perdonarte todas tus debilidades y tus fallos, olvídate de la culpabilidad autodestructiva por errores pasados y sé consciente de que tu viaje por la negra noche de tu alma tenía un valor.

Cuando haces las paces contigo mismo echas una mirada a todo lo que has hecho en tu vida y recuerdas que necesitabas todas esas experiencias para tener la energía necesaria para impulsarte a una frecuencia espiritual más elevada. A la larga reconocerás que prácticamente todo avance espiritual va precedido de algún desastre, y que todos los sucesos no deseados de tu vida eran necesarios. ¿Por qué? Porque ocurrieron y en este sistema inteligente al que llamamos universo no existen los accidentes. Si eres mejor que antes, hay razones para que hagas las paces contigo mismo. Los autorreproches, la culpabilidad, la decepción, el odio a uno mismo y la ira que te diriges a ti mismo te alejan de la paz.

He descubierto que cada vez que vivo un episodio de autorrenuncia empiezo a sentirme ansioso e incluso enfermo. En esos momentos exactos pienso en la primera frase de la plegaria de san Francisco: «Haz de mí un instrumento de Tu paz». Entonces, mentalmente me rodeo de la brillante luz de la paz y atraigo hacia mí energía pacífica y amorosa y dejo que me envuelva como un manto de serenidad procedente de Dios. Como por arte de magia, mi ansiedad y mis malos sentimientos se funden en una maravillosa sensación de bienestar. Entonces me doy cuenta de que esto es lo que estoy dando en lugar de la aspereza que daba en mis momentos de ansiedad y autorrechazo. Al hacer las paces conmigo mismo y evocar la paz de Dios soy capaz de perdonarme mis errores y de disponerme a ser mejor que antes. Pruébalo hoy mismo, en cualquier momento en que sientas que te rechazas a ti mismo. Los resultados te sorprenderán agradablemente.

— Vuelve a la naturaleza. Luther Burbank observó: «No hay otra puerta al conocimiento más que aquella que la naturaleza abre; no hay otra verdad salvo las verdades que descubrimos en la naturaleza». Convertirte en un instrumento de luz es fácil cuando regresas al mundo natural. Estoy seguro de que has oído decir muchas veces que la solución para el caos es ir a dar un paseo a la playa o a la montaña. Cuando regresas a la naturaleza regresas al silencio y a la armonía que es tu marco más natural.

Lejos del ritmo vertiginoso del mundo de la alta tecnología, las decisiones sobre inversiones, los teléfonos móviles y el correo electrónico, las discusiones, los ruidos y, sobre todo, las aglomeraciones, la naturaleza te hace señas. Sé que puedes sentir la llamada de la naturaleza porque todas las personas a quienes hablo del tema expresan el deseo de escapar a un ambiente natural. Cada vez que pasas por un bello parque parece que hay una energía magnética que tira de ti para que camines entre los árboles y las flores y serenes tu mente. La idea de ir de excursión o acampada en la montaña tiene un enorme atractivo incluso para los más urbanizados. Escuchar el canto de los pájaros y el ruido de los insectos y del viento es una experiencia agradable para casi todo el mundo. La experiencia de estar en un lugar oscuro y contemplar millones de estrellas en una noche clara inunda de paz y felicidad a toda la gente que conozco. Recientemente, mi esposa y yo entramos en el cráter Haleakala de Maui y el único comentario que nos hicimos fue la paz que sentíamos en el silencio de aquel majestuoso lugar.

Date el regalo de la naturaleza siempre que puedas. Sumérgete en la paz que te rodea y observa cómo eres casi llevado a los brazos de Dios, cómo te gusta el silencio y el modo en que todo parece encajar armoniosamente. A mí, nadar una larga distancia en el océano me llena de paz independientemente de lo que esté ocurriendo en mi vida. El premio que recibo es percibir una nueva claridad en mi trabajo. Áreas que me habían parecido confusas se vuelven claras y lúcidas. La naturaleza te da paz, porque estás en el campo de energía de Dios, donde rige el espíritu y no la ilusión. Tu regreso a la naturaleza literalmente abre una serie de soluciones espirituales a todo lo que llamamos problema.

Edna St. Vincent Millay transmite bellamente este mensaje en su poema *El mundo de Dios*. Su extático sentimiento de paz expresa la idea sobre la que escribo en este libro.

EL MUNDO DE DIOS

¡Oh, mundo, no puedo tenerte lo bastante cerca!
¡Tus vientos, tus amplios cielos grises!
¡Tus brumas, que giran y se levantan!
¡Tus bosques, en este día de otoño, afligidos y decaídos,
Que casi gritan de color! ¡Aplastar ese adusto peñasco!
¡Eliminar la pendiente de ese negro risco!
¡Mundo, mundo! ¡No puedo tenerte lo bastante cerca!

He conocido la gloria en todo ello
Pero nunca conocí esto,
Aquí hay tal pasión
Que me divide. Señor, temo
Que hayas hecho el mundo demasiado hermoso este año.
Mi alma casi está fuera de mí, no dejes
Caer ninguna hoja ardiente; te lo ruego,
No dejes cantar ave alguna.

Al buscar una solución espiritual a cualquier problema, sé, ante todo, un «instrumento de Tu paz». Esta paz es lo que disolverá los problemas.

8

Que donde haya odio, siembre amor

> La tierra está llena de cielo, y cada arbusto común arde con Dios. Y sólo el que ve se quita los zapatos; el resto permanece sentado alrededor y coge moras.
>
> ELIZABETH BARRETT BROWNING

Cuando examines tus problemas, ten en cuenta cuatro palabras escritas por san Pablo en sus cartas a los corintios: «El amor nunca falla». Reflexiona sobre estas palabras y pregúntate si se te ocurre alguna excepción. «Nunca» significa nunca. Creo que llegarás a la misma conclusión que yo. Cada vez que percibo un problema, enviar amor no me falla nunca. Sea lo que sea lo que percibes como problema, puedes encontrar una solución en estas cuatro palabras que no admiten confusión: el amor nunca falla. Esto es cierto incluso en situaciones en las que el problema parece ser el odio.

Mi idea sobre el odio es coherente con lo que he presentado a lo largo de este libro. Creer en el odio es la fuente de casi todos los problemas. Al principio puede que esto te resulte incomprensible. No obstante, creo que si examinas lo que piensas del odio podrás hacer lo que sugiere el título de este capítulo. Sembrar amor significa disolver la ilusión del odio mediante la entrega de amor. Cuando eres capaz de hacerlo estás en la senda de las soluciones espirituales para todos los problemas.

¿QUÉ ES EL ODIO?

En todas partes puedes ver las fuerzas opuestas del bien y el mal, el amor y el odio. Muchos creen que estas dos fuerzas opuestas en el mundo son Dios y el diablo. He dedicado una buena parte del libro a desechar esta idea. ¿Cómo es posible que Dios y el diablo existan si sólo hay un creador y un poder único en el universo? ¿Dios creó al diablo? O si existe el diablo, ¿creó éste a Dios?

Si sólo hay una verdad creativa tras el universo y aceptas el mal como esta verdad, tienes entonces que creer que el odio, la violencia, la fealdad, los prejuicios, la enfermedad, la pobreza y el caos son manifestaciones de esta verdad. Y todo el amor y la bondad son falsos. Si aceptas a Dios como la verdad, debes aceptar que el amor es la verdad y que el mal es falso. Y el odio sin duda forma parte de ese mal que es falso.

Para mí, la verdad sobre el odio es que el odio es amor. En efecto, percibo el odio como energía del amor que va en dirección contraria. Todo odio puede ser superado por el amor porque el amor es lo único que existe, o sea que ha de incluir el odio. El sentimiento y la expresión del odio debe invertirse para que vaya en dirección opuesta. En el antiguo *Dhammapada* se nos recuerda que el odio cesa con el amor, no odiando. Por eso san Francisco pedía a Dios la capacidad de dar amor en presencia del odio, y con ello eliminar la ilusión de que el odio existe.

Básicamente, las personas que parecen irradiar odio están proyectando su sentimiento de no ser amados. Tienen la impresión de que la vida no les ama. Cuando sientes que la vida no te ama, niegas la presencia del amor, aunque el amor es el elixir que mantiene unido todo el universo. O sea que tomas la presencia de esta fuerza omnipresente llamada amor y la haces girar en dirección opuesta y empiezas a practicar el odio. Una persona que odia es una persona que se siente odiada, y proyecta ese sentimiento.

Cuando te encuentres con alguien que te guarde resentimiento, puedes estar seguro de que esta persona siente que tú también se lo guardas y hace lo único que puede hacer, que es dar lo que tiene. Si una persona te critica, puedes estar seguro de que sólo proyecta lo que siente que le envían. Éstos son ejemplos de personas que creen que no son amadas y que envían energía desagradable, llena de odio.

Sabemos que Dios es amor, el único poder que se halla en todas partes, de modo que no hay ningún lugar donde este poder no se encuentre, incluida la persona que odia. Por eso digo que la verdad del odio es que es amor, y que la manera de disolver el odio es invertir la dirección y efectuar un esfuerzo amoroso para convencer al que odia de que es amado. Como pide san Francisco: que donde haya odio, yo siembre amor.

Veamos dónde se encuentra el odio y cómo podemos enviar amor a los problemas que acompañan al odio.

En el mundo, lo que conocemos como odio adquiere multitud de formas. Una raza expresa su odio invadiendo o maltratando a otros grupos raciales. Algunas personas controlan los suministros de comida mientras otras se mueren de hambre. La violencia sobre otros en forma de matanzas, luchas, insultos e intentos de engaño. Leyes que favorecen a la mayoría que se halla en el poder. Cuando las riendas del poder cambian, la venganza hacia los que antes odiaban se convierte en norma. El odio parece engendrar odio.

Somos arrojados a este mundo con una inclinación natural al amor. La mayoría de las veces, cuando te encuentras con alguien que proyecta odio hacia ti, tienes la sensación de que tienes un problema. Como por ejemplo el problema del odio en forma de empleado del gobierno malhumorado que no te escucha y te hace esperar interminablemente. O el problema del odio en forma de acción legal emprendida contra ti sólo para sacarte dinero. O el problema del odio vertido por una persona ávida de poder que te intimida por puro placer. La lista de ejemplos es interminable. Y en cada caso es el odio lo que percibimos como realidad.

Los que odian están firmemente convencidos de que la vida no les ama. Y responden con odio porque se sienten odiados. Es poco frecuente que una persona que siente amor proyecte odio. Ten en cuenta el importante recordatorio bíblico: «Dios es amor». El mal está en la mente del hombre. Todo odio procede de la mente de personas que se sienten desconectadas de Dios y del caudal de energía del amor existente. Cuando caes en su odio también tú estás desconectado. La venganza, la ira, la tristeza y todas las cosas que percibes como problemas son construcciones mentales.

Cuando siembras amor en aquellas circunstancias en que encuentras odio, ocurre algo único. Primero en ti mismo, y después en el campo de energía del odio en el que estás. Cuando empiezas a confiar en el amor y reconoces que al final todos seremos uno con ese amor, causas un gran impacto en la pauta de energía baja del odio. Cada vez que observas a alguien demostrando odio, puedes estar seguro de que se siente odiado. Al mismo tiempo, piensa que esta persona es amada por Dios (puesto que Dios es amor). Como testigo o receptor de ese odio, tú eres una chispa de amor. Si eres capaz de sembrar amor en respuesta al odio (una de las tres cosas más difíciles para el ser humano, que he descrito en el capítulo anterior), a la larga verás que el odio se convierte en amor. Entonces, puedes estar seguro de que el odio sólo es un error creado por la mente del hombre.

En nuestra larga historia de tiranos y dictadores tenemos sobrados ejemplos de personas que vertían su odio sobre los demás porque se sentían odiados. Los maestros divinos nos enseñan, sin excepción, que el amor nunca falla. Observa esta lista de frase de diversas religiones:

Cristiana:	Dios es amor; tú eres Dios e hijo del altísimo.
Sintoísta:	El amor es el receptáculo del Señor.
Zoroástrica:	El hombre es el amado del Señor y debes amarle.
Judaica:	Amarás al Señor tu Dios con todo tu corazón y a los demás como a ti mismo.

Sij:	Dios regenerará a aquellos en cuyos manos resida el amor.
Budista:	Que el hombre cultive el amor hacia todo el mundo.
Taoísta:	El cielo arma de amor a los que no quiere ver destruidos.
Islam:	El amor es esto, que tú cuentes muy poco y Dios mucho.
Bahai:	Si no me amas, mi amor no puede llegar a ti.
Confucianismo:	Amar a todos los hombres es la mayor bondad.
Hinduismo:	La mejor forma de adorar al Señor es a través del amor.

Creo que la tiranía del odio está siendo sustituida por la conciencia del amor. Nelson Mandela respondió con amor y reconciliación al odio del *apartheid* y éste poco a poco se ha ido disolviendo. Los odios de guerras pasadas poco a poco están siendo sustituidos por el reconocimiento de la unidad que todos compartimos con los demás. Y antiguos enemigos se convierten en hermanos en paz. Claro que la ilusión del odio permanece y tenemos mucho que hacer en nuestra evolución para aprender a sembrar amor donde hay odio. Es imperativo que todos los que buscan soluciones espirituales se den cuenta de que sólo puede existir el amor.

El odio procede de aquellos que de alguna manera se sienten odiados. Hay dos maneras para ayudarles a cambiar ese sentimiento. Uno, dejando que los que tienen una conducta llena de odio vean que tú personalmente sólo vas a darles amor, y, dos, comprendiendo que Dios les ama incondicionalmente aunque ellos no sepan reconocer esa verdad. San Juan dijo: «El amor reside en esto, no en nuestro amor por Él, sino en Su amor por nosotros». Tu amor absoluto al final hará desaparecer el odio porque el amor absoluto es consciente de que sólo hay una existencia indivisible.

Puede que pienses que todo esto del amor parece una teoría demasiado bonita para aplicarla cuando eres víctima del odio de otra persona. Te aseguro que el simple reconocimiento de que el odio es una forma de amor mal dirigido y reflejo de que una persona se siente no amada es suficiente para que pierda su poder y desaparezca. Al final de este capítulo te daré algunas recomendaciones específicas para hacer frente al odio. De momento, quédate con la idea de que tu voluntad de sembrar amor en el campo del odio y de ver el odio como una necesidad de amor cambiará tu entorno y, a la larga, sustituirá el odio por el amor.

Me gustaría compartir parte de una carta que recibí de una mujer que se encontró en una situación extrema de odio y violencia. Ella fue capaz de poner amor ante el odio en un momento de profundo miedo y terror. Así es como me lo relató:

> El viernes por la mañana, hacia las dos y media de la madrugada, me despertó de mi sueño un hombre enmascarado que me apretaba un cuchillo contra la garganta. Al principio pensé que se trataba de una pesadilla, pero pronto me di cuenta de que era real y que aquella persona estaba allí de verdad, y, huelga decirlo, me sentí aterrada. Me hizo unas cuantas preguntas mientras me ponía esparadrapo en la cara, desde los ojos hasta la mitad de la boca, y luego me ató las manos a la espalda y me desgarró

el camisón y la ropa interior con el cuchillo. Me di cuenta de que podía luchar, y seguramente resultar malherida, o quedarme quieta y esperar lo mejor. Decidí esto último y, mientras él me tocaba, pude distanciarme un poco de lo que me estaba pasando y me puse a hablar con él. Los pensamientos de las cintas debieron de acudir a mí, porque las palabras que dije no las diría nadie de forma natural en semejante situación.

(Ruth se refiere a una parte anterior de la carta en la que decía que había escuchado una serie de cintas mías, que le habían sido útiles durante el proceso de muerte de su hermano el año anterior. La semana anterior a su ataque había vuelto a escuchar las cintas.)

Me dijo que era de Los Ángeles y necesitaba dinero y un coche para regresar allí. Me salieron las palabras: «Es usted un joven muy agradable, ¿le gustaría que rezara por usted? Dios, ayuda a este joven a conseguir el dinero que necesita para ir a Los Ángeles y ayúdale a ser feliz y a tener una buena vida». Le pregunté si tenía novia y dijo: «Sí, en Los Ángeles». Entonces le pregunté si tenía hijos y dijo: «No, ¿estaría aquí si tuviera hijos?». Dije: «Yo tengo hijos y nietos, y son maravillosos; debería regresar con su novia y tener hijos algún día». Seguí hablándole como si fuera un hombre agradable y al final dijo: «Esto no va bien» y no me violó. Aún hizo más y creí que aquello posiblemente sería el fin para mí, pero al final lo dejó y cuando se iba me dijo: «Es usted una mujer muy agradable».

Atribuyo mi capacidad de mantenerme tranquila y utilizar palabras amables en esta situación al hecho de haber escuchado sus cintas, que sé, sin lugar a dudas, que acudieron a mí y me proporcionaron esa extraordinaria serenidad, fuerza y palabras amables. Y ahora quiero darle las gracias por compartir su vida y sabiduría, que han proporcionado tantas alternativas maravillosas a «quedar atrapado en las cosas».

Gracias, muchísimas gracias, desde el fondo de mi corazón por sus maravillosos libros y cintas… lo que en ellos dice son mucho más que palabras.

Hablé con Ruth y me dio permiso para incluir esta historia aquí, con la esperanza de que, «allí fuera», alguien pudiera sembrar amor frente al odio.

SIEMBRA AMOR CUANDO EL ODIO AFLORA EN TUS RELACIONES INMEDIATAS

Éste es el secreto para hacer frente a los que manifiestan odio cerca de ti. En primer lugar, recuerda que el odio es una reacción al amor frustrado. Luego, repite en silencio una vez más: «Señor, haz de mí un instrumento de Tu paz; que donde haya odio, siembre amor».

Estás repartiendo amor al reconocer pacíficamente que el que odia, en algún nivel profundo y, probablemente, inconsciente, se siente odiado y da lo que siente. El amor absoluto no puede existir con el odio, de modo que tu tarea en esos momentos es sembrar amor donde hay odio. Así transmites a la persona que se siente no amada que, por difícil que parezca, tú no la odias. Con ello eliminarás el odio y, al mismo tiempo, darás una solución espiritual al problema del odio.

El odio que esa persona dirige hacia ti en realidad es una manifestación de su dolor. Cuando el odio se disuelve, el dolor deja de atormentar. En esta frase de su plegaria san Francisco pide fuerzas para sembrar amor frente al odio. Tú puedes hacer lo mismo aun cuando recibas odio de aquellos con los que vives y trabajas.

Nada de lo que aquí digo implica que tengas que convertirte en víctima de nadie. Una de las cosas más amorosas que puedes hacer como respuesta al odio es enviar en silencio una bendición a esa persona y salir del campo de energía del miedo y el odio. Si te marchas sin gritar ni maldecir, o sin responder con violencia, le estás diciendo a esa persona que te amas demasiado a ti mismo para ser su víctima. Luego, cuando se haya calmado, ve a hablar con ella, cuando el campo de energía ya no esté impregnado de odio.

Lo que quieres evitar es que te hagan sentir repulsión, repugnancia o dolor. Tu objetivo es permanecer en un estado de amor. Retirarte de la escena es una manera de mantener tu campo de energía sin contaminar y dar a la persona que odia un espacio para reflexionar sobre sus acciones en privado. Recuerda que su odio es su tormento. Si no permites que su odio se haga tuyo, ayudas a esa persona a eliminar su dolor.

Cuando encuentres odio en alguien de tu entorno, utiliza esos momentos para acudir a Dios. Al salir de tu ego, que quiere desquitarse y triunfar sobre el odio, estás sembrando amor. Tu fuente es Dios. La fuente del odio es la creencia errónea de que se está separado de Dios. Acude a tu fuente cuando te enfrentes con el odio y encontrarás la guía que necesitas para dar amor. Si alguien intenta tentarte con su odio, tienes la opción de no picar en el anzuelo. Es como intentar discutir con alguien que se niega a hacerlo. La persona enojada queda desarmada por la respuesta del pacifismo o el amor. Todo lo que el amor contempla se transforma en alegría y belleza. O, en otras palabras, el amor y el odio no pueden vivir juntos.

Muchos de los llamados problemas en la vida son consecuencia de tener que tratar con personas que ponen odio en el campo de energía. Toma nota de cuánto odio infecta tu hogar, tu lugar de trabajo, tu familia y amigos, tus relaciones e incluso tu salud. Luego, pregúntate si contribuyes a ello odiando a los que odian.

Como ves, nada de esto es un problema si practicas lo que san Francisco pedía a Dios en esta frase de su plegaria: «Que donde haya odio, siembre amor». El reto es no permitirte quedar atrapado en una telaraña de odio que perpetúa más odio. Aunque estés completamente rodeado de esta clase de energía, y te parezca físicamente imposible salir de ella, puedes tomar la decisión consciente de no tener más que pensamientos amorosos. Recita en silencio: «Señor, haz de mí un instrumento de Tu paz; que donde haya odio, siembre amor» y la situación cambiará.

¿Cómo? Los problemas se experimentan primero en los pensamientos. Si tienes amor, no habrá espacio para el odio, ya que no pueden vivir juntos en el mismo lugar. La solución espiritual es ser consciente de tus pensamientos frente al odio y mantenerte firme en tus pensamientos de amor. Esto requiere tiempo, pero poco a poco el amor transformará el odio en alegría y belleza.

Si en tu corazón sientes odio hacia ti mismo, a ti te corresponde sustituirlo por amor. Sembrar amor donde reside el odio significa cualquier lugar donde encuentres odio, incluso si es en lo más hondo de tu ser. Piensa en estas palabras de san Francisco: «He sido impío, si Dios puede obrar a través de mí, puede obrar a través de cualquiera».

Imagina al hombre que sufrió los estigmas de Cristo, que domesticó a animales salvajes con su divina presencia, que curó a los enfermos y predicó el amor incondicional para todos diciendo: «He sido impío». Si es cierto en el caso de san Francisco, seguro que tú puedes revisar tus acciones y pensamientos impíos y reconocer la necesidad de perdonarte y de sustituir el odio hacia ti mismo por el amor a ti mismo.

Todo lo que has hecho que pueda hacerte sentir desprecio por ti mismo reside en el pasado. Así que no pases el día de hoy acariciando el odio hacia ti mismo. Recuerda que la verdad acerca del odio es que se trata de amor, sólo que va en dirección opuesta. Pon la marcha atrás y empieza a mover tus pensamientos en la dirección del amor. El perdón es el medio para conseguir esta inversión. He escrito tanto en este libro y en otros sobre la importancia del amor por uno mismo y el perdón de uno mismo que prefiero no repetirlo aquí.

Incluyo esta breve sección porque se puede sembrar amor en cualquier situación en que aparezca el odio. Todos los errores que has cometido en el pasado y todas las imperfecciones que percibes en ti han ocurrido porque tenían que hacerlo. Tenías que estar ahí, en esa oscuridad, para ser capaz de superarlo. En cuanto a tus imperfecciones, es un insulto a Dios, simple y llanamente. Tú eres una pieza divina de Dios, sin tacha, porque Dios es bueno y lo ha creado todo, y todo lo creado por Dios también es Dios, sin errores, sin imperfecciones, sin que nadie sea mejor que nadie. Aplica la observación de Emerson como antídoto para las imperfecciones que percibas en ti mismo: «Jamás pierdas una oportunidad de ver nada bello, pues la belleza es la escritura de Dios, un sacramento al borde del camino. Dale la bienvenida en cada rostro amable, en cada cielo hermoso, en cada flor bonita, y dale gracias a Dios por esta bendición…».

Esto incluye también tu rostro agradable. Considérate un ingrediente de esa bendición y deja que el amor resida ahí, dentro de ti, para ti. Es, verdaderamente, una de esas oportunidades de ver algo hermoso.

ALGUNAS SUGERENCIAS PARA SEMBRAR AMOR
DONDE HAY ODIO

— Recomiendo que practiques lo que hago cada vez que me encuentre en una situación en que el odio está presente. Repite la frase de la plegaria de san Francisco: «Que donde haya odio, siembre amor». Lo creas o no, el acto, que no requiere esfuerzo alguno, de repetir esa frase para mis adentros me permite desviar mi diálogo interior del odio y tener pensamientos de amor. Este recordatorio también me permite emprender acciones basadas en el amor y no en la inclinación de mi ego a enfrentarme al odio con mi propio odio.

La semana pasada, en una cancha de tenis, en medio de un partido de dobles, uno de los jugadores se puso a gritar epítetos llenos de odio a otro jugador, acusándole de hacer trampas. Cuanto más se enfadaba y más insultos lanzaba, más se envenenaba el ambiente en la cancha. Yo había estado escribiendo sobre la plegaria de san Francisco y acudió a mi mente la idea de sembrar amor donde hay odio. Le dije a mi pareja, que era el blanco del odio, que se limitara a no responder nada en lugar de devolver los insultos. De pronto en voz alta, para que todos lo oyeran, me dirigí al hombre que estaba lleno de odio: «¿Sabes una cosa?, todos te queremos, ganes o pierdas». Yo mismo me sorprendí por mis palabras, pero aún me sorprendió más su respuesta. El hombre me miró, sonrió y dijo: «Lo siento, he perdido los estribos». Fue asombroso ver cómo al sembrar amor frente al odio éste desapareció casi de inmediato.

— Cuando te halles en presencia de alguien que está dirigiendo su odio hacia ti, piensa en Jesús lavando los pies a sus discípulos la víspera de su crucifixión. Mi esposa me contó que a ella le enseñaron a pensar así cuando era joven y lo ha practicado en silencio durante toda su vida. Imagina lo que es caminar con los zapatos del que odia. Luego, mentalmente, quítale esos zapatos a la persona e imagínate lavándole los pies tal como hizo Jesús. Esta imagen mental no sólo te permite proyectar amor frente al odio que estás presenciando sino que te distrae del hábito de sentirte dolido y enfadado.

— Después de un episodio en que hayas sido blanco del odio, o cuando hayas sido testigo del odio, no permitas que el incidente permanezca en tu mente. Resiste además la tentación de hablar del episodio o de centrar la conversación en él. Muchas personas, que no envían odio, parecen disfrutar hablando de la actitud odiosa de otros y tienden a convertirlo en el eje de casi todas sus conversaciones. No dejan de hablar de lo que otro dijo, lo terrible que fue y cómo afectó a todo el mundo que estaba cerca. Entretanto, el ambiente del momento presente se convierte también en un lugar de odio.

Cuando hables de otra persona, esfuérzate por enviar o dirigir amor a su campo de energía y animar a los demás a pensar en el amor y enviar energía amorosa a los que parecen haberse perdido en su odio. Sé la persona que fomenta la idea de que la gente puede cambiar. Pide a tu familia y a tu círculo de amistades que dirijan amor hacia los que se hallan estancados en el tormento de su odio.

Cuando tengas conversaciones privadas, haz que giren en torno al amor y no al odio hacia el que odia. En los momentos en que no estés presenciando odio, también puedes sembrar amor. Rezar por una persona que está llena de odio tiene tanto sentido como rezar por alguien que está enfermo o herido.

— Penetra con amor en el campo de energía del odio. Sin necesidad de identificarte, tienes la oportunidad de emplear tu energía del amor para detener las pasiones del odio. Cuando vives con amor en tu corazón irradias una energía más espiritual, más rápida. Puedes dirigir esta energía superior del amor hacia situaciones de odio.

Recuerdo una tarde en que me encontraba en un parque con dos de mis hijos, cuando un padre explotó de ira ante su hijo pequeño. Gritó y amenazó al niño con violencia. Yo me puse en acción de inmediato, no para enfrentarme al airado padre, sino para acercarme y enviarle energía de amor. Le envolví en una nube imaginaria de bondad. Vi entonces que el hombre empezaba a suavizarse, en parte porque había reparado en mí y su conducta le avergonzaba, pero sobre todo porque yo enviaba la energía superior y más rápida del amor a un espacio en que la energía inferior y más lenta del odio se hallaba presente. Esta energía superior influyó en su conducta aun antes de que él se fijara en mí.

Has oído en ocasiones la expresión: «Vamos a enviarle energía positiva». No se trata de ficción; es otra manera de sembrar amor donde hay odio. Tú posees el poder de utilizar de esta manera tu energía amorosa en cualquier momento.

— Cada vez que tropieces con odio, recuerda que la persona que lo dirige se siente odiada. Esto encenderá en ti el deseo de aliviar el tormento de esa persona con la calidez de tu amor. Cada vez que nuestros hijos dicen o hacen cosas que indican que sienten odio, tanto mi esposa como yo intentamos asegurarles que son amados y que merecen el amor. Pequeños recordatorios, cuando el ambiente se ha despejado, como un abrazo o una palmadita en el hombro, o una frase como: «Bueno, mamá te quiere y también Dios; siempre, incluso cuando estás enojado».

Nada de sermones, sólo un amable recordatorio de que son amados.

— En medio de una discusión seria en la que se proyecta odio, recuerda que Dios ama a todos. Si de alguna manera puedes transmitir esto a todos los contendientes, incluido tú mismo, eso solo basta para hacer desaparecer el odio y, al mismo tiempo, dar una solución espiritual a la situación.

— Comprométete a pasar una hora con alguien menos afortunado que tú. Cerca de tu casa hay alguien que está desesperado e indefenso. Con frecuencia estas personas no saben que el origen de su angustia es que no se sienten amados y tienen la sensación de que el mundo en general les rechaza y también la gente que forma parte de sus vidas. Tú puedes ser un instrumento de paz, sembrando amor para esa persona y para ti. No tienes que darles dinero ni comida ni nada material. El sencillo y maravilloso acto de sembrar amor por sí solo proporcionará una solución espiritual a su problema al mismo tiempo que nutre tu alma.

— Nunca te tomes el odio como algo personal. Sembrar amor donde hay odio significa recordar que tú eres amor y que eso es lo que tienes que dar. En consecuencia, cualquiera que quiera verter su odio en ti será incapaz de alcanzar tu alma, porque el odio no puede vivir donde el amor está presente.

El mejor método para desviar el odio es ser consciente de cómo reaccionas a él. Si te ofendes enseguida por la conducta de quien odia, te lo has tomado como algo personal y has permitido que tu ego se crispe. Cuando respondes a quien odia con las palabras: «Tú sientes», pones el énfasis donde corresponde y no lo tomas como algo personal. Porque sabes que estás sembrando amor y el odio no tiene nada que ver contigo. Si alguien te dice: «Te odio; eres soso y nunca me alabas por nada. Lo único que haces siempre es criticarme», podrías responder con algo como: «A ti te parece que no te alabo, y eso realmente te enoja. Quiero que sepas que tienes talento y procuraré decírtelo con más frecuencia». No te lo has tomado como algo personal y has respondido al odio con amor. ¡Una solución espiritual! Y aunque el odio continúe existiendo, sigues con tu decisión de no tomarte nunca el odio como algo personal.

— Procura encontrar tiempo para estar con los que envían odio. Cuando conozcas a las personas que parecen estar llenas de odio, descubrirás que quieren lo mismo que tú. Quieren sentirse amadas y sus manifestaciones externas de odio no son más que un grito pidiendo amor.

Hace años, una de mis hijas adolescentes se rebelaba con furia y a menudo odio ante cualquier figura autoritaria, y en particular ante mí. Un día le pregunté si podía cenar conmigo, a lo que accedió de mala gana. Las horas que pasé hablando con ella e interesándome por su vida desde una posición de figura no autoritaria cambiaron nuestra relación.

Al conocer a alguien, al pasar tiempo con ella, al hacer un pequeño esfuerzo adicional para sembrar amor en alguien de quien crees que podría estar emanando odio creas un ambiente de apertura donde el amor tiene oportunidad de florecer. Esto no ocurre solamente con los miembros de la familia. Puedes ir a almorzar con la persona que muestra el menor respeto por ti en el trabajo, y con una hora bastará para disipar gran parte del odio. La palabra «prejuicio» viene de prejuzgar. Prejuzgar es formarse una opinión sin ningún contacto; se hace antes de establecer contacto. Con el contacto, abrazas la luz que ambos compartís y desaparecen el pre y el juicio.

— Utiliza una carta como medio para enviar amor. A veces parece imposible llegar a alguien que está lleno de odio. Cuanto más intentas hablar con esa persona del tema, más se atrinchera ella en su idea de que no tiene más remedio que ser como es. Estos encuentros con frecuencia acaban en discusiones y en intercambios desagradables e intolerantes.

Te recomiendo que des a conocer tus sentimientos en forma de carta, para que el lector no pueda discutir lo que dices con su odio. Aunque esté en desacuerdo con todo lo que digas en tu carta, haz el esfuerzo de hacerle saber que es importante, valioso, inteligente y, sobre todo, amado por ti y por Dios. Pero menciona también cómo te sientes cuando dirige su odio hacia ti y por qué con frecuencia te retiras cuando manifiesta ese odio. Enviando amor en forma escrita no recibes las chispas del odio, que se encienden cuando las palabras vuelan en acalorados intercambios. Ésta es otra oportunidad de llegar al fondo de tu alma y de sembrar amor donde hay odio.

— Procura ser más y más amable como respuesta. Una de las mejores maneras que he descubierto para sembrar amor donde hay odio es ser generoso. Envía flores a alguien que te ha insultado verbalmente. Envía una caja de bombones o un vale regalo como respuesta al odio.

Con los años he tenido en muchas ocasiones la experiencia de recibir cheques sin fondo de personas a quienes envío los productos que me encargan. En otra época reaccionaba quejándome de lo irresponsable e inmoral que era esta conducta. Unos cinco años atrás cambié radicalmente. Cada vez que me ocurría esto, enviaba a la persona un libro autografiado como regalo y le pedía que me pagara el cheque devuelto. La respuesta era asombrosa. El noventa y ocho por ciento de las personas que recibían el regalo como respuesta a su cheque sin fondos no sólo me enviaban el dinero, sino que se molestaban en escribirme una carta de disculpa. Esto contrastaba con el menos del cuarenta por ciento que antes lo hacía. Hay un viejo dicho que señala: «Mátales con bondad», pero yo prefiero: «Conecta con ellos con amor y generosidad», o, como diría san Francisco: «Siembra amor».

— Perdónate y mírate a ti mismo con amor. Recuerda siempre que estás unido eternamente a Dios. Tú eres una creación divina y no has de temer a tu divinidad. No tienes que actuar como los demás quieren para que te amen; te aman incondicionalmente. No tienes que estar libre de errores; siempre te aman. No tienes que ganar; te aman independientemente del resultado o la puntuación.

Todas las razones que puedas haberte dado para odiarte son consecuencia de la rígida creencia de que tu ego es la fuerza dominante de tu vida. Tu ego cree que eres lo que haces, lo que tienes, lo que los demás creen de ti. Tu ego cree que estás separado de todo lo demás y separado de Dios. Así, ese ego siempre está juzgando, evaluando y comparándote con otros. Cuando no das la talla, te desprecias.

Entonces repasas cuántas veces has fallado y conviertes esos fallos en odio hacia ti mismo.

Como ser espiritual, no tienes que actuar, compararte, ganar ni ninguna otra cosa. Tu valor es un hecho reconocido. Eres una parte de Dios. Siempre estás conectado. Recuerda esta verdad cada vez que sientas odio hacia ti mismo. Perdónate y sembrarás amor en tu campo de energía, y además te proporcionarás una solución espiritual al «problema» del desprecio por ti mismo.

Aquí concluyen mis sugerencias para aprender a sembrar amor donde hay odio. Sé que nadie puede amar a otro si no ama antes a la humanidad. La capacidad de sembrar amor deriva de esta sensación interior de estar conectado con toda la humanidad y con Dios en lugar de creer que se está separado de todas las criaturas vivas.

Un esclavo emancipado del que cabría esperar que tiene razones para odiar ejemplifica el mensaje de este capítulo y la petición de san Francisco. Se llamaba Booker T. Washington y lo expresó así: «No permitiré que ningún hombre empequeñezca mi alma haciendo que le odie». Era un hombre que empezó a trabajar a los nueve años, hizo de portero para pagarse los estudios y posteriormente dirigió el Tuskegee Institute de Alabama. Se negaba a odiar. ¿Por qué? Porque, como él decía, el odio empequeñece el alma. Siembra amor y disfruta del respeto que adorna tu alma.

9

Que donde haya daño, perdone

> El mundo no necesita una nueva religión ni una nueva filosofía. Lo que el mundo necesita es curarse y regenerarse. El mundo necesita gente que, mediante la devoción a Dios, esté tan llena de espíritu que pueda ser un instrumento para que se produzca la curación, porque curarse es importante para todos.
>
> JOEL S. GOLDSMITH,
> *The Art of Spiritual Healing*

Las palabras «daño» y «perdón» me parecen una manera fascinante de expresar el deseo de san Francisco de curar al enfermo y ayudar al herido a recuperarse. Él utiliza la palabra «perdón» para expresar el deseo de liberar una herida, igual que un prisionero sería liberado de la cárcel mediante la conmutación de su pena. Como sabes, san Francisco fue conocido en su época como sanador de los enfermos. Su presencia entre los heridos producía curaciones milagrosas, inexplicables para los médicos de la época. En su plegaria pide unirse tan plenamente al espíritu que cuerpo y mente universal devengan uno. Ruega por que la perfección de Dios impregne su cuerpo para poder transmitir su energía espiritual a los que no forman un todo.

No te pido que te conviertas en un san Francisco o en un Jesús y hagas curaciones milagrosas, aunque tampoco estoy diciendo que sea imposible. Te pido que te abras a una idea que tal vez consideres indignante o incluso imposible, pero que aquí considerarás, si no para otra cosa, sí para entretenerte con otro de los «disparates de Dyer». Quizá la definición de la iluminación que hizo Tilopa en el siglo X te anime: «Tener una mente abierta a todo y apegada a nada».

Quiero dejar muy claro cómo creo que podemos considerar la presencia de la enfermedad o el daño que hayamos sufrido en nuestra vida y en la de nuestros seres queridos desde la perspectiva de aplicar soluciones espirituales. Cuando tenemos que reconocer y aceptar un estado de enfermedad en nuestro cuerpo, nuestro primer pensamiento debería ser cómo habilitar una solución, la cual en general implica devolver nuestro cuerpo a un estado libre de enfermedad lo más rápido y menos dolorosamente posible.

Cuando hablo de asumir la responsabilidad de cualquier enfermedad o mal, ten presente sobre todo que debe hacerse sin sentimiento de culpa ni vergüenza. Al decir para tus adentros: «Este estado de enfermedad o desequilibrio es mío; lo poseo y mi actitud hacia él depende de mí», estas palabras adquieren poder porque te abres a la energía curativa de una solución espiritual. Sentir culpabilidad o ira por la artritis, el cáncer, una enfermedad de corazón, una dolencia renal o cualquier tipo de mal te impide alcanzar los niveles de energía en los que abundan las soluciones espirituales.

Vivimos en un mundo carcinogénico, hay agentes contaminantes en el aire, la comida y el agua. Sentir culpa o ira por estas condiciones o acusar a los contaminadores sólo servirá para magnificar el «problema». Buscar una solución espiritual significa abandonar esas energías que te quitan fuerza y que son las de la vergüenza, la culpabilidad, la ira y la obsesión de echar la culpa a los demás. Al decir: «Eso es mío y busco una solución espiritual a esta situación» te acercas a esas energías curativas superiores.

Tu cuerpo es tu currículo a Dios en esta vida. Algunos somos calvos, bajos, no vemos bien, no oímos, no podemos caminar, etcétera. Si rechazas considerar estas condiciones como problemas y te dispones a cumplir su destino sin culpabilidad, ira ni remordimientos atraes una energía superior y más rápida a tu vida. En resumen, no ves el aparato físico como algo importante para lo que eres y lo que harás. Es como si supieras que a tu yo espiritual le han asignado este vehículo, este cuerpo, sea cual sea su estado, para esta encarnación. Este cuerpo no es tú y tú no eres él.

También creo que la ley que ha permitido alguna curación milagrosa de una enfermedad o herida sigue en los libros. Nunca ha sido revocada y se puede acceder a ella, como demuestran las numerosas curaciones espontáneas que se producen en lugares de alta energía como Lourdes en Francia, Fátima en Portugal y aldeas remotas de Brasil, por nombrar sólo unos cuantos.

La presencia del mal y la enfermedad en los niños es particularmente difícil de sobrellevar. Una vez más, es importante observar con énfasis que desde una perspectiva espiritual somos almas infinitas, que jamás mueren y jamás nacen. Nuestra esencia no es nuestra forma material. Un niño pequeño podría ser un alma anciana. ¿Quién sabe? De lo que estoy seguro es de que enseñar a un niño desgraciado a negarse obstinadamente a pensar que es un ser limitado, y ayudarle a ver que su espíritu es perfecto y siempre está unido a Dios, independientemente de sus defectos físicos, es la manera de introducir una solución espiritual en su mente.

Hemos de aprender a ver siempre a Dios en cada persona y enseñar a los que tienen un cuerpo joven afligido a hacerlo también. Con ello, estaremos poniendo el perdón en presencia del mal físico y facilitando el proceso de curación.

Poner las palabras «que donde haya daño, siembre el perdón» en el contexto de *La fuerza del espíritu* es mi forma de compartir mi creencia en la liberación espiritual de la enfermedad, las heridas o el dolor a través de la capacidad personal de unirse para formar un todo con la capacidad curativa de Dios. Esto significa empezar a concebir el cuerpo y la mente como una sola cosa y utilizar la esencia espiritual para mantener la salud unificadora perfecta. Cuanto más te acerques a las frecuencias espirituales más rápidas del amor, la bondad, el perdón, la unión, la gratitud y la conciencia infinita, dejando atrás las vibraciones inferiores y más lentas del miedo, la duda, el odio y la separación en tus pensamientos, mayor será tu capacidad de influir en la salud de los demás y en la tuya propia. La curación es un estado de conciencia en el que permites que Dios pase a través de ti al daño y a la persona dañada. Toda enfermedad, metafísicamente hablando, es consecuencia de estar desconectado de Dios en la mente y en el cuerpo.

Creo firmemente que uno nunca puede estar verdaderamente separado del poder único, de modo que una vez más vemos que la enfermedad es una de esas ilusiones que pueden corregirse ante la evidencia del espíritu. Y el perdón es otra palabra para ese espíritu. En un sentido muy real, tienes el poder de poner la energía curativa superior del perdón en presencia de lo que conocemos como dolencia física, y, de este modo, haces que el poder de Dios influya en ello.

Cuando digo que hay una solución espiritual para cada problema, no excluyo los problemas de salud. Si bien no pretendo desmerecer en ningún momento a la comunidad médica, considero que no son los médicos ni las medicinas ni la terapia lo que cura. Todos los amigos médicos a los que conozco reconocen el poder inexplicablemente misterioso que posee el cuerpo para curarse a sí mismo. Saben que existe un poder que no se puede ver ni tocar, un poder que es pura energía espiritual y puede curar heridas y mantener todo el organismo en armonía total. Para cumplir la petición de san Francisco de sembrar perdón donde hay un mal físico debes recurrir a esta perfecta energía espiritual.

TU CUERPO ESTÁ ARRAIGADO EN EL ESPÍRITU

El funcionamiento de tu cuerpo es prueba de una fuente invisible de energía que hay en el universo y que funciona activamente en ti. Tú no haces que te corra la sangre ni que

246

los ácidos del estómago lleven a cabo el milagro de la digestión. Tu cuerpo procede de algo invisible, a lo que llamo espíritu. Está arraigado en ese espíritu y ese espíritu es perfecto. En cierto sentido, tu cuerpo es una manifestación del conocimiento de Dios, la expresión de una idea que se mantiene en la conciencia universal.

Este cuerpo es parte del ciclo universal de la vida de la semilla, el capullo, la flor, el crecimiento, la decadencia y el dar paso a una nueva vida. Tu cuerpo y el cuerpo de los demás están destinados a expresar esta idea del espíritu y a dar paso a una idea más perfecta. El cuerpo mismo siempre está firmemente arraigado en esta perfección del espíritu. Cuando pierde contacto con él, surge el mal físico o la enfermedad. Así, no hay cuerpos imperfectos, sólo ideas que refuerzan la separación de la persona y Dios. Sólo hay ideas imperfectas. Estas ideas imperfectas son fruto del ego, que nos hace creer que somos incapaces de curarnos a nosotros mismos o de curar a los demás. Por ejemplo, una idea que dice: «Tengo artritis o migraña y no puedo hacer nada al respecto. Estoy rígido y tengo dolor constante debido a estos malestares», en lugar de: «Tengo estos malestares debido a las ideas imperfectas que tengo sobre mi cuerpo».

Quiero decir, sin temor a equivocarme, que la inteligencia que habita en tu cuerpo adoptará la forma en que tú la proyectes. Creará un cuerpo sano o enfermo según cómo decidas emplear tu mente. Si quieres tener un cuerpo verdaderamente sano, y la capacidad de sembrar perdón frente a cualquier clase de daño, en primer lugar debes curar tu mente con un amor incondicional y reconocer que tu cuerpo es un instrumento del espíritu firmemente atrincherado. Haz que tu mente sea enérgica, cariñosa, sana y positiva y tu cuerpo responderá en consecuencia. Además, podrás provocar en los demás esta actitud de curación, que es por lo que san Francisco era más conocido. También puedes poner perdón ante el mal físico y, de paso, facilitar la curación. Tú compartes la misma energía. Hay un sanador en ti, arraigado y siempre conectado con el espíritu. Para conocer a este sanador y hacerlo trabajar para ti y para los demás debes, una vez más, olvidarte de tu ego.

SUPERAR EL EGO

Para desarrollar una fe inquebrantable en el poder curativo de la naturaleza has de aprender a armonizar tu cuerpo con el cuerpo, la mente y el espíritu de la naturaleza. Para llevar a cabo esta acción tendrás que hacer todo lo posible para suprimir el ego. Recuerda: la definición de ego es que no se trata más que de una idea que te identifica como alguien separado de los demás y la suma total de tus logros y adquisiciones. En resumen, tu ego te indica que eres tu personalidad y tu cuerpo y que has de competir con todos los otros cuerpos y personalidades con que te encuentras cada día.

Cuando te ves como un cuerpo y una mente separados te hallas en un mundo de ilusión en el que la forma de vida es la enfermedad y el mal. Tu ego no ve las verdaderas dimensiones del ser en que está alojado. Así, a menudo se preocupa, se siente solo, frustrado y tiene miedo; entonces se vuelve hacia sí mismo para confirmar el poco valor que da a la vida. Estos pensamientos de autodesprecio, pensamiento limitado y miedo a no dar la talla se manifestarán en alguna forma de mal o enfermedad. Como ya sabes si has leído hasta aquí, estos pensamientos del ego no son más que errores. Sólo existe un poder, que es omnipresente y, por lo tanto, está en ti en todo momento. Tu ego es la parte de ti que da total credibilidad a una ilusión. Tu ego es lo que debes trascender con el fin de conocer la verdad de la curación poniendo perdón en los lugares donde reside el daño.

Es fácil superar tu ego si prestas atención al poder único que es la fuerza armonizadora de toda la naturaleza. El camino hacia el milagro de la creación espera tus pasos; sin embargo, el miedo ha expulsado esta energía y creado una u otra forma de daño. Todo procede de la mente; las exigencias y afirmaciones de tu ego no son una excepción. Tu cuerpo puede convertirse en un instrumento perfecto de tu mente, siempre que estés alerta en todo momento para eliminar los pensamientos de enfermedad y de malestar. Liberarás (o perdonarás) estos pensamientos de tu ser si acudes al ser interior del espíritu, que crea la armonía total en el mundo físico, incluido tu cuerpo. Como dicen las Escrituras: «Con Dios, todo es posible». Ahora sabes que esto no excluye nada.

OLVIDA EL CONCEPTO DE INCURABLE

El principio básico del universo físico es que los pensamientos se convierten en cosas. El antecedente de todo cuanto existe en el mundo material es un pensamiento.

Cuando crees que algo es imposible estás reforzando el pensamiento de que es imposible. La idea de que una enfermedad es incurable o un daño irreparable es equivalente a decir a Dios: «Renuncio a ser una extensión de ti». El espíritu perfecto está en todos. Cuando nos deshacemos de las ideas que crean la ilusión de la enfermedad, nos abrimos al potencial de crear una salud perfecta.

Prefiero pensar en la enfermedad o el daño en términos de energía. Como recordarás si has leído la primera parte del libro, todo es energía y la energía es una vibración. Cuando tu cuerpo está inmovilizado, ello se debe a la presencia de frecuencias incompatibles con las frecuencias superiores de armonía de la salud perfecta, creadas por el espíritu. En el momento en que identificas las frecuencias de la enfermedad y encuentras nuevas soluciones energéticas, tienes ante ti la posibilidad de eliminar las frecuencias negativas. Para perdonar, primero tienes que estar equilibrado energéticamente.

Te animo una vez más a revisar en el capítulo 2 las observaciones de Patanjali sobre la conciencia superior. Cuando te abstienes firmemente de la ignorancia (errónea identificación con el ego) eres capaz de bendecir e incluso de curarte a ti mismo y a los demás con la simple presencia en sus campos de energía. Estar equilibrado energéticamente significa volver a tu estado normal de gracia meditando, teniendo pensamientos de amor, sintiéndote conectado con el espíritu, estando alegre y, en esencia, viviendo las vibraciones más rápidas de la conciencia espiritual más elevada. En esas frecuencias más elevadas no hay espacio para la idea de que algo es imposible o incurable.

Mi amigo Stephen Lewis ha escrito un libro titulado *Sanctuary: The Path To Consciousness*. Es una novela, aunque está basada en hechos reales. En ella escribe con entusiasmo acerca de las energías curativas y la eliminación de las energías incompatibles. Los que están atrincherados en el modelo de las medicinas, drogas, cirugía, radiación y quimioterapia como únicas modalidades de tratamiento disponibles para eliminar la enfermedad de nuestra vida rechazarán esta idea.

He participado en el programa de equilibrio energético y he visto que funciona. Permanecer abierto a todas las posibilidades me ha permitido ver un progreso en una conciencia curativa y una conciencia más profunda de bienestar. Creo firmemente que en el universo hay muchas cosas que aún no hemos alcanzado. Liberarte del concepto de enfermedad incurable te permite entrar en el reino de la energía armoniosa, que es lo que quiere decir conciencia espiritual, y comprender que nada en la conciencia de Dios quiere que suframos un daño o una enfermedad. Reconoce tu perfección espiritual y conocerás lo absurdo que es ver algo como imposible.

¿QUÉ ES CURACIÓN?

Cuando alguien está experimentando una enfermedad o un daño, como lo llama san Francisco, de alguna manera se ha desconectado de Dios. La curación espiritual se consigue mediante un proceso de reunificación; es lo que yo llamo comprensión de Dios. No tiene nada que ver con los nombres de las enfermedades, la toma de medicinas o el trabajo de un buen cirujano. Curar es la reunión del yo con el todo. He aludido repetidamente a las enfermedades (así como a la discordia y la falta de armonía) como ilusiones, ya que todo lo que es de Dios es bueno y todo es de Dios. Quiero extenderme sobre este punto mientras examinamos el proceso de curación.

Cuando digo que la enfermedad es una ilusión o algo irreal no pretendo dar a entender que no existe. No te pido que seas tan necio como para creer que lo que existe en ti o en los demás sólo está en tu imaginación. Como nos recuerda Joel Goldsmith en *The Art of Spiritual Healing*:* «Cuando la enfermedad (como la muerte y el pecado) se llama irreal, no es una negación de la llamada existencia de estas cosas: es una negación de su existencia como parte de Dios o realidad. [...] En el reino de lo real, el reino de Dios, las discordancias de sentido no existen. Sin embargo, esto no cambia el hecho de que las suframos. [...] El principio de la sabiduría es la comprensión de que estas condiciones no tienen que existir necesariamente» (pág. 51).

Así pues, la curación no se realiza pidiendo alivio a Dios, sino buscando ese alivio a través de Dios y elevándote al lugar donde te reúnes con él en el campo espiritual de la energía superior, que es donde siempre está Dios. Curarse entonces es elevarse por encima del concepto de lo físico o material y penetrar en la comprensión de Dios, y el término irreal o ilusión se refiere a la irrealidad de la enfermedad en un reino de totalidad y de conciencia espiritual.

* Trad. cast.: *El arte de la curación espiritual*, RCR Ediciones, 1995.

Cuando san Francisco suplica a Dios que le dé poder para poner perdón donde haya daño, está pidiendo reunirse en esta totalidad espiritual y permitir que esa conciencia irradie hacia todos los que viven en el mundo «irreal» de la falta de armonía y la enfermedad. Cuando sabes que tu verdadera esencia es el espíritu y vives allí en tu mente, tu cuerpo está contigo y el resultado, a la larga, será la curación.

Presenciar la curación es un suceso milagroso y tiene lugar a diario en multitud de formas. Una mancha desaparece cuando la curación revitaliza la piel. Los síntomas de un resfriado que persiste de pronto no te afectan; la nariz deja de gotearte, la fiebre baja, el estómago revuelto se calma, el dedo roto se cura. Todas estas «curaciones» no son más que una vuelta a la totalidad. Tus pensamientos tienen mucho que ver con este proceso curativo.

Cuanto más cerca de Dios permaneces, con pensamientos armoniosamente felices, más facilitas que este poder del universo fluya por ti. Tus pensamientos y pautas de baja energía pueden activar una úlcera y también activar la circulación de *chi* para eliminar el desequilibrio. La conexión mente-cuerpo es real, pero la conexión Dios-cuerpo es la esencia de toda curación. Verte conectado con las vibraciones superiores de la energía espiritual y procurar permanecer en ese espacio es ver en acción el principio fundamental de la curación.

Ahora podrías preguntar por qué san Francisco murió de tuberculosis, por qué Jesús murió en una cruz, por qué los santos tienen cáncer y mueren si están en contacto con esta energía superior de la totalidad. Igual que la enfermedad, la muerte es irreal en el sentido de que jamás se ha producido en el reino espiritual. Cuando preguntaron a san Francisco por qué no se curaba a sí mismo la enfermedad terminal que sufría, respondió: «Quiero que todo el mundo sepa que no soy yo quien cura». Para el maestro espiritual, la muerte es irreal, no inexistente, sino irreal. Porque la realidad a nivel espiritual es infinita, nadie nace jamás y nadie muere. La realidad del nivel espiritual es informe, atemporal e ilimitada. Vivir en esa dimensión es vivir en el reino de la totalidad.

Perdonar cuando hay un daño es como reunir el cuerpo con la conciencia de Dios. Cuando esto ocurre, lo que llamamos curación se produce de forma milagrosa. San Agustín lo expresó sucintamente: «Se producen milagros, no en oposición a la naturaleza, sino en oposición a lo que conocemos de la naturaleza». Si sabes que curar no es más que la comprensión de Dios, y abandonas toda idea de que estás separado de esa conciencia, incluido el miedo a la enfermedad y a la muerte, entonces creas el campo de energía apropiado para reunirte con el espíritu. Esto es la curación y san Francisco te pide, a través de su plegaria, que seas un instrumento de este proceso.

¿QUÉ ES UN SANADOR?

En su maravilloso libro *The Physician Within You*, Gladys Taylor McGarey, doctora en medicina, refiere una conversación que tuvo con su hijo, Carl, que acababa de terminar su período como interno y se estaba especializando en cirugía ortopédica. Después de contarle a su madre sus temores por tener en sus manos la vida de otras personas, ella le dijo: «Carl, como cirujano puedes realizar una incisión y suturarla bien, pero no puedes hacer que se cure. Si crees que eres tú el que efectúa la curación tienes derecho a estar asustado. Pero si entiendes que tú eres un canal a través del cual se mueve la curación, y que te pones en contacto con la fuerza curativa que poseen tus pacientes, no tienes nada que temer. Habrás despertado el médico que hay en ellos y les habrás puesto en el camino de su propia curación» (págs. 47-48).

Cuando empieces a vivir tu vida en el plano espiritual descubrirás que tu cuerpo y tu mente se vuelven instrumentos de Dios desde el momento en que eres capaz de crear una especie de conciencia en los enfermos que hará aflorar su capacidad de perdón y de liberación de la enfermedad misma. La curación se produce cuando nos acercamos a nuestro propio poder curativo a través de la fe en nuestra perfección espiritual y del amor incondicional. El sanador no efectúa la curación, sino que hace aparecer el perdón en forma de amor incondicional y la energía más rápida de la conciencia espiritual para centrarse en el daño, al tiempo que pone el proceso en manos de Dios.

Cuando afirmas tu perfección espiritual, pones en marcha la ley universal. Lo haces al abandonar tus dudas y miedos, al dejar a un lado tu pequeño ego y al vivir el principio de la existencia, que es el principio de que los pensamientos se convierten en cosas. Los pensamientos o las condiciones mentales crearon la ilusión de enfermedad como algo separado de lo divino, y tus pensamientos de perfección espiritual permitirán que la fuerza curativa actúe a través de ti en tu yo, así como en los demás.

No estoy hablando de la imposición de manos ni del mundo de lo oculto, sino simplemente de la conciencia de que un sanador ha de ser capaz de aceptar la perfección espiritual de la mente y el cuerpo así como la perfección espiritual de los daños que quiere perdonar. En una palabra, el amor es el poder que cura. Recuerda: lo contrario del amor es el miedo, y creer en el miedo es creer en el segundo poder de la enfermedad. No olvides que: «El amor perfecto arroja de sí todo temor» y que la raíz de toda enfermedad y daño es el miedo; el miedo de estar separado del poder único de Dios.

¿PUEDES SER UN SANADOR?

Cualquiera que entienda que no es más que un canal a través del cual puede fluir el amor espiritual perfecto puede ser un sanador. Cuando estás enfermo te has desconectado de la capacidad de curarte. Has perdido contacto con tu fuente curativa. Hallarás tu capacidad de curación reuniéndote con la fuente. Como sanador permaneces en contacto con el todo, jamás caes en la superstición de la separación, que hace que la enfermedad se apodere de ti. Cuando tocas la enfermedad de otro con la energía del espíritu o la fuente, activas la conexión y facilitas el proceso curativo. En este sentido, sí, eres un sanador, aunque no cures a nadie. Ni siquiera tienes que entender la mecánica de este proceso. Cuando ayudas a otro a ser consciente de la fuente de la que emana la curación, no sólo la facilitas sino que le ayudas a evitar futuras enfermedades.

Estoy convencido de que puedes convertirte en un instrumento de curación elevando tu campo de energía a los niveles espirituales más altos, tal como he descrito en los primeros seis capítulos de este libro. Allí explico que Dios no cura la enfermedad, porque la enfermedad no se acepta como poder separado. En cambio, Dios es el único poder de armonía.

Sé ese poder, habita en él y perdonarás el daño que haya en tu vida y las vidas de los que conoces que viven con la ilusión de la enfermedad. Cree en este poder único. No es un milagro, sino, simplemente, tal como son las cosas. Como lo expresó santo Tomás de Aquino: «Los milagros no son señales para los que creen, sino para los que no creen».

CONSEJOS PARA SEMBRAR PERDÓN DONDE HAYA DAÑO

• Emplea tus pensamientos para mantener tu energía en la curación y no en la enfermedad. Es bastante corriente poner energía en lo que es erróneo y en lo que no se quiere. Pensamientos como: «Este resfriado empeorará», «No se puede hacer nada, hay una epidemia de gripe y todo el mundo la pilla», «Tienes que empeorar antes de mejorar» contribuyen a que se manifieste lo que no quieres. Recuerda: lo que piensas se hace realidad, y esto se aplica también a tu cuerpo y al de los que te rodean. Si piensas en lo que no quieres (la enfermedad), eso es lo que se manifestará.

Cada vez que entres en un campo de energía de enfermedad o daño, recuerda que estás aportando a ese espacio la energía radiante del espíritu. Céntrate en esa energía más rápida, haz un esfuerzo para irradiarla y que te rodee; jamás entres en la energía inferior de la enfermedad.

En una ocasión visité en un hospital de Canadá a un joven que había sufrido un grave accidente de moto y yacía en estado de coma. Varios amigos suyos me pidieron que fuera a visitarle, ya que era un entusiasta de mi obra y no había podido asistir a mi presentación en Toronto debido a que unos días antes había tenido este accidente casi fatal. Camino del aeropuerto, fui a ver a Anthony en la unidad de cuidados intensivos del hospital. Las enfermeras me dijeron que había pocas probabilidades de que sobreviviera. El joven estaba rodeado de energía del daño. Los otros pacientes de la sala sufrían diversos grados de enfermedad. Anthony, de veinticinco años, yacía inconsciente en un lugar donde se le ofrecían pocas esperanzas de curación.

Pasé una hora con él, haciendo esfuerzos por ser un canal por el que pudiera fluir la curación. Permanecí en contacto consciente profundo (a través de la meditación) con Dios y visualicé luz blanca alrededor del joven. Cuando me fui sabía que Anthony se recuperaría. Dieciocho meses más tarde, daba una conferencia en una convención y apareció Anthony. Tenía buen aspecto y nos contó que se había recuperado casi por completo. Cuando, a petición mía, se dirigió al grupo, describió cómo había salido del coma y dijo que las enfermeras le habían hablado de mi visita. Le dijeron que durante mi visita yo había rezado y parecía casi absorto en mi propia felicidad mientras caminaba alrededor de su cama.

Como sabes, ni yo, ni este ego o mi cuerpo tuvo nada que ver con la recuperación de Anthony. Lo único que hice fue aportar conciencia espiritual al daño que él había sufrido y ahora Anthony utiliza su viaje curativo como metáfora para enseñar a otros. Lo único que hice durante mi visita fue permanecer en la pauta de energía más elevada que pude y negarme a dar credibilidad a un segundo poder llamado daño.

• Afronta cualquier experiencia de daño, sea en ti o en otro, con esperanza y la mente puesta en las posibilidades de liberarte de ese daño (perdón). Tus pensamientos deben ser de totalidad para que esto se haga visible en tu cuerpo. Creo que nadie sabe lo suficiente para ser pesimista y cualquiera puede ser curado, incluso los que están en las frecuencias más bajas.

Recuerdo que recibí una carta de una mujer que había caído en la prostitución, era adicta al crack, había perdido mucho peso y era un esqueleto andante. Un día, cuando se hallaba en este punto tan bajo, entró en una farmacia y robó una cinta del expositor de casetes de autoayuda. Resultó ser una de las mías y, por alguna razón, la mujer se fue a su casa y la escuchó.

Cuando la conocí personalmente, accedió a aparecer en un programa de televisión nacional para contar su historia. Describió cómo desde el punto más bajo de su vida empezó a tener vigorosos pensamientos curativos, el mismo tipo de pensamientos que yo había grabado en la cinta. Cada día los escuchaba; poco a poco, esos pensamientos se hicieron suyos y literalmente transformaron su mal en salud. Ahora, cada año recibo una felicitación de Navidad con una fotografía de ella con su esposo y sus dos hijos, junto con una nota en la que me cuenta el éxito continuado de su nuevo negocio.

Cuando superas tu malestar y los pensamientos de imposibilidad o de que algo es incurable y los sustituyes por la energía del espíritu, el mundo material responde y la totalidad sustituye las visiones de fatalidad y separación. Si aplicas este pensamiento de energía superior a la peor de las circunstancias, se te revelará una solución espiritual.

En resumen, piensa siempre que sí, es posible, puedo, lo haré, confío totalmente en Dios, porque todo lo que no es bueno no puede ser real, aunque exista en el mundo material.

• Sé consciente en todo momento de las veces que te encuentras atrapado en la conciencia del ego. Piensa siempre en «nosotros», no en «yo».

Cuando quieras poner perdón donde hay daño, ten en cuenta que la presencia de éste indica que hay separación espiritual. No lo utilices como excusa para sentirte culpable, o débil, sino para recordarte que debes alejarte de esa sensación que tu ego te impone de separación espiritual. En el momento en que emplees la mente para verte conectado al espíritu, descubrirás que sientes más amor, que tienes más confianza y que estás más sereno. Éstas son las señales que le indicarán a tu cuerpo y a cualquier daño que sufras que ahora estás dispuesto a ser un canal por el que pueda circular la fuerza curativa.

• Considera la existencia de daño en los demás como una oportunidad para que tú pongas el perdón en acción. Lo que sigue es una historia real que me envió un lector que hizo, precisamente, lo que aquí sugiero. He introducido algunos cambios sólo para proteger la intimidad de los implicados.

Mis compañeros de trabajo y yo asistimos a una cena en un restaurante familiar de la ciudad. Estábamos en nuestra mesa cuando una camarera nos preguntó si queríamos beber algo. La miré, vi que era una mujer muy guapa y le sonreí. Ella me devolvió la sonrisa y entonces estuve a punto de ahogarme. ¡Tenía los dientes podridos, la mitad le faltaban y los que le quedaban estaban rotos! Ella siguió sonriendo y tomó nota de nuestro pedido mientras yo apartaba la vista de aquel espantoso espectáculo. Cuando se hubo marchado, hice un comentario al respecto y los demás también. Me parecía horrible que aquella mujer tuviera que vivir de aquel modo. No es justo, en especial en la sociedad actual, en la que existen tantos avances en odontología. Después de cenar, no podía dejar de pensar en ella. No tenía ni idea de quién era, no sabía nada de ella, pero sentía la necesidad de ayudarla. No estoy seguro de por qué me sucedía esto, pues cada día vemos a gente necesitada.

Fui a casa y medité, y llegué a la conclusión de que podía ayudar a aquella mujer. No podía pagarle el dentista, pero sabía de muchas organizaciones de nuestra comunidad que prestaban ayuda a personas como ella. En realidad, incluso conocía a gente con quien podía ponerme en contacto. Pensé que ella no sabía a quién acudir. Ahora bien, mi dilema era cómo abordarla y decirle que quería ayudarla, pues no deseaba ofenderla. Decidí entregarle una carta y, si me respondía, actuaría. Le entregué una carta personalmente y, al cabo de cinco minutos, recibí una llamada telefónica de ella. Para abreviar, le prometí que la ayudaría a tener una dentadura nueva sin que le costara nada. ¡Creía que iba a ser sencillo!

Tras ponerme en contacto con United Way (aún no había programas disponibles), el Community Health Department (no disponían de dentista), la Donated Dental Services Organization (había que esperar tres años), The Area Foundation (no había fondos destinados a cuidados dentales), los servicios sociales y programas del gobierno (como ella trabaja a tiempo completo no puede solicitar esos servicios), no podía creerlo, ¡todas las puertas estaban cerradas! Llamé a varios dentistas, que me pedían más de cinco mil dólares para realizar el trabajo. Estaba muy desanimado, pero lo que realmente me molestaba era que le había prometido a aquella mujer una dentadura nueva. ¿Qué iba a hacer?

Salí a comer con mi familia (mamá, papá, hermanos y sus respectivas esposas), les conté lo que había ocurrido y les pedí consejo. Aquella noche todos extendieron un cheque. Entonces, llamé a mi dentista y él se ofreció a donar mil quinientos dólares si yo podía reunir tres mil quinientos. ¡Hecho!

Éste es el artículo que se escribió sobre la mujer; me ha parecido que le gustaría leerlo.

Éste es un ejemplo real de cómo poner perdón en presencia del daño y de conseguir que éste se disuelva. Hay un dicho: «Cuando el estudiante esté preparado, aparecerá el profesor». Lo contrario también es cierto: «Cuando el profesor esté preparado, aparecerán los estudiantes». Cuando vivas en espíritu como maestro del espíritu, buscando una solución espiritual a cada problema, verás que aparecen tus alumnos día tras día y proporcionarás perdón al alejarte del camino de tu ego y dejar que reine el espíritu.

• Sumérgete en la literatura de la curación y no en la del mal. Lee y escucha historias de curaciones milagrosas, sanaciones, energía positiva y la gloria de todo lo que está bien en el mundo. Exponte a expresiones de la gracia de Dios y al potencial de perfección espiritual que tiene el hombre. Te convertirás entonces en un canal de curación. Lee las vidas de los santos y cómo transformaron la vida de aquellos con los que se encontraban, en particular los que sufrían algún daño. Mira películas y programas de televisión que ensalcen las virtudes del hombre y no los defectos e intenciones malignas de la humanidad. Refuerza continuamente en ti la idea de que la humanidad es buena, los enfermos pueden ser curados, los heridos pueden ser perdonados. Existen millones de actos de bondad por cada acto de violencia que hay en el mundo. Haz lo que puedas para reforzar esta verdad.

Un pequeño ejemplo de la manera en que esto puede dar lugar a la curación me llegó en una carta de una mujer de Pottstown, Pensilvania, que acababa de leer un libro que yo había escrito con mi esposa, Marcelene. *A Promise is a Promise* es la historia verdadera de amor incondicional sin igual de Kaye O'Bara, una mujer que se ha ocupado de su hija que ha estado en coma durante más de treinta años, con un espíritu de servicio y generosidad que jamás he conocido. Barbara Binkley me escribió las siguientes palabras, que hablan por sí mismas en el contexto de este capítulo sobre sembrar perdón donde hay daño.

«Estoy leyendo su libro *A Promise is a Promise*. Se trata de un libro increíble, tan lleno de amor y milagros que, después de haber leído una parte, observé que el dolor en el codo izquierdo que me había molestado a diario desde noviembre había desaparecido. Que Dios le bendiga. Barbara J. Binkley.» Qué agradable recordatorio del valor que posee el leer historias estimulantes.

• Ocúpate de los enfermos pero sé indiferente a la enfermedad. No animes al daño proporcionando más amor y atención a la enfermedad. Esto es aplicable tanto a ti como a los demás. Evita darte a ti mismo y a los demás una razón para seguir estando enfermo. No hagas que la enfermedad sea la única ocasión en que prestas atención amorosa. La enfermedad y el amor pueden llegar a asociarse. Cuando una persona, en particular un niño, quiere amor, erróneamente puede pensar que ponerse enfermo es la manera de conseguirlo.

Piensa que la enfermedad misma no es real. No es de Dios, o sea que, hablando en términos espirituales, es irreal. Trátala como tratarías cualquier otra ilusión, como algo que realmente no pertenece a tu conciencia o a la conciencia de los que sufren algún daño. Sé indiferente a la enfermedad misma. Refuerza la idea de que lo real no es la enfermedad y que ésta puede desaparecer cuando comprendes que no la quieres ni la mereces.

Creo que las personas que experimentan grandes dolencias físicas y enfermedad en su vida disfrutan contando continuamente sus males a los demás. Cuando estas personas empiezan a contarme lo orgullosas que están de sus enfermedades, respondo con indiferencia a la enfermedad en sí. «No tienes que vivir con este dolor —sugiero—. Tú eres más fuerte que cualquier enfermedad.» No doy ninguna credibilidad a su dolencia. Lo mismo hago cuando se trata de mi familia o de mí mismo. He observado que en nuestra familia raras veces decimos que estamos cansados, o que notamos que nos ronda algo. Mi esposa y yo hemos enviado a nuestros hijos, de forma natural, el mensaje de que ellos son más fuertes que cualquier proceso de enfermedad. En otras palabras, queremos que nuestro amor se asocie más con la salud, la fuerza y la conciencia espiritual que con la enfermedad, el cansancio o el malestar. Cuando dejas de reforzar las dolencias físicas con el amor, y empleas tu amor para reforzar el perdón, la curación sustituye enseguida a la enfermedad.

• Dirige energía curativa. Una manera de sembrar perdón donde hay daño es contemplarte como diseminador de energía curativa superior. Observa conscientemente tu respiración y percibe tu yo esencial como pura conciencia y energía expresada a través de tu cuerpo y mente. Visualízate poniendo esa conciencia en tu corazón y respirando suavemente en esa conciencia del corazón. Luego, percibe una corriente amorosa de energía que parte de tu corazón y va a cualquier zona dañada física o emocionalmente, de tu cuerpo o de otra persona.

Este proceso de visualización y de dirigir energía puede ser muy poderoso. Eres un sistema de vibraciones superiores y más rápidas en el que la obra de tu mente es el precursor de la realidad material (serás lo que pienses).

Puedes acceder a la energía armoniosa de tu ser a través de tus esfuerzos de visualización y sentir que esa energía fluye hacia la zona afectada o herida y la cura.

Se han escrito muchos libros sobre la asombrosa capacidad de la mente de visualizar y transferir la imagen interior a la realidad material. Los jugadores de baloncesto aprenden a lanzar tiros libres a través de este proceso de visualización, o sea que no es tan difícil utilizar esta técnica para aportar energía curativa a lugares que están heridos o enfermos. Yo practico todo el tiempo esta técnica de la visualización conmigo mismo. He sido capaz de sacar de mi cuerpo un dolor de cabeza dirigiendo energía del *chakra* del corazón a esa zona afectada.

Tú puedes hacerlo si te conviertes en una persona abierta a la idea de que eres capaz de utilizar tus capacidades superiores para recuperar la armonía amorosa natural del cuerpo.

• Mantén cerca la belleza y sentirás el poder curativo del mundo armonioso, relajante y natural de Dios. Experimenta plenamente y disfruta con las flores, las puestas y salidas de sol, las montañas, las playas y la literatura espiritual bella. Cuando necesites curación, te recomiendo que te abras a la experiencia de la música. Y, sobre todo, ten siempre presente las palabras del Peregrino de la Paz: «Curar no siempre significa estar en el lado de la vida. A veces, Dios tiene otros planes para sus hijos; y ambos lados de la vida en realidad son uno solo».

• Abandónate. Sí, eso es, despégate de tus pensamientos de ira, amargura, autocompasión y similares y ama tu cuerpo como el templo que Dios te dio para albergar tu alma en este viaje. El proceso de abandonarte y negarte a albergar pensamientos de enfermedad te proporcionará una energía curativa y reposada, y esa paz será tu recompensa.

• El uso de la palabra «perdón» por parte de san Francisco también podría aplicarse a la voluntad de extender el perdón a todo el que haya podido herirte de alguna manera, no sólo físicamente. Cuanto más vivas en el plano espiritual, menos tendrás que ver con las frecuencias inferiores de la ira, los prejuicios, el miedo y la venganza. San Francisco pide a Dios que le ayude a ser un instrumento del perdón cada vez que se siente herido por la conducta de los demás. La capacidad de extender el perdón se vuelve natural cuando no llevas odio en ti.

Cada vez que sientas que alguien te ha herido, o ha manchado tu reputación, o te ha causado un daño físico, la solución espiritual, por difícil que parezca, es ofrecer perdón. Si te aferras al dolor y buscas la venganza, te quedarás atascado en el dolor y el problema se exacerbará. Un viejo proverbio chino lo expresa mejor que yo: «Si vas a buscar venganza, será mejor que caves dos tumbas». Despréndete de los sentimientos dolorosos con amor y perdón y encontrarás las soluciones espirituales para la mayoría de tus problemas. Déjate ir y déjalo en manos de Dios es un gran consejo, igual que lo es este recordatorio de un capítulo anterior: «Todos tus conflictos con los demás nunca son entre tú y ellos, son entre tú y Dios».

Con esto terminan mis pensamientos y sugerencias para sembrar perdón donde hay daño. Puedes entrar en un espacio de energía espiritual en el que literalmente seas un instrumento o un canal para la curación. Es decir, para curarte a ti mismo de todos los daños percibidos, así como para ayudar a todas las personas con las que te encuentras en la vida que sufren algún daño. En realidad, diré más.

Cuando te conviertas en instrumento del perdón puro, ayudarás a la curación de todo nuestro planeta, ya que todos, individualmente, compartimos la fuerza única de Dios. Como siempre, se trata de un proceso de olvidar tu ego y rendirte a la gracia, que siempre está disponible en forma de perdón. Como lo expresó Ramakrishna en su pregunta retórica: «¿Es fácil recibir la gracia de Dios? Uno debe renunciar completamente al egoísmo; no se puede ver a Dios mientras se siente: yo soy el creador».

10

Que donde haya duda, ponga fe

> Una de las principales funciones de la religión formalizada es proteger a la gente de una experiencia directa de Dios.
>
> C. G. JUNG

A menudo utilizo el ejercicio del mango para ilustrar que la fe es imposible si no se tiene una experiencia directa. Cuando hablo ante un público numeroso, invito a alguien que nunca haya probado un mango a salir para realizar un pequeño experimento. Luego, pido a personas que lo han probado que expliquen al voluntario exactamente el sabor que tiene. Cuando intentan transmitir el sabor de un mango se dan cuenta de lo infructuosos que son sus esfuerzos. La conclusión es que es imposible transmitir esta información con palabras. El voluntario siempre vuelve a su asiento sin saber cómo sabe un mango.

El ejercicio del sabor del mango es análogo a tu capacidad de tener fe donde hay duda. Igual que no puedes conocer el gusto de un mango si no has tenido la experiencia de comerte uno, no puedes conocer la fe si no has tenido una experiencia de Dios. Si confías en el testimonio y las experiencias de otros para tener fe, siempre tendrás alguna duda donde quieres que sólo haya fe. Te hallas en la misma posición que el voluntario que nunca ha probado un mango. Es imposible poner fe en presencia de la duda si no abandonas la idea de conocer a Dios a través de las palabras o experiencias de otros. Debes efectuar un esfuerzo para conocer las frecuencias superiores y más rápidas de la energía espiritual a través de tus propios medios para establecer contacto consciente.

Una vez que conozcas esta conciencia espiritual por ti mismo, ni siquiera acariciarás la posibilidad de la duda. Procurarás vivir cada vez más al nivel espiritual donde en todo momento tienes acceso a este conocimiento. Este conocimiento es lo que yo llamo fe, y no puede sustanciarse o comprobarse mediante fuentes externas. Y cuando conozcas la fe, encontrarás una solución espiritual para cualquier problema que se te presente.

Sustituye la duda por la fe

¿Por qué vas a vivir con dudas sobre tu capacidad de acceder al espíritu en momentos de preocupación o en presencia de problemas? La respuesta reside en comprender la diferencia entre lo que crees y lo que sabes.

Las creencias derivan de la experiencia y del testimonio de otros que, de un modo u otro, han intentado persuadirte de sus verdades. Toda tu formación religiosa institucional, los libros santos y los dogmas teológicos pueden ser válidos y extremadamente rotundos; no obstante, suelen ser presentados como la verdad para todos, incluido tú. La presión para que creyeras puede haber sido casi insoportable si te asignaron esas creencias al nacer y creciste con ellas. No estoy diciendo que la formación religiosa sea mala. Sin embargo, creo que cualquier método de condicionamiento a aceptar creencias sobre Dios crea dudas, porque las creencias no vienen del contacto consciente o de la experiencia directa de Dios. Para crear un conocimiento que te dé fe debes tener una experiencia directa de Dios.

Tienes fe en que puedes montar en bicicleta no por el testimonio o la experiencia de otros, sino porque has hecho contacto consciente con el acto de montar en bicicleta. Tu experiencia te ha proporcionado la fe en esta empresa. No es por ninguna prueba que te hayan presentado demostrando la existencia de leyes del equilibrio o porque otros te hayan persuadido de que el equilibrio es una posibilidad para ti, ni siquiera porque haya otra persona cerca de ti montando en bicicleta. Tu conocimiento por la experiencia directa y nada más es lo que te da esa fe.

Lo mismo ocurre con todo conocimiento, incluido el conocimiento de Dios. Debes abandonar tus temores y crear en tu vida un lugar en el que seas independiente de las influencias externas, que te permita ascender la escala de la energía y entrar en contacto directo con estas frecuencias superiores y más rápidas a las que en este libro llamamos conciencia espiritual. Cuando vivas en ellas y respires la energía de la comprensión de Dios tendrás esa fe que nunca puede perderse, y lo conseguirás ahuyentando los temores que surgen al tomar la decisión de tener esta experiencia directa, independiente de las opiniones de las fuerzas externas que han sido tan poderosas en tu vida.

Cuando alejas tus temores, encuentras tu naturaleza divina, la cual te devuelve al estado equilibrado de cuerpo y mente en perfecta armonía y libre de problemas. El miedo y la fe no pueden vivir en armonía en el mismo espacio, igual que no pueden hacerlo el amor y el odio, o la paz y el caos.

Tal vez recuerdes que anteriormente, en este libro, he sugerido que los seres humanos sólo tenemos un problema del que derivan todos los subproblemas. Este problema único es la creencia de que estamos separados de Dios. A partir de este sentimiento de estar separados creamos todos nuestros miedos, que alimentan la duda. ¿Tendrías miedo si supieras (sin lugar a dudas) que Dios es tu yo real? ¿Tendrías miedo si supieras que Dios se expresa como tú y que nunca puedes estar separado de él? Evidentemente, el miedo sería imposible.

Recuerda: el mal no puede existir y no existe en el bien omnipresente. Todo es producto de tu mente, un error que ha de corregirse. En *A Course in Miracles* se nos recuerda que sólo hay dos emociones: el amor y el miedo. Cuando tienes miedo, experimentas problemas. Cuando eliminas el miedo y lo sustituyes por amor, los problemas se disuelven allí donde los experimentas, es decir, en tus pensamientos. En las Escrituras se nos recuerda: «El amor perfecto arroja de sí todos los temores». En otras palabras, tú sabes que nunca puedes estar separado de tu yo real, que es Dios.

El miedo produce ciertos cambios en el cuerpo a través de un proceso químico. También cambia el mundo exterior. Por ejemplo, la madre Teresa dirigía los temores de los enfermos y los sin hogar. Le dijo a un amigo mío que le preguntó qué podía hacer por ella: «Levántate a las cuatro de la madrugada y sal a las calles de Phoenix, busca a alguien que viva allí que crea que está solo y convéncele de que no lo está».

Los que viven en la miseria y han perdido su camino, que están destrozados por las adicciones y la falta de esperanzas, creen que están solos. Aparentemente han perdido su alma y tienen que encontrar una base espiritual. Esta base es el amor, que es el único poder permanente del universo. Es el ingrediente primordial de la curación y la armonía. Si reconoces y comprendes el poder del amor sobre todas las cosas, tú y los demás seréis devueltos a un lugar donde no existe el miedo. Haz una lista de todos tus problemas y examínala para ver si encuentras alguno que no esté arraigado en el miedo de estar separado del espíritu.

La próxima vez que experimentes miedo, piensa que formas parte de este amor perfecto y observa lo que ocurre dentro de ti, donde residía el miedo. El amor sustituirá al miedo. Así empezarás a poner fe donde hay duda: mediante el sencillo acto de reconocer ante ti mismo tu capacidad de poner amor, en cualquier momento, donde te sentías separado de tu origen.

He utilizado esta técnica cuando me he encontrado en una situación de fuerte desacuerdo con mi esposa. Cuando me he sentido exasperado defendiendo mi postura, ya que ella se esfuerza con igual tesón por defender la suya, he podido pararme y comprender que me sentía dolido a causa de una especie de miedo de estar solo en la discusión. En una fracción de segundo soy capaz de hacer desaparecer ese temor y alejarme de mi ego. Sé que nunca estoy solo y que el amor arrojará de mí todo miedo y todo sentimiento de dolor. San Francisco nos anima a poner fe donde hay duda para hacer así que ésta desaparezca.

TENER ESE CONOCIMIENTO

Rabindranath Tagore, el brillante poeta indio, dijo en una ocasión: «La fe es el pájaro que canta cuando aún no ha amanecido». Es la certeza de que en cualquier momento de oscuridad puede hacerse la luz. Nadie puede obligarte a tener esta fe que, igual que el amor, no puede forzarse. Cuando fuerzas el amor, creas resistencia e incluso odio. Tratar de obligarse a uno mismo a tener fe con frecuencia desemboca en la duda y la incredulidad. Si no estás preparado, por mucho que te esfuerces no verás la luz en la oscuridad. Pero si lo estás, conocerás la fe independientemente de lo que te parezca. Te contaré cómo llegué a tener este conocimiento que de una vez por todas eliminó mis dudas.

En una ocasión oí una historia que me pareció que tenía sentido. A partir de aquel momento sustituí todas mis dudas por la fe. Hubo una época en que cuestioné muy en serio la existencia de Dios y la solución espiritual a los problemas. Era una persona agnóstica y pragmática que creía que si no podía ver las cosas, tocarlas, sentirlas u olerlas no existían. Esta historia pareció aclarármelo todo. Era una historia sencilla que destaca lo absurdo de un universo que funciona a la perfección sin una inteligencia fundamental.

Imagínate un vertedero lleno de millones de piezas de desecho, alambres, trozos de metal, neumáticos, cojines, maquinaria eléctrica, tornillos, cristales, asientos de retrete y todo lo imaginable. De pronto, sopla un fuerte viento y los escombros se elevan en el aire, chocando unos con otros. Luego, la fuerza del viento amaina y donde antes había un montón de escombros ahora hay un avión Boeing 747 listo para volar. Por casualidad, todas las piezas se han unido y formado un avión perfecto.

Cuando pensaba en lo absurdo que era recordé que en otro tiempo yo había recurrido a lo mismo para explicar el universo, con sus millones y millones de componentes que llegaron e interactuaron con total simetría. Todo se había formado por pura casualidad. Repasé mi punto de vista para añadir el dato de que allí tenía que haber una energía creativa.

Todos formamos parte de un sistema inteligente. Existe una fuerza, un poder, una conciencia que creó y apoya este sistema. Esa fuerza es omnipresente y, por lo tanto, está en ti. Tu cuerpo es una parte de este sistema, y también es un sistema de partes perfectamente coordinadas. Aunque pueda parecer aleatorio y no inteligente, suponer que es accidental es el colmo de la arrogancia y la ingenuidad. Es tan improbable que sople el viento y accidentalmente reúna varios millones de piezas de desecho y cree un

Boeing como que una fuerza cree accidentalmente este sistema inteligente del que todos formamos parte y que posee millones y millones de partes en movimiento. Esta sencilla historia me ayudó a comprender que existe una inteligencia que recibe muchos nombres, pero que esencialmente consta de cooperación, armonía, paz o amor, que es el origen de todo.

Cuando estamos en la energía de la cooperación, la armonía o la paz estamos conectados a esta fuerza a la que llamo espíritu o Dios. Sé que puedo entregar mi vida a esta fuerza en cualquier momento. Cuando observo que he permitido que mis pensamientos se aparten de este poder creativo, invito al amor a sustituir la ilusión de un problema. Otra manera de expresarlo es: pongo fe donde hay duda, y la duda se disuelve. El viejo proverbio irlandés lo dice: «El miedo llamó a la puerta, la fe abrió y no había nadie».

CONTROLA TU DESTINO A TRAVÉS DE LA FE

Tener fe para anular la duda es una manera de hacerte cargo de tu vida, ya que no sólo erradicas los miedos, sino que sabes que, en el momento en que creas que necesitas ayuda, tienes acceso a una fuerza creativa superior. Cuando te pones en contacto consciente con esta fuerza espiritual conoces algo que no puede ser destruido, que jamás nació, jamás muere, siempre está presente y no tiene forma ni límites. No necesitas la aprobación o la aceptación de nadie. No es necesario que discutas con otros la presencia de esta fuente espiritual universal de toda vida. No estás en ninguna competición. Es tuya. Según Carl Jung, la relación que una persona tiene con el infinito es el aspecto fundamental de la vida de una persona. Descubre qué clase de relación tienes con el infinito.

Siempre tengo la impresión de que mi fe es un asunto muy privado. También sé que cualquier intento de discutir con los demás los relativos méritos de mi fe en un poder espiritual superior no sólo es una pérdida de tiempo, sino que me aparta del espíritu y me acerca al mundo del ego. En el momento en que siento la necesidad de defender mi fe o discutir sobre ella, entro en el terreno de la necesidad de tener razón. Al instante me asaltan las dudas y la incapacidad de acceder a la conciencia espiritual. Recuerda una cosa: «El espíritu da vida. La carne no cuenta para nada». Al permanecer calladamente en una energía espiritual del conocimiento ocurre lo siguiente:

1) Aporto la misma energía del amor y la paz a mi situación del momento.

2) Aplico una solución espiritual.

3) Pongo fe en el espacio donde antes reinaba la duda de la conciencia del ego.

La fe es un camino interior y una forma de sentir que tienes el control de tu vida en todo momento. Una vez que te has puesto en contacto consciente y tienes una experiencia directa de Dios puedes emplear este conocimiento en cualquier momento. No se trata de una creencia que has adquirido en virtud de tu nacimiento, es un conocimiento que te pertenece en virtud de tu compromiso con una energía espiritual superior. Cuando te enfrentas con un problema puedes volver a esta fe, aun cuando parezca que se agrava y roza lo insoportable. Como lo expresó el rey David: «Aunque camine por el valle de las sombras de la muerte, nada temeré, pues Tú estás conmigo».

No hay nada peor que «el valle de las sombras de la muerte», y sin embargo el mensaje espiritual es evidente. Ten fe, y la fe sustituirá al miedo. Al poner fe donde haya duda entrarás en un campo de energía de vibración superior y más rápida.

Personalmente, hablando con el corazón en la mano, sé que nunca estoy solo. Sé que siempre dispongo de la guía divina. Y esta certeza es lo único en lo que siempre puedo confiar para aliviar mi dolor. A continuación doy unas sugerencias que creo te serán útiles para que tengas fe en los momentos de lucha o duda.

SUGERENCIAS PARA PONER FE DONDE HAY DUDA

— Nunca me cansaré de recordar la importancia de la meditación. A través de ella uno puede ponerse en contacto consciente con Dios y eliminar la duda.

La meditación es una práctica exquisita para reducir el estrés, aliviar la fatiga, nutrir el alma y tener una sensación general de bienestar. Sin embargo, el principal mérito de la meditación es que permite tener contacto consciente con Dios y tener fe en que esa presencia divina está disponible en todo momento. Esta certeza disuelve todas las dudas que puedas tener y te libera de las que otros puedan dirigir hacia ti. Esto es lo que constituye la fe.

Me parece imperativo reiterar el papel de la meditación para crear fe. Dios es indivisible, es el único poder, el origen de toda vida. Dios está donde tú estás, es omnipresente, omnipotente y omnisciente. Dios no sólo es todas esas cosas, sino que lo es siempre, aquí, en el momento presente. El ahora, igual que el cero en matemáticas, no se puede dividir. El equivalente de esta unidad indivisible en tu vida personal es el silencio. No puedes dividir el silencio por la mitad porque sólo hay un silencio, indivisible. Meditar y practicar este silencio a diario te permite conocer a Dios, en lugar de saber algo de Dios. Esta experiencia directa, alcanzada al hacer callar la mente, te proporciona un grado de fe inmune a las dudas o los miedos, tuyos o de los demás. Éste es el valor de la meditación: crear una fe que borra todas las dudas. Las personas verdaderamente iluminadas y sobresalientes de nuestro mundo tienen un compañero espiritual constante, Dios, cuya voz es la voz del silencio.

Hay muchos programas de formación destacados, libros y cintas disponibles para enseñarte las técnicas de la meditación. También he hablado de meditación y dado sugerencias específicas para meditar en varios de mis libros anteriores, entre ellos *Manifest Your Destiny*, *Tus zonas sagradas*, *Real Magic* y *You'll See It When You Believe It*.

— Confía en lo desconocido. Por lo desconocido me refiero a lo que es impermeable a nuestros sentidos. Como seres físicos encarnados tendemos a confiar en nuestros sentidos para determinar lo que es real. Tendemos a creer que aquello que no podemos ver, tocar, probar, sentir u oler no existe. La fe implica ir más allá de los sentidos para depositar nuestra confianza en la conciencia espiritual, aun cuando es una frecuencia que vibra tan deprisa que trasciende las capacidades de nuestros cinco sentidos.

Cuando empecé a escribir tenía una fe absoluta en que publicaría. Mi fe se mantuvo siempre intacta, aun cuando oía a otros que me hablaban de sus intentos fallidos o a los expertos manifestar sus dudas sobre las posibilidades de que una editorial importante publicara a un autor novel. Como joven profesor universitario, anuncié a mis clases que mi libro se publicaría e incluso qué medios de comunicación visitaría. Hice esto y mucho más por la confianza que tenía en lo desconocido, que era un ardiente deseo de transformar una idea en una realidad física. Este tipo de confianza en lo desconocido es como un imán invisible e invencible que atrae todo lo que desea y espera fervientemente. Es confiar en lo desconocido.

Desarrolla la confianza a pesar de la ausencia de pruebas físicas tal como las perciben tus sentidos. Sean cuales sean las circunstancias u obstáculos, una vez que esbozas el sueño, el camino se despeja y el universo responde y trabaja contigo para convertir esa idea en una realidad física. A mí siempre me ha funcionado.

De niño ensayaba cómo hablaría en los programas de televisión. Cuando estudiaba en la universidad, escuchaba a aburridos profesores que declamaban el mismo material anticuado y yo me visualizaba dando conferencias animadas, divertidas, entretenidas e informativas ante grandes públicos de todo el mundo. Cuando estuve en hogares adoptivos, en la armada y en la universidad no tenía nada más que un sueño. Si tienes fe en tus sueños y te aferras a ellos, apagarás el fuego de la duda con la fe en tu idea. Ten por seguro que lo desconocido se puede conocer y que es muchísimo mayor que lo conocido. O, como dice un proverbio budista: «Si estás en la dirección correcta, lo único que has de hacer es seguir andando».

— Desarrolla una plegaria privada que te ponga en comunión con Dios. El propósito de la plegaria, como he dicho antes, no es influir en Dios para que te conceda favores especiales, sino recordarte a ti mismo que siempre estás unido a Dios. Soren Kierkegaard, el famoso teólogo danés, lo expresó así: «La plegaria no cambia a Dios, pero cambia al que reza». Lo que cambia con la plegaria es la duda, que desaparece mediante la fe.

Yo utilizo la plegaria para recordarme la presencia del silencioso morador que llevo dentro y para comulgar con esa frecuencia superior y más rápida que es el origen de mi existencia. Jamás pido a Dios favores especiales, que me conceda mis deseos, que resuelva mis problemas, que cure a mis amigos. Jamás trato de influir en Dios en modo alguno. La presencia de todos los problemas y trastornos de la vida se debe al hecho de aceptar el mundo material como una realidad más elevada que el mundo del espíritu. Cuando rezo hago de este mundo infinito del espíritu el centro del momento, confío en esta presencia y abandono las insignificantes demandas de mi ego. Al instante me hallo en un mundo de paz y tranquilidad. Aspiro al consejo de san Francisco: «Cuando rezamos a Dios, no debemos buscar nada; nada».

La plegaria privada es una reconexión con la conciencia espiritual; con Dios. Reza en los momentos buenos y en los momentos malos, cuando sientas la presencia de un problema o cuando te sientas en paz. Rezar te hace comulgar con las vibraciones espirituales más rápidas cuya esencia es el amor, la paz, la bondad y el perdón. Jalil Gibran lo expresa así: «Rezas en la desgracia y en la necesidad; hazlo también en la plenitud de tu alegría y en tus días de abundancia». Este tipo de comunión con Dios te proporcionará una fe indestructible que puedes presentar ante cualquier duda que tengas en tu vida.

— Afirma tu fe, no tu duda. La fe es la confianza absoluta en el poder y la bondad del espíritu y en que siempre estás unido a esta bondad. Cuando afirmas que las cosas tal vez no salgan bien, que seguirás teniendo problemas, que tus problemas son insolubles, que Dios no te ha escuchado o que estás indefenso frente a tantas dificultades estás afirmando la duda y no la fe. La capacidad de conocer la fe y afirmarla permite que se manifieste en tu vida.

Cuando Jesús habló (a través de san Juan 14:27), dijo: «Mi paz os doy». Esto es una afirmación de fe. Sin duda alguna no estaba sugiriendo que la paz es difícil de conseguir y que debes luchar para conseguirla. Jesús trajo la paz a todo el mundo afirmándola. Asimismo, en su labor como sanador, jamás actuó con una actitud de prepotencia. En cambio, él declaraba: «Estás curado», afirmando la fe al nivel espiritual más elevado, donde tenía lugar la curación.

Tú también has de aprender a afirmar tu fe frente a la duda pensando que las cosas saldrán bien, mejorarán. Piensa, escribe y expresa en voz alta afirmaciones como éstas: «Intento crear prosperidad»; «Haré todo lo necesario para erradicar este problema»; «Sé que no estoy solo y tengo fe en que todo es para bien»; «No gasto energía en los problemas porque sé que todo está en el orden divino»; «Consultaré con Dios y sé que me guiará para que haga lo más apropiado». Todo esto son afirmaciones de fe, que, cuando las practiques, a la larga te darán una solución espiritual a cualquier problema.

— Niégate a pensar en los problemas de tu vida. Haz un esfuerzo para no albergar en tus pensamientos ningún problema durante más de unos segundos. Cuando te des cuenta de que estás pensando en un problema, considera las diversas alternativas y, luego, acude a Dios en silencio y, literalmente, entrégate a esta energía espiritual superior.

Al rendirte, creas un campo de energía receptivo a la aparición de una solución. Si no dejas de volver al problema con tus pensamientos, considéralo y, luego, déjalo ir. En ese instante la respuesta se hará clara. Recibirás tu solución junto con la certeza de que tienes capacidad para resolverlo. Tal vez te preguntes por qué no lo habías visto antes, cuando ahora está tan claro.

Esa nueva claridad es el resultado de no abrumar tu mente pensando en el problema. La claridad también se debe a que estás dispuesto a decirte a ti mismo: «No sé qué hacer en este caso, pero estoy dispuesto a dejarlo ir con la certeza de que su solución descansa en las manos del poder único, que todo lo sabe».

Al leer esto, tal vez pienses que es más fácil decirlo que hacerlo, porque estás convencido de que no puedes desconectar de tus pensamientos y dejar de pensar en algo que realmente te preocupa. Creo que este tipo de pensamiento, que con toda probabilidad es lo que has practicado durante toda tu vida, es lo que te mantiene anclado en una vida plagada de problemas. En realidad, puedes desarrollar un nuevo tipo de diálogo interior que te ayude a entregar a Dios los problemas que tienes en tu mente. Una razón por la que quizá te resulte difícil es porque crees que tú y tu pequeño ego es lo único que tienes para resolver los problemas y que entregar éstos a Dios es una forma de escabullirse. Pero recuerda: «Serás lo que pienses», y una mente que está centrada exclusivamente en los problemas fomentará esos problemas y lo único que conseguirá será hacer que sigan manifestándose. Al negarte a seguir pensando en un problema y dejarlo en manos de Dios estás permitiendo que la divina conciencia del amor y la paz fluya hacia ti. Esta conciencia espiritual aporta la solución a los problemas sobre los que piensas una y otra vez.

Como sabes, los problemas son ilusiones. Cuando decides que es inútil tratar de resolver cualquier problema por ti mismo, que no eres lo bastante grande, que no sabes lo suficiente y no puedes comprender las enormes fuerzas que operan en el universo sobre el que no posees ningún control, entonces puedes cooperar con la fuente universal a la que siempre estás conectado.

— Emplea el poder de la plegaria para poner fe en un mundo de duda para otros que están sufriendo. Lo que sigue es una historia que recibí por correo referente a los esfuerzos de un grupo de gente por usar la plegaria colectiva para curar a una mujer a la que se le había diagnosticado un cáncer de ovarios en fase terminal. La reproduzco tal como la recibí; sólo he cambiado los nombres para proteger la intimidad de los implicados.

Asistía a mi reunión semanal de los *boy scouts* con mi hijo y, mientras los padres estaban visitando el recinto, Sarah nos contó que le habían diagnosticado un cáncer de ovarios y que los médicos le daban menos de un año de vida. Se encontraba ya en la fase cuatro, que es muy grave. Le sugirieron la quimioterapia sólo para darle unos meses más de vida. Esto fue en marzo de 1999. Se echó a llorar y yo traté de consolarla. No conocía a Sarah más que de verla en las reuniones. Aquella noche se creó un vínculo entre nosotras y pensé que tenía que hacer algo.

Tras meditarlo muchas veces, decidí que una «curación con las manos» sería un regalo perfecto. Sólo conocía esta técnica de oídas y no estaba segura de por dónde empezar. Me puse en contacto con su esposo, que me dio una lista de su familia y parientes junto con los nombres de amigos. Organicé una reunión con algunos amigos íntimos, familiares y tres pastores de nuestra iglesia que vinieron para ayudar. Después de varias reuniones, acordamos una fecha, un lugar, una hora, enviamos participaciones, etcétera. Para abreviar, llenamos la iglesia de amigos, parientes, etcétera, y todo el mundo contribuyó con bebidas, plegarias, música, compañerismo, etcétera. La velada fue perfecta. ¡El poder de la plegaria era evidente!

Después de aquella velada, me fui a casa sintiéndome muy bien por lo que habíamos hecho, pero no tenía muchas esperanzas. El cáncer de Sarah estaba muy avanzado. Visité a algunos de los médicos que la estaban tratando (son amigos de nuestra familia) y me dijeron que la mayoría de la gente que tiene este tipo de cáncer muere y que estaban haciendo todo lo posible para que sufriera lo menos posible durante los tratamientos y el tiempo que le quedaba.

Después de aquel día no hablé casi con ella. Un día recibí una postal de ella y daba la impresión de que se estaba despidiendo de todos. En enero de 2000, sus tratamientos de quimioterapia terminaron y ya no se podía hacer nada más. La operaron para determinar el estado de sus ovarios y descubrir hasta dónde se había extendido el cáncer o si podrían impedir que avanzara. Para su asombro, ¡descubrieron que el cáncer había desaparecido! No había señales de cáncer en ningún sitio. ¡Era un milagro! Aún no me he recuperado de la impresión. ¿La plegaria tiene algún poder? ¿Qué cree usted?

Ya sabes lo que creo. La plegaria es energía. Energía espiritual. Con Dios, todo es posible.

— En la medida en que te sea posible, haz que la plegaria sea un asunto privado entre tú y Dios. La inclinación a proclamar tus opiniones y hacer que los demás piensen igual que tú invita al ego a entrar en un área en la que sólo el espíritu puede triunfar. En el momento en que intentas persuadir a otros de que tu forma de pensar es la correcta interrumpes el proceso de fe y manifestación. ¿Por qué? Porque ahora necesitas explicar y defenderte. Tienes la necesidad de tener razón y hacer ver a los otros que están equivocados. Disminuyes la vibración de tu energía a las frecuencias del conflicto, la ira, el resentimiento, el miedo y similares, todo lo cual aflora cuando invitas al ego a entrar en tu fe. Es «el espíritu que da vida, la carne no cuenta para nada». Mantente en el espíritu y deja fuera la carne.

Al comulgar en privado con Dios y enviar amor a los que tienen un punto de vista diferente tú permaneces en la fe. Esa sola energía te mantendrá en paz y, al mismo tiempo, te permitirá irradiar paz. Mantén tu fe entre tú y Dios y con ello contribuirás más a eliminar las dudas que discutiendo y tratando de convertir a los demás.

— Dale el mérito a Dios. Cuando la gente me felicita por mis libros y cintas y me alaba por lo que consigo siempre doy las gracias con cortesía, pero en el fondo sé que el mérito no es mío. Dios escribe todos los libros, crea todas las cintas, pinta todos los cuadros, diseña todos los edificios y construye todos los puentes. Todas las cosas las hace la mente universal a la que llamamos Dios. Yo soy un simple instrumento de esta conciencia mayor a la que siempre estoy unido. Cuando me desprendo de mi vanidad y mentalmente me niego a asumir el mérito, todo parece fluir. Sintonizo con algo que no puedo ver ni tocar, y mis dedos se mueven con la pluma en la mano para crear símbolos en un bloc. En el escenario, mis cuerdas vocales se mueven y salen las palabras, pero no sé de dónde proceden. A menudo digo a mi esposa que el tiempo parece no tener ningún significado cuando estoy verdaderamente inspirado (en espíritu) y escribo o hablo. Las horas vuelan como si el tiempo no existiera. Todo fluye y sé que es así porque he despertado unas fuerzas que antes estaban dormidas. Con Dios no existe el tiempo.

Igual que una fuerza invisible hace circular la sangre por mi cuerpo para que mi corazón palpite y bombee, esa misma fuerza hace afluir las palabras a mi pluma. Esto me sobrecoge. Me llena de confianza. Sé que nunca me abandonará. Sé que nunca puedo separarme de ello. Somos eternos y el mérito de mis logros no es de mi ego. Es de la fe que pongo ante cualquier duda que mi ego pueda provocar, y cuando lo hago el tiempo se detiene y todo es perfecto.

— Respira a Dios. Puede que esto te suene raro, pero tu respiración es una herramienta muy útil para poner fe frente a la duda. Cuando tengas alguna duda, sigue conscientemente tu respiración. Inspira profundamente y contén el aliento. Luego, cuando espires, observa y sé consciente de esta cosa asombrosa a la que llamamos respiración. Unos momentos de respiración profunda y consciente me devuelven la fe en la fuerza invisible que siempre está ahí para hacer que la vida fluya. Inspirar, espirar, como un latido del corazón, como las olas del océano frente a mi casa, moviéndose incesantemente, dentro, fuera. Utiliza la respiración para conectarte con Dios, en particular cuando te sientas desconectado porque experimentas la ilusión de un problema en tu mente. Es relajante, calmante y nutritivo ser consciente de la respiración. Es una manera útil de sembrar fe donde hay duda o problemas.

— Recuerda que un placebo es un ejemplo perfecto de cómo funciona la fe. Te tomas una píldora de azúcar creyendo que contiene el elixir mágico para curar tu tumor, bajarte la presión sanguínea o estimularte sexualmente, y es tu fe, no la píldora de azúcar, lo que hace que tu cuerpo cree la armonía que deseas. Esta misma clase de fe en la energía de Dios puede traer paz y armonía a tu vida; de ti depende que así sea.

William Blake escribió una vez esta frase, que resume este capítulo y la petición de san Francisco de sembrar fe donde haya duda: «Si el sol y la luna alguna vez dudaran, inmediatamente desaparecerían».

El sol y la luna, como cada una de las creaciones de Dios, sobreviven y lucen por la fe, y sólo la fe, de que no podemos desaparecer.

11

Que donde haya desesperación, ponga esperanza

> Compara el sereno y sencillo esplendor de un capullo de rosa con las tensiones de tu vida. La rosa tiene un don que tú no posees: está totalmente satisfecha de ser ella misma. No ha sido programada desde su nacimiento, como tú, para estar insatisfecha consigo misma, por eso no tiene la menor necesidad de ser otra cosa más que lo que es. Por eso posee la gracia natural y la ausencia de conflicto interior que entre los humanos sólo se encuentra en los niños pequeños y los místicos.
>
> ANTHONY DEMELLO, *The Way To Love*

Qué es la esperanza sino un sentimiento de optimismo, un pensamiento que dice que las cosas mejorarán, que no siempre serán tristes, que hay una manera de superar las circunstancias presentes. La esperanza es la conciencia de que no sufrirás eternamente y de que de alguna manera, en algún lugar, existe un remedio para la desesperación y lo encontrarás si mantienes esta actitud. Cuando decimos esta frase de la plegaria de san Francisco, pedimos fuerzas para dar esperanza a quien está desesperado y también a nosotros mismos. Pues en presencia de una visión esperanzada la desesperación y el sufrimiento no retendrán nuestra atención.

La desesperación es una actitud que se experimenta en la mente. Es una manera de mirar una situación de la vida y sentir que no hay esperanza alguna. No hay desesperación en el mundo. No puedes traer a casa un cubo lleno de desesperación; sólo hay personas que tienen pensamientos desesperados. Es fundamental que comprendamos esto. En tu vida y en la de los demás puede haber muchas circunstancias deplorables, sin embargo, en sí mismas no son más que circunstancias. La desesperación misma es un proceso mental que se apodera de ti y te hace ver que una situación es espantosa. Cuando reconoces que la desesperación es una actitud mental inicias el proceso de poner esperanza en esa imagen de desesperanza que se ha formado en tu interior y de disolverla.

Es imposible que la esperanza y la desesperación existan simultáneamente; la una elimina a la otra. A menudo la desesperación anula a la esperanza. En esta frase de la plegaria de san Francisco, pedimos fuerzas para invertir este proceso y borrar la desesperación con una visión de la esperanza. Si lo piensas, verás que la esperanza no es más que un pensamiento o una visión.

PASA DEL PESIMISMO AL OPTIMISMO

Es importante que recuerdes que la energía tiene una frecuencia. En la frecuencia de la desesperación, la energía es baja y te sientes deprimido o alterado. «Hoy estoy depre»; con esta frase describes la desesperación que sientes cuando tu energía está en estas bajas frecuencias. Mientras permanezcas en esa frecuencia reducida seguirás atrayendo ese tipo de energía. Las personas que viven en un estado constante de desesperación jamás experimentan las frecuencias más rápidas y más elevadas que conducen a la energía espiritual. En cambio, alimentan su energía baja y lenta procesando casi todos los acontecimientos desde un punto de vista pesimista. Si te identificas con «La vida es difícil», esto es precisamente lo que vas a experimentar. Como siempre, la ley central del universo es: «Serás lo que pienses».

Si repasas el capítulo 1 observarás que un ingrediente básico de la energía espiritual es la alegría, una visión de la vida esperanzada y optimista. Si estás en esta energía superior del optimismo es probable que digas: «Hoy estoy realmente animado». La presencia de una vibración elevada anula la ilusión del pesimismo. De nuevo, recuerda que todo lo que Dios creó es bueno, y Dios lo creó todo; por lo tanto, la desesperación o el pesimismo son creaciones de tu mente debidas a tu creencia de que estás separado de Dios. En muchos aspectos, nuestra aflicción es un alejamiento de Dios. Pon optimismo donde resida el pesimismo que, por supuesto, se encuentra sólo en nuestra cabeza, aportando la energía de la conciencia de Dios.

La solución espiritual a la desesperación es: 1) elevar tu energía poniéndote en contacto consciente con Dios y confiando en ese contacto, con lo que se disolverán las imágenes de negatividad y pesimismo, y 2) irradiar esta energía superior hacia los demás que creen y, por tanto, viven en callada desesperación. Sólo estando en presencia de tu energía superior más rápida puedes influir en los demás con tu espíritu de esperanza y alegría. En realidad, te conviertes en un faro de esperanza, mostrando el camino para desprenderte del apego a la tristeza y a la desesperación. Al elevar tu energía, haces que sea imposible que los que te rodean se aferren a la falsa idea de que están separados de todo lo bueno, es decir, de Dios.

ROMPE LOS VÍNCULOS CON LA TRISTEZA Y LA DESESPERACIÓN

Parece absurdo decir que alguien quiera estar apegado a su tristeza, y sin embargo es así. Un largo proceso de condicionamiento a sentir que la vida es injusta, que otro es responsable de mis penas, que nadie realmente me entiende, conduce, inevitablemente, a pensamientos continuos de desesperación. Aferrarse a estas ideas mantiene a la persona anclada en la autocompasión, que a la larga se convierte en odio hacia sí mismo. La razón para mantener esta situación es que el individuo no tiene que correr el riesgo de aceptar la responsabilidad de su tristeza, o de cambiar pautas de vida. Es un puerto seguro que permite sufrir con comodidad.

Es extremadamente corriente que la gente construya su vida con la idea equivocada de que sin ciertas cosas o sin ciertas personas no pueden ser felices o libres. Es casi como si estuvieran programados para ser infelices. O sea que su actitud es: sin mis cosas, sin una persona en particular, sin dinero, sin amistad estoy destinado a estar triste. Así se condicionan a creer que la escasez es una excusa para la desesperación. Todos hemos asumido en cierta medida estas creencias, y, en consecuencia, hemos desarrollado diversos grados de apego. Aquí es donde se origina la desesperación, porque justificamos la tristeza por lo que nos falta o quien nos falta. En realidad, experimentamos éxtasis cuando alcanzamos un objeto, ansiedad cuando lo estamos perdiendo y desesperación cuando lo perdemos.

Con el fin de superar este ciclo de apego debemos recordarnos la diferencia entre nuestro ego y nuestro yo superior. La voz del ego siempre está impaciente por dominar con pensamientos como: «Soy lo que tengo, lo que hago y lo que los demás piensan de mí». Si puedes permanecer callado el rato suficiente, la voz de Dios penetrará en ti con mensajes como: «Ninguna de estas cosas te aportará felicidad, sólo son ilusiones, yo soy tu única fuente de paz. Habla tu yo superior, esto es la solución espiritual a todos los problemas relacionados con los apegos».

Para ser auténticamente feliz sólo tienes que hacer una cosa, que es desprogramarte y deshacerte de forma permanente de tu apego a diferentes circunstancias y cosas de baja energía. Ahora recuerda, el apego no es un hecho, es una fantasía que hay en tu cabeza y que tú has llegado a creer que es real. Es posible vivir feliz sin esos apegos. Practica el no decir ni pensar que debes tener a cierta persona o cierta cosa para estar libre de la desesperación. Sustituye esas frases por la actitud que adoptas ante una puesta de sol, el vuelo de un pájaro, un jardín florido. Te gustan por lo que son, las liberas de toda exigencia y disfrutas con ellas sin aferrarte. Haz esto y la desesperación que depende de los sentimientos de no tener lo que necesitas desaparecerá. Para deshacerte del apego a las cosas sólo tienes que eliminarlo, recordándote una y otra vez que crees erróneamente que la causa de tu desdicha es que te falta algo o alguien en tu vida. La desdicha y la desesperación son ideas.

Puedes conservar y amar todos los objetos a los que te sientes apegado sin renunciar a ellos. Puedes amar de un modo soterrado y sentirte en paz y no amenazado. Así es como Dios te ama. Incondicionalmente. Sin apegos. En resumen, la manera de eliminar la desesperación es liberarte de esos apegos y relajarte sabiendo que tu yo, que vibra de un modo más rápido y más elevado, no necesita nada ni nadie para realizarse. Entrar en el campo de energía de Dios en el que no hay apegos te proporciona la esperanza de superar la desesperación. Esto significa amarlo todo, incluido tu sufrimiento. ¿Por qué amar el sufrimiento? Porque te ofrece la oportunidad de presenciar, y no recibir, la desesperación.

Observa tu desesperación

Uno de los grandes maestros de mi vida, Nisargadatta Maharaj, dijo en una ocasión: «Siempre que puedas identificarte con la mente-cuerpo, eres vulnerable a la aflicción y al sufrimiento». Mi conclusión es que debemos aprender a distanciarnos de nuestra mente-cuerpo y de todas sus demandas.

Doy un paso atrás y veo que ya no me identifico con el mundo material. Así ya no soy vulnerable a la aflicción, al sufrimiento y a la desesperación. Observo mi mente-cuerpo y en silencio digo algo como: «Mira a Wayne ahora, realmente cree que su desesperación es real. Actúa como si realmente estuviera experimentando esto, cuando en realidad lo estoy observando todo desde fuera. Si se parara y se reuniera con el espíritu, despertaría de su desesperación inmediatamente». Como testigo ya no eres vulnerable, porque te ves a ti mismo desde un lugar diferente.

También es posible emplear esta actitud del observador para ayudar a otros que están encerrados en el tormento de su desesperación. Dile a alguien que dé un paso atrás mentalmente y se fije en lo que ve. De este modo, ayudas a esa persona a desviarse de la desesperación para pasar a la observación. A mí me resulta muy útil recordarme a mí mismo con insistencia que soy el que observa y no el objeto observado. Esto me permite aplicar la energía superior y más rápida de la conciencia espiritual a cualquier escena en la que esté presente la desesperación.

¿PUEDO AMAR REALMENTE MI DESESPERACIÓN?

Piensa en esto. El sufrimiento termina cuando dejas de pensar en ello como sufrimiento. En palabras de un santo: «Si aprendes a alegrarte del sufrimiento, si crees que todo lo hace Dios para mejorarnos, si recibes con agrado el dolor como mensajero de Dios que te recuerda a Él [...] entonces el dolor ya no será dolor. Sufrir ya no será sufrir» (Sivanda).

Cuando reflexiones sobre estas palabras asegúrate de recalcar la conclusión. El dolor y el sufrimiento no existen cuando se contemplan desde la perspectiva de Dios. Es decir, cuando entras en la energía espiritual, las cosas por las que sientes desesperación se disuelven. Lo que tú llamas sufrimiento en realidad es una maravillosa bendición. Te enseña a volver a Dios, o a elevar tu vibración a la frecuencia del espíritu y a introducir ese espíritu amoroso en el panorama del momento presente.

Puedo decir con sinceridad que la mayoría de las cosas que en otro tiempo me causaron desesperación y sufrimiento en mi vida se convirtieron en mis momentos de mayor crecimiento y mi introducción a la devoción. Tuve que aprender que el propósito de lo que yo entonces denominaba sufrimiento era quemar mi ego y purificarme. Esos puntos bajos de mi vida me proporcionaron energía para impulsarme hacia un lugar más elevado. Si cuando nos hallamos en pleno sufrimiento supiéramos que esa experiencia es un preludio necesario que conduce a un avance espiritual, podríamos disfrutar con ese «sufrimiento» como sugiere Sivanda.

Si pudieras pararte cuando estás sintiendo desesperación y enviar amor, conocerías casi de inmediato la razón por la que tienes que experimentar esa desesperación. Aún mejor, ya no lo considerarías desesperación. Al entrar en la frecuencia del amor para soportar el problema anulas la ilusión de pesar. En resumen, ya no gimes y lloras por las miserias de la condición humana, sino que las transformas a través del amor, la fuerza y la vitalidad que ya están presentes en ti. Esto es poner esperanza donde hay desesperación, poner una solución espiritual a la ilusión de la desesperación como problema. Para muchos esto es como una causa factible de acción. Sin embargo, hay millones de personas que insisten en que esto es imposible cuando uno sufre la desesperación última, la depresión.

Acabar con la depresión mediante la esperanza

Hablando en términos relativos, la depresión es un fenómeno contemporáneo. Hoy en día se habla más que nunca de la depresión. Se calcula que hasta el veinte por ciento de la población de las naciones desarrolladas sufre de depresión. Y este fenómeno tiene grados. La depresión clínica es la más grave, y es cuando la persona que la padece no puede realizar sus actividades cotidianas y tiene ideas de suicidio. ¡Todo debido a este monstruo llamado depresión!

Sin embargo, la depresión en sí misma no existe. No puedes llevar a casa una caja de depresión para examinarla, limpiarla y eliminarla de tu vida. No hay depresión per se, sólo hay personas con pensamientos depresivos. Ciertamente, hay personas que están convencidas de que sufren de depresión. Hay toda una industria farmacéutica dedicada a la producción en masa de medicamentos para combatirla. En muchos casos, la medicación reduce los síntomas de desesperación, como la falta de apetito, falta de sueño, falta de autoestima y una sensación general de tedio. Algunos profesionales dicen que la depresión es psicológica, otros insisten en que es un desequilibrio químico. Pero una cosa es segura: en nuestro mundo occidental industrializado, creemos que la depresión es un problema muy real.

En un libro clásico, *From Medication to Meditation*, Osho escribe: «...el problema de la depresión no existe en los países subdesarrollados; en los países pobres, la gente aún tiene esperanza. Sólo se da en los países desarrollados, donde se tiene todo lo que siempre se ha deseado. [...] Han alcanzado la meta, y este alcanzar la meta es la causa de la depresión. Ahora no hay esperanza; mañana es la oscuridad, y pasado mañana aún será más oscuro» (pág. 104).

Si te han enseñado a creer que tu valor radica en todo lo externo, cuando empiezas a sentir que no tienes nada más que ganar, que has satisfecho todos los retos de la vida y ves que puedes tener todas las cosas materiales que quieras, pierdes la chispa que te mueve a vivir. Puede que tengas o que no tengas todas las cosas. La cuestión es que estás en un tiempo y una cultura que estimulan tu deseo de competir para tener más, aunque no tenga sentido. En una sociedad que enseña a buscar frenéticamente el dinero, tanto que empiezas a retrasarlo todo, incluso el contemplar la belleza y grandiosidad de la naturaleza, a los demás seres humanos y la vida entera. Dejas a un lado la vida espiritual contemplativa de comulgar con Dios y conocer tu yo superior para ganar dinero, aunque el dinero no dé satisfacción.

Cuando das más importancia a la energía espiritual del amor, la paz, el gozo, la alegría, la celebración y la bondad no conoces la debilidad de la depresión. Dejar a un lado el espíritu y perseguir el dinero en la creencia errónea de que puede comprarlo todo te hace descubrir que no puedes comprar lo que más anhelas. Si dedicas toda tu vida a aquello que en el fondo sabes que no tiene sentido, das vida al proceso mental que conocemos como depresión. Es una ilusión, claro, pero no obstante algo en lo que crees.

Poco a poco, este estado mental infectará todo lo que está cerca de ti, incluidos tus hijos. Ellos creerán esa ilusión. Todo reaccionará a los pensamientos de baja energía de la depresión, la desesperación, la tensión, la preocupación y el miedo, y la salud del cuerpo empezará a resentirse.

En la baja energía de la depresión identificamos o diagnosticamos los desequilibrios químicos que de ello derivan y sacamos la conclusión de que tenemos que hacer que esa química recupere su nivel armonioso natural. Metemos productos químicos en nuestro cuerpo y vemos algunos cambios. Menos desesperación, más armonía, menos tensión, más alegría. Llegamos a la conclusión de que la depresión se ha curado con drogas y productos químicos. Pero en realidad tendríamos que haber empezado por preguntar por qué el cuerpo-mente se ha desequilibrado. La depresión, igual que el estrés, la generamos con nuestra actitud. ¿Podría ser que el elemento verdaderamente importante para dar una solución espiritual a este enorme problema de la depresión sea la esperanza?

UNAS PALABRAS SOBRE LA ESPERANZA

En el núcleo de nuestro ser, profundamente arraigado en nuestra alma, está el conocimiento de que somos indestructibles. Tenemos la esperanza de la inmortalidad, de la vida después de la muerte, lo cual es un incentivo para la perfección moral. Esta certeza es la esperanza y es un peldaño hacia el despertar del alma. Esa voz callada, pero insistente, que hay dentro de ti te atrae hacia una energía superior más rápida. En cierto sentido, la esperanza es la recuperación del apetito por la vida misma y toda la alegría que acompaña a la renuncia de la búsqueda de significado y poder en el mundo material.

La historia de Buda es conocida. Un príncipe que lo tenía todo y comprendió que esto no le iluminaba. Renunció a lo material para ir en busca de un camino diferente, que le llevó a un lugar donde el espíritu reinaba sobre el mundo ilusorio de lo material. No sugiero que tengas que renunciar a todas tus posesiones materiales para ser feliz, aunque tampoco lo descarto. Simplemente, te pido que consideres la importancia que tiene perder el apetito por la vida en la manifestación de la desesperación y depresión en tu vida. Y te animo a que sustituyas la implacable búsqueda de dinero, que no puede comprar la felicidad, por la intención de crear una experiencia de la vida más profunda y más rica. Si lo haces, la esperanza sustituirá literalmente a la desesperación. La depresión, clínica o de otra clase, será imposible.

La aparición masiva de la depresión en la sociedad occidental contemporánea me parece una crisis moral porque representa una búsqueda mal aplicada de lo sagrado que hay dentro de todos nosotros. También sé que cuando dejamos de confiar en los índices externos de éxito y comprendemos que nos despojan de nuestra capacidad de vivir a un nivel de energía espiritual sustituimos la desesperación por una renovada esperanza y la depresión es imposible.

A continuación doy algunas sugerencias para poner esperanza y conciencia espiritual en cualquier cosa que se parezca a la desesperación, la tristeza o la depresión.

Sugerencias para convertir la desesperación en esperanza

— Empieza por disfrutar del no apego. Elevando tu propia conciencia puedes amar sin estar apegado. Un amor apegado crea desesperación porque la fuente de tu realización y felicidad reside en otra persona. Si ésta se niega a cooperar del modo en que crees que debe hacerlo caes en la desesperación.

Ten, en cambio, esperanza por ti mismo. Puedes amar a alguien por quien es, sin decirte que quedarás desolado si te decepciona. Anthony DeMello tiene dos afirmaciones extremadamente poderosas en *The Way To Love* que te ayudarán a experimentar amor sin apego.

1. «No estoy apegado a ti. Simplemente, me estoy engañando para creer que sin ti no seré feliz.»
2. «Te dejo libre de ser tú mismo: piensa lo que quieras, entrégate a tus gustos, sigue tus inclinaciones, compórtate como te plazca.»

Cuando sigues estas dos recomendaciones, observas que la persona se vuelve importante para ti del mismo modo en que un arco iris o un concierto son agradables en sí mismos. El amor se intensifica, toda desesperación se disuelve y tienes esperanza en lugar del dolor que el apego provoca.

— Refuerza la esperanza en lugar de la desesperación. No fomentes la desesperación siendo conmiserativo con los que están deprimidos. Una vez me juré, como consejero-terapeuta, que siempre intentaría que mis clientes pusieran el énfasis en sus éxitos y no en las cosas que provocaban sentimientos de desesperación.

Por ejemplo, a un cliente que no se llevaba bien con sus padres le animé a examinar las breves ocasiones en que le parecía que tenía encuentros satisfactorios con ellos. Le empujé a contar los momentos de éxito; cómo se sentía, qué pensaba, cuáles eran los resultados, cómo le iba el día en los momentos de éxito, etcétera. Al buscar las señales del éxito, convertía las sesiones en experiencias de esperanza en lugar de reforzar la desesperación.

De forma similar, los clientes con adicciones e incluso con dolor crónico tuvieron algunos momentos en que sintieron que afrontaban con éxito sus «problemas». Una semana de no comer en exceso, tres días de no beber, un día entero sin dolor. Todas estas experiencias proporcionan una oportunidad para recordar que el poder de sustituir la desesperación por la esperanza, aunque sólo sea por uno o dos días, existe. Si se puede hacer durante un día, dos no será tan difícil, y eso te permite tener esperanza.

Descubrí que reforzar los puntos negativos, hablar de las causas, revivir emociones y sentimientos dolorosos a menudo reforzaba la desesperación del momento presente. Como consejero-terapeuta quería poner esperanza donde había desesperación y ayudar a anularla para siempre.

Esta lógica se puede aplicar a la desesperación que sientas en tu vida. Recuerda momentos pasados en que sentías esperanza y trata de recrear los pensamientos y sentimientos que experimentaste. Con ello te das a ti mismo un mapa para salir de tu desesperación. Reforzando la esperanza actuarás según esos nuevos pensamientos y sentimientos.

— Llama a Dios y, literalmente, entrégale la desesperación. Puedes poner fin a una experiencia de desesperación tomando la decisión de entregarte a un momento de plegaria silenciosa. «No puedo afrontar esta situación solo, sé que estás ahí conmigo.» Esta sencilla plegaria aliviará de inmediato tus sentimientos de desesperación. Es una manera de liberarse de la idea de que no hay esperanza alguna. En esencia, lo que haces con la plegaria es pedir que el amor guíe tu vida. Es una manera de utilizar el poder que hace girar los planetas alrededor del sol, que mantiene el sol mismo en su lugar y convierte una semilla en una flor o un niño. Es mucho mejor que decir: «Lo haré yo solo». Al pedir la intervención divina puedes dar un paso atrás y dar la mano a Dios simbólicamente.

Este consejo es tan antiguo como las Escrituras. Empléalo y libérate de tu desesperación. En pocas palabras, puedes poner esperanza donde hay desesperación y dar una solución espiritual a cualquier problema relacionado con esa desesperación. «Pedid y se os dará.»

— Actúa como si la esperanza que tienes en el alivio de la desesperación ya estuviera ahí. En lugar de tu reacción normal de mantenerte inactivo, hablar sin esperanza, quejarte y encontrar defectos, sentir autocompasión y pesimismo, crea una imagen de cómo te gustaría que todo funcionara y comprométete firmemente a actuar como si lo que deseas ya estuviera ahí. Si quieres más abundancia, imagínate a ti mismo habiendo recibido ya los beneficios materiales. Ve a sentarte en el coche de tus sueños en un concesionario, visualízate conduciéndolo y, luego, conserva esa imagen en tu conciencia. El camino se te mostrará. Como decía en *Manifest Your Destiny*, tu tarea no es decir: «¿Cómo?», sino decir: «¡Sí!».

Mi esposa y yo hacemos esto en lugar de desesperarnos por una tendencia particular o conducta de nuestros hijos. Procuramos visualizar la situación. Luego, les tratamos como si ya hubieran logrado lo que nos parece que es mejor para sus intereses y actuamos en consecuencia, porque ésta es la imagen mental que tenemos de ellos. Nuestro pesimismo se disuelve y es sustituido por el refuerzo positivo para que se materialice la imagen de éxito que ya tenemos. Así, les decimos por ejemplo: «Estás estudiando mucho», o «Mañana llegarás puntual al colegio», «Te preocupas mucho más por ti mismo» y «Me alegro de verte feliz». Reforzamos la esperanza actuando como si lo que queremos para ellos ya estuviera presente.

La desesperación no es más que una imagen que está en nuestra mente. En realidad, somos lo que decidimos pensar ante cualquier circunstancia, y optar por ver el problema disuelto es sustituir la desesperación por la esperanza.

— Cuando estés sufriendo, realiza un esfuerzo consciente para ver el lado bueno. Ésta es una poderosa herramienta para eliminar la desesperación. Cuando te sientas muy afligido y parezca que las cosas van de mal en peor, párate un instante y pregúntate cómo vas a crecer con esa experiencia. Luego, escucha tu voz interior y permanece abierto a la aparición de algo bueno mientras el drama de la desesperación sigue su curso. Entregarte al silencio te da energía para superar la desesperación y, al mismo tiempo, crecer. Cuando te desprendes de los pensamientos de desesperación atraes la energía superior más rápida, que a la larga desplaza la ilusión de tu desesperación.

Cuando en medio de una situación de sufrimiento te parece imposible pararte, recuerda todos los momentos del pasado que te parecieron traumáticos y que ahora, al mirar atrás, consideras experiencias de crecimiento valiosas. El ex alcohólico casi bendice su embriaguez. La persona rica ensalza su anterior pobreza. El paciente con el corazón recuperado valora la experiencia de la enfermedad. La pareja feliz ensalza su separación. Cada ocasión desesperada ha servido para situarte en un lugar de tu vida más elevado, más feliz. Por lo tanto, te animo a que dejes de vivir cualquier experiencia vital con desesperación.

Imagínate a ti mismo mirando este momento concreto dentro de un tiempo y utiliza la esperanza de crecimiento a partir de esa experiencia para dejar de autocompadecerte. Deja que la desesperación se transforme en gratitud por la oportunidad que en verdad representa. La plegaria de san Francisco concluye con esta frase: «Muriendo nacemos a la vida eterna». Sugiero que en la muerte de un momento de desesperación se produce un nacimiento espiritual. Cuando ves la desesperación como una bendición, alumbras el elixir de la esperanza.

— No seas una caja de resonancia de las historias tristes de los demás. A algunas personas les gusta recitar historias de desesperación y desastre. Cuanto peores los detalles, más parecen deleitarse en su relato. En muchos aspectos, es una forma de llevar su desesperación a tu vida. A mí me resulta muy útil hacer saber a los demás que no me regodeo con la desesperación, ni mía ni de otro.

Cuando me bombardean con historias, como los informes de muerte, los partes de enfermedad, los relatos de accidentes, los pronósticos de mal tiempo, artículos sobre crímenes, etcétera, asiento educadamente y señalo el beneficio potencial de lo que estoy oyendo. «El ataque al corazón de tío Harry probablemente le hará ser más consciente de lo que come y seguro que le habrá salvado la vida.» «Cuando hay una fuerte tormenta todo el mundo saca lo mejor de sí mismo para ayudar a sus vecinos.» «Ahora la abuela está en manos de Dios y jamás volverá a experimentar sufrimiento alguno.» Este tipo de respuestas calculadas indican a la persona que le gusta regodearse en la desesperación y sufrimiento de los demás que tú prefieres hablar de lo que la situación tiene de bueno.

— Practica el arte de ser un eterno optimista. La gente suele burlarse de los eternos optimistas. Para mí eso es un cumplido.

Había una vez una ciudad en la que todo el mundo estaba deprimido. La gente estaba triste, la economía iba mal, todo el mundo odiaba su vida y a su comunidad. Reinaba el pesimismo. En este panorama aparece una niña llamada Pollyanna. Al cabo de unas semanas todo el mundo está alegre, la gente es amable y la economía ha remontado, todo ello gracias a la actitud de Pollyanna. *The Secret Garden* es otra historia maravillosa del triunfo del optimismo de una muchachita durante la enfermedad imaginaria de un niño mimado. También recomiendo que veas la película *The Barretts of Wimpole Street*, que describe cómo el poeta Robert Browning ayudó a transformar a una Elizabeth Barrett pesimista y convertirla en una persona vibrante que más adelante se convertiría en su mujer.

Estas historias dan una idea de la importancia del optimismo. Cuando me critican tachándome de optimista redomado siempre doy las gracias. ¿Qué mejor papel que el de alguien cuya presencia inspira esperanza donde antes predominaba la desesperación?

— Insiste en actuar como si fuera imposible fracasar. Me gusta esta cita de Louis Pasteur: «Déjame contarte el secreto que me ha llevado a mi objetivo. Mi fuerza reside únicamente en mi tenacidad». Sugiero que te vuelvas un perro furioso defendiendo un hueso llamado esperanza. Aférrate a ese hueso llamado esperanza pase lo que pase y cualesquiera que sean los obstáculos y fracasos que antes te causaban desesperación. Cuando sientas que vuelven a ti los pensamientos de desesperación, desvíalos hacia la intención de hacer que las cosas salgan bien. Cuando paso por una situación similar, recuerdo la vieja máxima: «Esto también pasará» y reafirmo mi voluntad de no ceder. Esta tenacidad interior es contagiosa. San Francisco, cuya famosa plegaria constituye la base de buena parte de este libro, se negó a renunciar a lo que sabía que era una llamada de Dios. Sus padres y familia lo intentaron todo para disuadirle de su obsesión por Jesús y su devoción al espíritu; sin embargo, él persistió igual que el perro que defiende su hueso. Simplemente, sabía que no podía fracasar porque su fe era muy grande y los obstáculos se convertían en oportunidades de esperanza en lugar de contribuir a una actitud desesperada. Quién sabe, tal vez algún día habrá una ciudad que llevará tu nombre como la de san Francisco.

Estoy seguro de que has oído las palabras de Winston Churchill cuando alentó a sus compatriotas a abogar por el honor de la libertad frente a una inmensa nube de desesperación: «Jamás os rindáis. Jamás, jamás, jamás, jamás. En nada grande o pequeño, importante o insignificante, jamás os rindáis salvo a las convicciones del honor y la sensatez…».

Aguanta y persiste. El dolor a la larga será un beneficio para ti. Éste es el valor de la persistencia en poner esperanza frente a la ilusión de la desesperación. Cada vez que te sientas desesperado, o estés con alguien que se sienta así, acuérdate de pasar a la energía superior más rápida del espíritu. Irradia esa energía directamente a lo que crees que es el origen de la desesperación. Rodea ese origen con luz y el amor incondicional de Dios. A la larga, con toda seguridad, tu desesperación se convertirá en esperanza y, con ello, habrás dado otro paso hacia el conocimiento de que, verdaderamente, hay una solución espiritual para cada problema.

12

Que donde haya oscuridad, ponga luz

> No hay un objeto tan feo que la luz intensa no lo haga bello.
>
> RALPH WALDO EMERSON

En esta frase de su plegaria san Francisco pide fuerza y capacidad para poner luz ante todos los que se sienten feos o perciben el mundo como un lugar oscuro y malvado. Como sugiere Emerson en la cita mencionada, la intensidad de tu luz puede hacer bella cualquier cosa. Cuando vives en la oscuridad estás inmerso en un mundo que no te permite ver la belleza que te rodea. Una de las cualidades más elevadas de las personas realizadas es su capacidad de ver belleza en todas partes y de extraer vida de esa belleza. «Déjame dar luz» es otra manera de decir déjame ilustrar mi presencia y mi actitud de que hay belleza en todo.

En muchos aspectos, poner luz donde hay oscuridad es una manera de dar una solución espiritual a un problema. La oscuridad simboliza la incapacidad de experimentar la verdadera naturaleza de nuestro mundo. Como describe John Keats en sus famosos versos: «La belleza es verdad; la verdad, belleza. Eso es lo único que se sabe en la tierra y lo único que has de saber». En la oscuridad uno ignora la belleza y la verdad, ya que son sinónimos. La decisión de poner luz donde hay oscuridad abre un mundo entero de apreciación de la belleza y te hace libre de cualquier mala interpretación de la vida como una experiencia oscura.

Tal vez recuerdas que he mencionado que todo es energía y que la luz representa la energía superior más rápida del espíritu, que anula las experiencias de oscuridad. La capacidad de hacer que la luz «aparezca» erradica las experiencias de oscuridad de tu vida y de las vidas de los que te rodean.

LA LUZ ES ENERGÍA

Todo vibra aunque tus sentidos te indiquen que algunas cosas son sólidas. La luz misma es una energía, una frecuencia muy rápida que se ajusta a las leyes espirituales que he citado a lo largo de este libro. Cuando pones las frecuencias superiores más rápidas frente a las vibraciones inferiores más lentas, los «problemas» se disuelven al instante porque la oscuridad no es más que la ausencia de luz. Cuando introduces luz en una zona oscura, la oscuridad simplemente desaparece. Si entras en un lugar oscuro con una lámpara, la luz cae sobre todos los que están cerca de ti. No tienes que anunciar: «Ahí voy con la luz». Todos se dan cuenta automáticamente de la presencia de la luz y la oscuridad desaparece. Una vez más, un problema ya no es un problema cuando ponemos las vibraciones más rápidas y superiores del espíritu ante las ilusiones, incluida la ilusión de oscuridad.

Piensa en el sol como fuente de luz. Siempre brilla.

Vienen nubes que lo oscurecen, y sin embargo el sol sigue brillando. El sol parece que se oculta por la noche, pero no es más que una ilusión: sigue brillando. Parece que el sol es la fuente de luz, pero en realidad es un reflejo de la verdadera luz, que es Dios o el espíritu. La energía más elevada es el espíritu, que da luz al mundo material, incluido el sol. Recuerda que esta verdadera luz siempre brilla, igual que el sol, aunque no la veas. Por tanto siempre tendrás la opción de abrirte a la luz divina cuando sientas que estás en la oscuridad, con la plena seguridad de que siempre está ahí. Es tan sencillo como recordar que la luz y la oscuridad no pueden coexistir. El poder de la luz es que hace que la oscuridad se desvanezca en su presencia.

PON LUZ

Te sugiero que te veas como un ser de luz, un sistema de energía rápida que posee la capacidad de hacer desaparecer la oscuridad. Tú eres el portador de esa luz. Irradias esa luz cada vez que eres capaz de ayudarte a ti mismo y ayudar a los demás a triunfar sobre la oscuridad.

Además de pensar en la luz como una vibración de la energía que se mueve con rapidez, me gustaría que la consideraras una actitud. Es decir, puedes elegir entre pensar en la luz o pensar en la oscuridad. Cuando piensas en la luz arrojas sobre cualquier problema una clarividencia que puede disolver las dificultades.

Tal vez has oído hablar a alguien de rodear a algún amigo o ser querido con luz blanca en momentos en que se percibe una posible oscuridad. Esos comentarios reflejan el conocimiento de que la luz tiene un carácter protector y puro y que puede proteger a las personas de las energías peligrosas o perjudiciales. Poner luz blanca en torno a un ser querido es otra manera de enviar pensamientos de amor con el convencimiento de que los pensamientos energéticos ayudan a mantenerlo a salvo. Son pensamientos de luz; piensas en una luz amorosa y visualizas que la envías para que el espíritu actúe. Sabemos de forma intuitiva que los pensamientos de luz hacen desaparecer la oscuridad con la misma seguridad con que sabes que una luz encendida iluminará una habitación oscura.

Esta frase de la plegaria de san Francisco incluye para mí los cuatro componentes de la luz que puedes aplicar a cualquier situación en que el problema sea la oscuridad. Estos cuatro ingredientes son:

1. *La pureza.* La luz implica pureza. Cuando eres capaz de poner luz a lo que es impuro estás cumpliendo el deseo de san Francisco además de dar una solución espiritual al problema. La pureza aplicada al reino físico significa una presencia limpia, clara, impoluta y no adulterada como el agua pura, el aire puro, la sangre pura o la comida pura. El proceso de purificación elimina los problemas de la enfermedad, el aire viciado o las bacterias. Lo mismo sucede cuando nuestros pensamientos y conductas son impuros.

Los problemas existen cuando nos permitimos tener pensamientos envilecidos. Nuestros pensamientos impuros contaminan nuestra vida y la vida de los que nos rodean. Los conflictos surgen cuando entramos en las frecuencias inferiores de la embriaguez, la lujuria, la vida no limpia, la violencia, el abuso de sustancias, la impiedad y similares. Una presencia purificada es como la luz, donde todo lo adulterante se elimina y queda la pureza de la luz o la ausencia de oscuridad. Al poner esta purificación en las áreas donde reside la impureza tienes la capacidad de aplicar una solución espiritual a los problemas de una mente no limpia.

Hace poco, me encontraba casualmente en un parque por la noche donde se reunió un gran número de gente joven para celebrar la graduación. Era evidente que la bebida y las drogas circulaban libremente entre los jóvenes. No tardaron en aparecer las palabras obscenas y las bravatas y parecía inevitable que estallara alguna pelea. Pensé en esta frase de la plegaria de san Francisco. Vi oscuridad en forma de impureza campando a sus anchas.

Me puse a andar entre los jóvenes, irradiando conscientemente pensamientos de luz, sin decir nada, limitándome a rodearlos con luz. En cuestión de minutos los jóvenes empezaron a dispersarse y las amenazas se acallaron. Estaba claro que podía enviar luz amorosa pura a aquella baja energía e influir en los jóvenes sin que ellos fueran conscientes de lo que yo hacía. Tú puedes acceder a la pureza de tu alma arrojando tu luz pura, amorosa e incondicional donde haya cualquier impureza, e influir con ello en los que te rodean.

Cuando entras en el espacio de los que viven, respiran y practican el tener pensamientos de luz, puedes sentir la energía más ligera que hay en la habitación. Como afirmó Patanjali, todo ser vivo deja de sentir enemistad en presencia de los que se abstienen firmemente de tener pensamientos dañinos o impuros. En eso consiste poner luz en la oscuridad, y cuanto más lo practiques, más serás un emisario de luz. La conducta y el pensamiento impuros no toleran el poder de tu luz pura, igual que la oscuridad no tolera la presencia de la luz.

2. *La moral.* La luz significa que nos tratamos a nosotros mismos y a los demás desde una perspectiva de la regla áurea. He de hacer lo correcto y, al hacerlo, pongo luz en la oscuridad. Cuando alguien se siente maltratado, herido, perdido o simplemente solo en su desdicha es como si tuviera una nube negra sobre su cabeza. Estos sentimientos permiten que la nube lo engulla. Al poner luz a este panorama de oscuridad elegimos tratar a los demás como nos gustaría que nos trataran a nosotros. La luz y la moralidad van cogidas de la mano. En el momento en que alguien tiene la sensación de que se le trata con justicia la nube negra desaparece.

Recuerdo cómo ilustraba la madre Teresa lo que hacía en su misión. «Cada día veo a Jesucristo con todos sus inquietantes disfraces.» Ella veía la perfección en los desheredados de las calles y aportaba un poco de moral y luz a cada persona. Eso solo bastaba para alzar el velo de la oscuridad que envolvía a la persona sin hogar. Y lo mismo ocurre en todos nosotros. Cuando te paras a pensar cómo te gustaría que te trataran en la misma situación estás aportando moral, un ingrediente de la luz, para eliminar la oscuridad de alguien. Después de haber oído durante toda tu vida la regla de oro, sabes que es un buen consejo. Te animo a que pienses en serio en este modo de eliminar la oscuridad de tu vida y de dar luz a los que se sienten maltratados.

También puedes empezar a tratarte a ti de esta manera, siempre que sientas la ausencia de luz en tu vida. Si te sientes dolido o traicionado porque los demás no te tratan bien y te envuelve la oscuridad, pregúntate cómo preferirías que te trataran. Luego, imagina que esa luz y tratamiento moral descienden sobre ti procedentes de Dios. Perdona y olvida a la persona con la que estás enfadado, porque en este momento estás en la luz moral de Dios. De esta manera siempre tienes acceso a la luz. Pensar cómo te gustaría que te trataran te ayuda también a extender la regla de oro a los demás.

Recientemente, mi hijo pequeño y yo estábamos haciendo cola en un parque acuático y oímos a una mujer, que estaba en la cola de al lado, pedir tres refrescos y luego descubrir que le faltaba dinero para pagarlos. El hecho de que le faltaran unas monedas la alteró visiblemente y el vendedor no se mostró nada comprensivo. Mi respuesta inmediata en situaciones semejantes es ofrecer las monedas, cosa que hice. Pero primero me pregunté cómo me gustaría que me trataran si me encontrara en aquella situación. La vieja regla de oro.

Esto también me funciona después de discutir con mi esposa o con algún miembro de la familia. Me siento frustrado y empiezo a preguntarme cómo me gustaría que me trataran en aquel momento. Entonces actúo del modo en que quiero que me traten, rompiendo el silencio o pidiendo disculpas. El problema se reduce a la luz que la regla de oro ha arrojado en la oscuridad.

3. *La verdad.* James Russell Lowell dijo una vez: «La luz es el símbolo de la verdad». Y yo añadiría que: «La oscuridad es el símbolo del engaño». Puedes ocultar la verdad en la oscuridad, mientras que en la luz no hay misterios, no hay cosas ocultas, todo se revela. Así, la oscuridad esconde mientras la luz revela. Cuando pones luz en la oscuridad, como pide san Francisco en su plegaria, adoptas una actitud de apertura que no permite que la verdad sea temerosa o se oculte. En el libro de David Hawkins *Power Versus Force* se nos ofrece esta sabia frase: «En el proceso de examinar nuestra vida cotidiana podemos descubrir que todos nuestros temores se basaban en la falsedad. La sustitución de lo falso por lo verdadero es la esencia de la curación de todo lo visible y lo invisible» (págs. 105-106).

Hace muchos años escribí un artículo titulado «¿En quién confías?» para una publicación de consejos. El tema central del artículo era que tendemos a creer a las personas que están dispuestas a contarnos la verdad, aunque es posible que no nos guste esa verdad. Los que nos dicen exactamente lo que queremos oír, aunque en aquellos momentos nos consuele, no nos inspiran confianza. Cuando necesitas consejo o ayuda de alguien, ¿en qué opinión confías?, ¿en la de quien sólo pretende que te sientas bien o en la de quien te dice la verdad sin pensar en cómo reaccionarás?

Conforme vayas adquiriendo experiencia en arrojar la verdad sobre situaciones problemáticas, llegarás a comprender la frase bíblica que dice: «La verdad os hará libres». A la luz de la verdad, los problemas desaparecen literalmente. Nada queda oculto, nada se esconde.

En una ocasión, recuerdo haber ido a pasear con una

mujer que padecía sobrepeso y que era incapaz de deshacerse de esos kilos de más aunque probaba todas las dietas que existían. Me juró que no comía en exceso y que el origen de su obesidad era un problema de metabolismo. La animé a afrontar el problema con sinceridad y que aplicara esa verdad a sus actividades diarias. Le dije que anotara todo lo que comía o bebía y que escribiera un diario del ejercicio que hacía durante una semana. Al finalizar esa semana le sorprendió ver lo que la verdad revelaba de su régimen diario. El único criterio en el que insistí fue el de la verdad. La mujer descubrió que, sin darse cuenta, se había estado engañando. «Olvidaba» las muchas veces en que durante el día se ponía comida en la boca, las pocas que hacía ejercicio, que casi no bebía agua y que consumía muchos más refrescos y alcohol de lo que había dicho. La mayor parte de sus engaños tenían lugar cuando estaba sola, fuera de la vista de los demás, en la oscuridad, por decirlo de alguna manera. La verdad fue lo que en definitiva la hizo libre. Cuando arrojó nueva luz sobre su estado vio que el problema se disolvía.

La mayoría de las adicciones se mantienen por la negación, que es el monstruo que se esconde en la oscuridad, temeroso de ser visto a la luz. Los desórdenes de la alimentación casi siempre se practican en la seguridad de la oscuridad, tras puertas cerradas. La negación es un modo de vida que prolonga los problemas, formando una bola de nieve, hasta que la persona por fin deja que la verdad, la luz, brille. Las personas que tienen una fuerte adicción a las drogas y al alcohol a menudo deben enfrentarse a lo que se denomina una intervención antes de tomar la decisión de liberarse. Una intervención es una confrontación directa de la familia y amigos en la que se obliga al adicto a escuchar la verdad. La luz brilla en la oscuridad y, al final, la persona adicta llega a un lugar en el que no se permite el engaño, la hipocresía o la tergiversación. La luz brilla con fuerza. La oscuridad y el problema se disuelven si la persona decide permanecer en la luz.

Cuando buscas una solución espiritual a los problemas, la esencia de la verdad como componente vital de la luz se hace evidente. Sé una persona dispuesta a mirar con sinceridad las energías bajas de la oscuridad que hay en tu vida y comprométete a brillar con la luz de la verdad en esos lugares. Luego, pon esa luz de la verdad en toda oscuridad que experimentes. Con la presencia de tu luz irradiarás una energía que ayudará a disolver el engaño o el fraude sutil.

4. *La claridad.* Cuando vives en la luz y haces brillar esa luz en la oscuridad, aplicas un conocimiento no ambiguo al problema. A este aspecto de la luz lo llamo claridad. Es la certeza que hay dentro de ti de que estás unido a Dios, libre de toda duda. Esta claridad es el opuesto exacto a lo que se produce en la oscuridad. En la oscuridad vas a tientas buscando algo a lo que agarrarte y te coges a lo primero que tocas. No hay claridad, y por lo tanto no hay luz.

Imagina que aplicas la luz más brillante que pueda existir a un diamante. Lo que ves es un resplandor límpido y claro. Para comparar, mira el mismo diamante en un lugar mal iluminado, en penumbra. No hay claridad. Esta metáfora ilustra el valor de la claridad frente a los problemas, tuyos o de los demás. Si no eres absolutamente claro en tu conexión espiritual, arrojarás esta confusión al problema y éste proseguirá y se convertirá en un enigma insondable. Poner luz en la oscuridad es aplicar tu visión clara de tu capacidad para anular el problema con tu luz. Sin turbiedad, sin contaminantes, sólo una luz brillante desprovista de toda obstrucción.

Mientras investigaba y escribía sobre los muchos grandes maestros y sus enseñanzas para *Wisdom of The Ages; Sixty Days To Enlightenment*, observé que lo único que todos estos maestros ancestrales compartían era que tenían un propósito claro en su vida. Miguel Ángel y Da Vinci tenían una visión clara y aportaron esa luz fuerte y clara a todo lo que crearon. Thoreau sabía con completa claridad lo que tenía que hacer, y marchó al son del tambor sin pensar en las consecuencias. Elizabeth Barrett Browning tenía una visión clara de su necesidad de dejar atrás la oscuridad de la naturaleza intratable y miedos de un padre y huir a una tierra extraña a cumplir su misión. Éstos y otros personajes sobre los que escribí tenían un propósito claro que no estaba enturbiado por la duda o la oscuridad.

También tú tienes la opción de tener esta visión clara en tu vida y en la de los demás. Cuando confías en que esa luz clara brillará sobre cualquier problema, elevas tu nivel de energía y accedes a la orientación divina. Y no te equivoques: la orientación divina es una luz clara, no ambigua y libre de contaminación.

Te ofrezco ahora algunas sugerencias para poner luz en las experiencias de oscuridad que tengas en tu vida.

— Aprecia la belleza. Observa la belleza que te rodea. Durante el día, párate a contemplar y sentir gratitud por los momentos de belleza que hay en tu vida. Puede que para ello tengas que hacer un esfuerzo si estás pasando por momentos de oscuridad, pero te ayudará a desarrollar la costumbre de dejarla atrás. Apreciar la belleza es el resultado de la costumbre de pensar en la luz lo más a menudo posible. Cuando tengas esta costumbre, automáticamente apreciarás la belleza en todas las circunstancias de la vida.

Harriet Beecher Stowe observó en una ocasión: «En todos los órdenes de la vida, el corazón humano anhela la belleza». Sí, en todos los órdenes de la vida, lo que incluye también cualquier problema o situación oscura. Aunque sólo sea una vez al día, párate cuando estés experimentando un momento de oscuridad y busca la belleza que tienes cerca. Empieza haciéndolo una vez al día y ve subiendo poco a poco; al cabo de poco tiempo ésta será la manera habitual de responder a la oscuridad.

No finjas ser feliz cuando la oscuridad está presente. En cambio, cultiva la sensación interior de temor reverencial por ti mismo y tu lugar en el mundo. Piensa en la magnificencia de cada respiración. Siente temor reverente por la inmensidad de nuestro universo. Piensa que detrás de toda nube oscura brilla el sol, y tras toda apariencia de oscuridad hay una luz eterna a la que puedes llegar y que hará desaparecer la oscuridad. La gente a la que se describe como realizada es capaz de ver belleza en todas partes. Sólo se precisa una pausa de un momento para iluminar la oscuridad con un pensamiento apreciando la belleza.

— Familiarízate con la literatura de inspiración sobre los que han vencido la oscuridad en su vida. Cuando leo la historia de alguien que ha superado la oscuridad, como Helen Keller, tengo la fuerte sensación de que puedo aplicar ese entusiasmo y esa luz a cualquier problema con que me enfrente. Las historias que narran cómo se han vencido las penalidades siempre me animan.

Lance Armstrong superó un diagnóstico de cáncer terminal y sobrevivió a la cirugía que le practicaron para extirparle un testículo canceroso y tumores en los pulmones, estómago y cerebro. Luego, prosiguió y llegó a ganar la prueba más fuerte de resistencia física, el Tour de France, corriendo en su bicicleta más de cuatro mil kilómetros en pleno verano a través de las montañas. Como para realzar su logro, ganó la misma carrera al año siguiente. Su historia me deja anonadado e ilustra que podemos encontrar luz en la oscuridad y aplicar esa luz a cualquier obstáculo que se ponga en el camino.

Contemplar la carrera de Lance, leer su historia, *It's Not About the Bike*, y escuchar sus entrevistas me da valor para enfrentarme a nuevos retos. No, no estoy hablando precisamente retos físicos, sino de las frecuencias superiores más rápidas de la luz y el espíritu que puedo alcanzar y, luego, aplicar a los que viven en las sombras.

— Envía luz blanca y baña a los demás en ella. Recuerda: todo es energía. Lo sólido, el sonido, la luz, los pensamientos, el espíritu son movimientos, ondas que vibran a cierta frecuencia. Puedes ser emisario de luz y ayudar a los demás a erradicar la oscuridad que haya en su vida. Piensa en la luz y practica la meditación y visualización de la luz blanca, clara, pura envolviendo a quien quieras. Si dudas de tu capacidad de lograrlo, o te parece que enviar luz a través de tus pensamientos y la meditación es imposible, entonces ésta será tu experiencia. Desvía tu conciencia al pensamiento de que nadie sabe lo suficiente para ser pesimista. Entonces serás capaz de transmitir la luz en las vibraciones superiores más rápidas, donde todo es posible.

Yo envío luz blanca, así como mi esposa, de forma regular. Si alguno de nuestros hijos llega muy tarde por la noche, lo bañamos con luz y le enviamos la energía del espíritu que es el amor y dejamos que esa energía amorosa y luminosa le bañe. Entonces tenemos en nuestra mente una imagen de luz y no de oscuridad y peligro.

También he estudiado las auras, que son energías de luz que nos rodean como un campo de energía eléctrico. Estas auras pueden interpretarse y alterarse por la manera en que practicamos la espiritualidad. De hecho, la fotografía de Kirlian muestra un aura de luz que rodea los seres vivos, generalmente invisible si no se emplean aparatos especiales. Si esta luz está allí, y podemos alterarla con nuestros pensamientos y emociones, ¿por qué no nos damos cuenta de que podemos utilizar nuestros pensamientos para enviar esa luz pura y proteger a otro de la oscuridad? Inténtalo, con una mente abierta a todo y apegada a nada.

— Centra tus pensamientos en la luz y en lo que quieres y no en la oscuridad y lo que no quieres. Practica el ver la luz dentro de ti. Pon pensamientos de luz en toda circunstancia de oscuridad. Lo corriente es, precisamente, hacer lo contrario. Cuando lo haces, atraes más ilusiones de oscuridad.

Por ejemplo, si piensas en lo mala que es una situación, lo terrible que todo parece ser, y lo único que puedes visualizar es que las cosas empeoran, literalmente estás atrayendo oscuridad a tu vida. De modo similar, si te acercas a alguien que está experimentando un episodio oscuro con pensamientos de miedo y angustia, lo que haces es identificarte con la oscuridad. Quizá te parezca apropiado consolar a los que se hallan en la oscuridad imitando sus negros pensamientos, pero contribuirás a eliminar esa oscuridad si pones luz al momento presente.

La empatía es una cualidad de energía elevada maravillosa y te animo a que ofrezcas pensamientos de compasión y amor a aquellos que estén experimentando oscuridad. Sin embargo, no confundas empatía con refuerzo de la oscuridad. Ten pensamientos de luz y amor y penetra en la oscuridad con esa energía. Tu energía de luz iluminará la oscuridad. Puedes irradiar luz cuando sabes que la oscuridad es una ilusión, ya que la luz de Dios brilla siempre, y que los pensamientos de desesperación y angustia son lo que crean la ilusión de la oscuridad. Ofrece compasión sabiendo que todo es para bien. Como he dicho muchas veces en este libro, no podemos ir a donde Dios no está, y donde está Dios todo está bien.

— Sal a la luz cuando te abrumen los pensamientos de oscuridad. Cada vez que te encuentres pensando cosas malsanas es imperativo que físicamente te levantes y dejes entrar luz. Observarás que te sientes mucho mejor. Dejar entrar la luz te permite literalmente borrar esos pensamientos oscuros.

También te recomiendo que reexamines los pensamientos de miedo a la luz del sol. Pensamientos que por la noche, en la cama, parecen aterradores no lo parecen tanto a la luz del día. Recuerdo que cuando era niño y vivía en un hogar adoptivo pensaba cuánto echaba de menos a mi madre y tenía miedo de que le ocurriera algo y no volviera a verla. A mi mente acudían toda clase de oscuros sucesos y mi ansiedad aumentaba hasta que al final estaba verdaderamente asustado. A la mañana siguiente, a la luz del día, todos esos miedos desaparecían y me preguntaba cómo podía haberme asustado tanto.

De alguna manera, la luz no sólo disminuye la oscuridad de una habitación, sino que también hace que las preguntas y sentimientos de miedo desaparezcan. La luz es una energía más rápida y su presencia es símbolo del hecho de que Dios es el camino, la verdad y la luz. Invita a la luz la próxima vez que tengas pensamientos lúgubres y observa la diferencia.

— Practica la purificación en todos los ámbitos de tu vida. La luz es pura. La oscuridad está contaminada. Intenta eliminar de tu vida los contaminantes que oscurecen la incandescencia de tu luz espiritual. Empieza por tu cuerpo. Bebe más agua pura y menos líquidos turbios como refrescos, alcohol y café. De ocho a diez vasos de agua pura al día eliminan las toxinas que reducen tus niveles de energía y desequilibran la armonía energética de tu cuerpo. Te sentirás más ligero, te será más fácil pensar y experimentarás más energía espiritual purificando tu sistema con grandes cantidades de agua pura cada día.

Empecé mi proceso de purificación hace catorce años, cuando mi esposa me animó a dejar de beber refrescos de régimen como única bebida. Solía beber de ocho a diez latas al día, o incluso doce. Poco a poco las sustituí por agua sin gas. Ahora hace casi quince años que no tomo ninguna clase de refresco y bebo al menos tres litros y medio de agua cada día.

Deja que el proceso de purificación se extienda también a la comida. Sabes lo que es puro y lo que es tóxico para tu cuerpo. Come al menos tres piezas de fruta al día y toma verduras orgánicas frescas al menos dos veces al día. Elimina las toxinas de tu dieta y observa cómo te sientes.

Para completar el proceso de purificación, procura mantener puros tus pensamientos. Aprende a no juzgar y a no enfadarte. Date cuenta de cuándo tienes pensamientos impuros o críticos. Utiliza la imagen mental de encender una luz brillante en tus pensamientos contaminados y observa cómo la luz elimina esos pensamientos oscuros. Cuando te sientas frustrado e indefenso frente a un «problema», piensa en esa luz un instante y verás que tus sentimientos cambian. Recuerda que en realidad no hay más problema que creer que estamos separados de Dios. El problema reside en nuestra mente.

Al purificar tu cuerpo, tus pensamientos, tu lenguaje, estás purificando toda tu conducta y, en definitiva, aportando uno de los ingredientes centrales de la luz para que brille en toda oscuridad que hayas podido crear en tu vida.

— Repite una de las frases más importantes para poner luz en la oscuridad: «La verdad os hará libres». Mantente en la verdad. Verás la libertad de la luz cuando te mantengas en la verdad y apliques esa verdad a todos tus encuentros.

Cuando practicas el engaño de cualquier clase, invitas a entrar en tu sistema a un contaminante. Enturbias la luz y te mueves hacia la oscuridad. Otros tal vez se quejen de que no les dices lo que quieren oír; no obstante, sé firme cuando se trate de lo que aportas a la oscuridad de otro. Los demás acudirán a ti cuando sepan que no edulcoras tus respuestas en los momentos de dificultad.

En los últimos veintiséis años he aparecido en muchos programas de televisión y he visto directamente que las grandes personalidades del espectáculo viajan con un séquito cuya principal responsabilidad parece ser decirle a la «estrella» lo que quiere oír. El personal pagado les dice lo brillante que ha sido su actuación aunque haya sido aburrida. Estoy seguro de que en momentos difíciles las estrellas acudirán a alguien que saben que les dará una respuesta sincera.

En diversos momentos de mi vida, han sido personas como mi esposa quienes me han dicho claramente que bebía lo que no debía, comía lo que no me convenía, estaba engordando, era demasiado agresivo o indulgente conmigo mismo, estaba demasiado centrado en el dinero o perdía de vista mi objetivo. Estas personas que me decían la verdad ponían luz en mi vida.

La verdad es la luz. Practica esta verdad cuando ayudes a los demás y sé siempre absolutamente sincero contigo mismo. Puede que no elimines de inmediato toda la oscuridad que hay en tu vida, como por ejemplo las conductas inmorales o tóxicas. Pero si eres absolutamente sincero contigo mismo y admites tu fragilidad, poco a poco y con seguridad irás cambiando hacia la energía espiritual superior más rápida en la que esas sombras no pueden sobrevivir. Nadie lo ha expresado mejor que William Shakespeare: «Sé sincero contigo mismo».

La petición de san Francisco de poner luz en la oscuridad es una poderosa manera de encontrar una solución espiritual a cada problema. La luz es pura, moral, clara y sin engaños. Ve por esta senda y verás desaparecer la oscuridad. No hay elección. La oscuridad no puede sobrevivir ni un segundo donde hay luz.

13

Que donde haya tristeza, ponga alegría

> Es fácil ser agradable,
> Cuando la vida fluye como una canción;
> Pero el hombre valioso es el que sonríe
> Cuando todo va de mal en peor.
>
> ELLA WHEELER WILCOX

La señal segura de que has entrado en las frecuencias inferiores más lentas y has dejado atrás el espíritu es que experimentas menos alegría. Si no estás radiante de felicidad, si pones mala cara, si te cuesta sonreír y estar de buen humor es una carga, y no estás rebosante de amor por toda criatura y todo ser, una cosa es cierta: no conoces a Dios. En esta petición de san Francisco de sembrar alegría donde haya tristeza pide llevar a Dios a donde haya tristeza, y, al hacerlo, Él eliminará la ilusión de aflicción que es un pensamiento creado por una mente que no conoce a Dios.

POR QUÉ EVITAMOS LA ALEGRÍA

La tristeza es una actitud que se forma al concentrarse en lo que está mal y en lo que nos falta en la vida. Me gusta lo que escribe Anthony DeMello, en particular esta observación: «Sólo hay una razón por la que no experimentas alegría en este momento, y es porque estás pensando, o te estás concentrando, en lo que no tienes…». La tristeza es la costumbre de vivir viendo el mundo desde la perspectiva de la carencia, pensando constantemente en que no se tiene lo suficiente de lo que se quiere, como dinero, salud, amor, amigos o incluso tiempo libre. Estos pensamientos crean la sensación de tristeza.

La alegría, por el contrario, es una manera de ver el mundo desde la perspectiva de lo que tienes y de lo que está bien. Las personas alegres disfrutan con sus talentos y poderes y no se comparan con nadie. No están intimidadas por las posesiones y poderes de nadie. La alegría viene de disfrutar con lo que eres, con lo que tienes, con lo que puedes ser y por saber que eres divino, una pieza de Dios.

La tristeza deriva de una conciencia escasa que puede disolverse si te acercas a la abundancia que está ahí para ti. Como he citado antes de las Escrituras: «Hijo mío —dijo el Padre—, siempre estás conmigo y todo lo que tengo es tuyo» (Lucas 15:31). El antídoto para la tristeza es enfrentar la abundancia de este mundo, apreciando todo lo que tienes y todo lo que puedes tener, con la creencia errónea de que te falta algo; hazlo y la ilusión desaparecerá.

CULTIVA UNA ACTITUD ALEGRE

En una ocasión, oí a Leo Buscaglia contar una historia sobre los antiguos egipcios, que creían que en la muerte sus respuestas a dos preguntas determinarían si proseguían su viaje en la vida después de la muerte. La primera pregunta era: «¿Has encontrado la alegría?». La segunda era: «¿Has llevado alegría?». Encontrar alegría significa ver la vida de un modo que se centra en la gratitud por lo que tienes. Puedes cultivar esta actitud negándote a pensar en términos de escasez. Ser alegre significa tener pensamientos alegres aun cuando te sientas tentado a otra cosa.

El hábito de pensar de un modo triste es consecuencia de tu formación. Aprendiste que la alegría sólo es posible cuando la vida transcurre tal como crees que debería transcurrir. En consecuencia, desarrollaste la costumbre de dejar de apreciar la alegría en favor de la tristeza cuando la vida no es como crees que debería ser, y te estimularon a creer que tu aflicción era natural. Pero no es natural. Es un error de pensamiento, una ilusión como todas las demás ilusiones de las que he hablado en este libro. El error de pensar en la tristeza se corrige cuando le pones alegría. Recuerda: el mundo no contiene tristeza, sólo personas con pensamientos tristes. «Dios vio todo lo que había hecho y todo estaba muy bien» (Génesis 1:31). Para mí, muy bien significa alegre, o como preguntó una vez retóricamente el Peregrino de la Paz: «¿Cómo se puede conocer a Dios y no estar alegre?».

Cultivar una actitud de alegría es, en un sentido muy real, poner el espíritu o energía de Dios en todo lo que encuentras cambiando tu mente. Esto es lo que Albert Einstein probablemente quiso decir cuando sugirió que no se puede resolver un problema con la misma mente que lo creó. La tristeza se experimenta en tu mente al procesar y evaluar tu vida desde la perspectiva del no tener. Cambia elevándote a una energía superior más rápida.

LA ALEGRÍA COMO ENERGÍA ESPIRITUAL

Piensa cómo pasa el tiempo cuando estás contento, a diferencia de cuando estás triste o afligido. Cuando estás inspirado e implicado felizmente en un proyecto el tiempo vuela. Esto me ocurre cuando doy una conferencia o estoy absorto en mi escritura. Las horas pasan y me asombra que el tiempo haya transcurrido tan deprisa. Esta apariencia de que el tiempo es rápido o lento sucede porque el tiempo en realidad es una ilusión. Hemos inventado el tiempo para esculpir la unidad, que es indivisible. El tiempo no puede existir cuando todo es el ahora.

Cuando pasas a la alegría, la experiencia del tiempo se funde en la unidad del espíritu y el tiempo desaparece. En consecuencia, vivir con este propósito y sentir la alegría de este propósito te sitúa en la pauta de energía más rápida del espíritu. Es la energía más elevada y más rápida que puedes tener.

Piensa ahora en la experiencia inversa. Piensa en cómo parece transcurrir el tiempo cuando estás triste. Cuanto más profundamente penetras en las pautas de energía de la pena, la aflicción, la melancolía, el pesar y la tristeza, más despacio parece ir el tiempo. Los momentos de pena se hacen interminables. Miras el reloj y te parece imposible creer que sólo hayan transcurrido quince minutos. Albert Einstein describió con ingenio el paso del tiempo cuando explicaba la relatividad: «Cuando un hombre está sentado con una chica bonita durante una hora, le parece un minuto. Pero hazle sentarse sobre una estufa caliente durante un minuto y le parecerá más largo que una hora. Esto es la relatividad…».

La alegría acelera la ilusión del tiempo mientras la tristeza parece hacerla más lenta. La energía más rápida es espíritu. La alegría es espíritu, y esta energía espiritual rápida es lo que anulará la energía más lenta de la tristeza. La mayoría tendemos a sentirnos atraídos hacia los que tienen un aspecto positivo y alegre. Adquieres esa actitud siendo consciente de las muchas bendiciones que la vida te ha dado. Sé una persona con una actitud alegre y te convertirás en alguien que irradia esta energía gozosa positiva más rápida que disipa la tristeza dondequiera que estés.

Antes de poder enviar alegría donde hay tristeza debes trabajar en tus propias pautas de energía personal. Decide vivir contigo mismo en la energía más rápida de la alegría. Ten esta intención en todo lo que hagas.

TEN UN PROPÓSITO

Tener un propósito en la vida es como bañarte en la alegría. Es una manera sencilla de elevarte a las frecuencias más rápidas del espíritu. Abraham Maslow describió la escalera de la autorrealización como la ascensión desde las necesidades básicas de comida, bebida y cobijo a una sensación de pertenencia y de apreciación de la belleza. En lo alto de la pirámide de la autorrealización está un profundo sentido del propósito y significado de tu vida. Ahí es donde se experimenta la alegría espiritual. El tiempo desaparece y tú estás en comunión con el aspecto más elevado de ti mismo, o de lo que yo llamo conciencia de Dios. Aquí, en la cumbre de la pirámide, la alegría es tu compañera constante.

Este estado de gozo depende exclusivamente de la calidad de tus pensamientos. Significa dejar de preocuparte por cómo te perciben los que te rodean, significa distanciarte de los resultados que produces y, en cambio, entregarte de lleno a las actividades de tu vida. Significa negarte a ir en pos de la felicidad y, en cambio, poner felicidad en todo lo que hagas. En resumen, encuentras la alegría perfecta cuando no la buscas, al comprender que está dentro de ti.

Tener un propósito no tiene nada que ver con lo que haces o con conseguir tus vacaciones ideales. No es algo que dependa de nada ni nadie externo a ti. El propósito se encuentra cuando estás dispuesto a dejar de pensar en tu ego, sabiendo que estás eternamente conectado con Dios y pasando de la mente pequeña a la mente grande. La verdadera alegría de vivir está en permitir que las energías superiores del espíritu guíen tu vida. En este estado de conciencia nunca tienes que preguntar cuál es tu propósito o cómo encontrarlo. Sientes que hay un propósito en todo lo que haces y aportas esa alegría a todo lo que encuentras. Dará igual que estés arrancando malas hierbas del jardín, leyendo una novela, apartando nieve, creando una sinfonía, conduciendo tu coche o meditando en el silencio de tu habitación. Serás tú el que aporte la alegría porque estarás en armonía, y no en conflicto, con Dios. Y la ironía es que descubrirás que la manera más segura de llegar a ese estado de propósito de alegría interior es dándola todo el tiempo.

ENCUENTRA LA ALEGRÍA DÁNDOLA

Quizá la manera más segura de encontrar la felicidad y la alegría para ti sea dedicar tus energías a hacer feliz a otro. Si haces el esfuerzo de buscar alegría para ti, descubrirás que es escurridiza, en gran medida porque estarás entregado a la búsqueda. Te pasarás la vida haciendo esfuerzos y tu experiencia vital podría expresarse con el dicho sarcástico de: «La vida es lo que ocurre mientras tú estás haciendo planes». Sin embargo, si intentas hacer feliz a otro, la alegría acudirá a ti.

Llegas a esta vida sin nada y te marcharás sin nada. Lo único que puedes hacer con tu vida es entregarla. Ésta es la verdadera esencia de tener un propósito. Es la manera de tener alegría frente a la tristeza. Experimentas alegría cuando intentas dársela a los demás. Esto es lo que san Francisco entendía que era la meta de la vida.

Toda la segunda parte de la plegaria de san Francisco de Asís es la declaración de la verdad de que encontramos la alegría cuando la damos. Y, para darla, debemos poseerla.

> *... concédeme el no buscar*
> *Ser consolado sino consolar,*
> *Ser comprendido sino comprender,*
> *Ser amado sino amar.*

Y concluye:

Pues al dar recibimos,
Perdonando somos perdonados,
Muriendo nacemos a la vida eterna.

He descubierto que la mayoría de las veces en que estoy sumido en la tristeza debido a un problema es por algo que alguien ha dicho o hecho o que no ha hecho. Éste es el «problema». Estoy triste por las acciones o inacciones de otros. Ahora bien, por supuesto, esto es una ilusión, algo que he creado en mi pensamiento. Es mi mente la que está experimentando el «problema». Entonces, ¿cuál es la solución espiritual? Siempre es tan sencilla que a menudo me doy una palmada en la cabeza por no haberme dado cuenta antes.

La solución espiritual consiste en intentar dar un poco de alegría a otro, y mi tristeza desaparece al instante. Y luego reaparece en mis pensamientos cuando mentalmente me torturo por la conducta de otra persona, y vuelvo a proporcionar alegría a otro y el ciclo se repite hasta que, por fin, encuentro la respuesta: envía un poco de alegría a las personas que crees son el origen de tu tristeza. Pero esto parece difícil. Al fin y al cabo, me repite mi ego, ellos están equivocados y yo tengo razón, y mi ego preferiría estar feliz.

Pero domestico mi ego y cambio el pensamiento de que alguien me ha hecho daño por pensamientos de alegría hacia esa persona. Al instante, y de forma permanente, mi tristeza se disuelve como por arte de magia. Enviando pensamientos amorosos y alegres a los demás, en particular a aquellos que creo son el origen de mi tristeza, pongo fin al problema, que sólo existía en mi mente.

A medida que aprendas a encontrar la alegría dándola a los demás descubrirás que se produce otro cambio. Al principio trabajabas sólo con tus pensamientos, que es donde experimentas la tristeza. A medida que transformas esos pensamientos de tristeza en alegría, tus emociones también cambiarán. Experimentarás un cambio en tu sensación de bienestar físico y empezarás a sentirte mejor. Te sentirás más ligero, más cómodo y más sano. Tus sentimientos de desesperación, ira y depresión empezarán a disolverse y tu conducta cambiará para seguir la senda de la alegría. Tenderás la mano a los que se han «portado mal contigo», les perdonarás y ayudarás a los que antes considerabas tus enemigos.

Al ir de los pensamientos a los sentimientos y a las conductas, tu vida entera se aleja de los problemas cuando tienes el propósito de dar alegría a los demás.

Puede que, llegados a este punto, te preguntes si estoy sugiriendo que nunca te sientas triste, lo cual sería una forma de negación. Claro que experimentarás tristeza, y no te aconsejo que finjas ser feliz y estar alegre cuando no sea así. Entonces, ¿cómo resolver esta paradoja?

CÓMO HACER FRENTE A TU TRISTEZA Y A LA DE LOS DEMÁS

En *A Course in Miracles* hay una cita sobre el tema de la tristeza o las emociones negativas como la desesperación,

la oscuridad, el odio, el daño y la duda, que ha constitui-
do la materia de este libro:

Nada real puede ser amenazado,
Nada irreal existe.
Aquí reside la paz de Dios.

Sí, te sentirás triste en diversos momentos de tu vida.
No, no debes negar esos sentimientos y fingir que estás alegre. Sí, es saludable expresar estos sentimientos, honrarlos
y no sentirte culpable cuando los experimentes. Pero vuelve a la idea que he estado repitiendo desde el principio de
este libro. Si no es de Dios no es real, y todo es de Dios y
todo lo que es de Dios es bueno. Todos estamos de acuerdo en que la tristeza, la desesperación, la enfermedad y el
odio no son buenos. No puede existir si no es real; sin embargo tú, sientes la existencia de la tristeza. Pero ésta es
sólo un pensamiento creado por una mente que se siente
separada de Dios; por lo tanto es una ilusión.

Cuando comprendes la naturaleza de tu tristeza puedes reconocerla, aceptarla, honrarla y hacer lo que quieras, incluso homenajearla y construir un santuario para
ella. Pero cuando quieras disolverla, introduce la energía
superior más rápida de la alegría y podrás darle un beso de
despedida cuando la veas alejarse de tu vida. La tristeza no
puede sobrevivir al mismo tiempo que la energía de la alegría. ¿Por qué? Porque es irreal y, por lo tanto, no puede
existir más que en la mente. El amor de Dios es real. La
alegría es el amor de Dios. Y la alegría jamás puede verse
amenazada.

Cuando comprendas esta verdad fundamental sobre la tristeza, que es irreal y un producto ilusorio de nuestra mente, ya no sentirás la fuerte necesidad de defender tu derecho a estar triste. Comprenderás que cuando abogas por el derecho a estar triste y deprimido lo único que consigues con tus esfuerzos es sentir más tristeza. Empieza por optar por la energía espiritual superior de la alegría. A la larga, esta energía será tu estado natural. Cuando estudias la vida de los sabios y los santos descubres que eran alegres, libres, y sentían un profundo amor por todo ser vivo. La tristeza no forma parte de sus características.

Nisargadatta Maharaj dio esta asombrosa respuesta cuando le preguntaron por qué no se sentía triste en las circunstancias que conducen a la mayoría de la gente a la desesperación, como la guerra, la pobreza y similares: «En mi mundo, nada va nunca mal». Decía que vivía en el mundo del espíritu, el resto es ilusión. Sal de tu cuerpo y de todas sus preocupaciones y posesiones y contémplalo todo como un observador. Desde esta perspectiva, la tristeza es imposible. Aquellos a los que llamamos seres realizados con mayor frecuencia se hallan en un estado de alegría y gozo. Puede que no te veas aún como un ser realizado, pero supongo que aspiras a ello si lees libros como éste. Si es así, aspira a enviar alegría a la tristeza; es magnífico. A continuación doy algunas sugerencias para hacerlo.

— Reconoce tu tristeza, comprende que es irreal y, luego, déjala ir. No intentes fingir felicidad cuando estés triste. Sé consciente, en cambio, de esa tristeza y pregúntate si deseas seguir en ese estado emocional. Si la respuesta es no, reconoce que ese sentimiento triste es consecuencia de lo que decides pensar, y así empezarás a comprender la tristeza. Ésta está situada totalmente en tu mente; no existe en el mundo.

Una vez que reconozcas tu absoluto derecho a estar triste, decide cuánto tiempo quieres permanecer en ese estado, comprende que es consecuencia de tu energía inferior y, luego, déjala ir. Esto se lleva a cabo poniendo pensamientos alegres en tu momento presente y observando cómo se aleja la tristeza.

Esta pequeña técnica de ser capaz de reconocer, comprender y dispersar puede durar unos segundos o, si quieres, semanas enteras. La cuestión es que al ser consciente de la tristeza mientras la sientes te das la opción de sustituirla por la alegría, que es la solución espiritual al error de la tristeza.

— Irradia la energía de la alegría a los que parecen estar experimentando tristeza. Escucha las historias dolorosas y tristes de los demás con empatía y con el compromiso de vivir en la alegría. Entonces estás aportando una energía más elevada a la situación. La tristeza no puede sobrevivir en la energía más rápida del espíritu. Esto es similar a intentar pelear con alguien que no quiere hacerlo. Al final, el antagonista o desaparecerá o abandonará su actitud pendenciera. Ocurre lo mismo con los que están decididos a permanecer en la tristeza. Perciben que te estás negando a unirte a ellos en sus pautas de energía inferior y buscarán un alma más predispuesta, o bien tu presencia y tu compromiso inquebrantable de aportar alegría disolverán la tristeza.

Mis respuestas a los que insisten en estar tristes suele ser algo así: «Las cosas mejorarán si decides ser feliz a pesar de todos estos acontecimientos», o «Ahora te sientes triste, pero estoy seguro de que lo superarás y algún día mirarás atrás con una sonrisa en los labios». Trato de cumplir mi compromiso de poner felicidad donde hay obstáculos cuando tropiezo con personas que están luchando con dificultades en su vida. De esta manera puedo irradiar esa energía y ayudarles a erradicar la energía de la tristeza. Aristóteles lo expresó así: «La felicidad es el sentido y el propósito de la vida, el objetivo y el fin de la existencia humana…». Es un buen consejo para recordar cuando te enfrentes con los pensamientos de tristeza, tuyos o de los demás.

— Busca el beneficio que te proporcionan los que te dan tristeza. Sí, encontrarte con alguna energía inferior a la energía del espíritu te proporciona un beneficio. ¡Estas personas son tus mejores maestros! Te recuerdan que aún no te controlas y te dan la oportunidad de elegir la alegría y la paz. Con su expresión de tristeza aprendes a superar esa energía y emplearla como guía.

Hay una historia de G. I. Gurdjieff, que dirigía una comunidad espiritual en Francia, que ilustra el valor de tener cerca a personas de energía baja. John Marks Templeton cuenta la historia en su libro *Worlwide Laws of Life*.

> Vivía un anciano que era la personificación de las dificultades: irritable, lioso, se peleaba con todo el mundo y nunca estaba dispuesto a limpiar o a ayudar. Nadie se llevaba bien con él. Por fin, tras muchos meses frustrantes de intentar permanecer en el grupo, el anciano partió hacia París. Gurdjieff le siguió e intentó convencerle de que regresara, pero había sido demasiado duro y el hombre dijo que no. Por último, Gurdjieff ofreció al hombre un estipendio mensual muy alto si volvía a la comunidad. ¿Cómo iba a negarse el hombre?
>
> Cuando el anciano regresó, todos se quedaron asombrados al oír que cobraba (mientras que ellos pagaban una bonita suma para estar allí), y la comunidad cogió las armas. Gurdjieff les convocó a todos a una reunión y, después de oír sus quejas, se echó a reír y explicó: «Este anciano es como la levadura para el pan. Sin él aquí nunca habríais aprendido nada realmente sobre la ira, la irritabilidad, la paciencia y la compasión. Por eso vosotros me pagáis y a él le contraté».

Toda experiencia de tristeza proporciona valiosas lecciones para aprender y puertas de la conciencia espiritual superior para abrir. Por lo tanto, da las gracias cuando aparezcan semejantes oportunidades.

— Ve a tu propósito y conoce la alegría que produce estar allí. Si alguna vez has dicho: «No sé cuál es mi propósito», te sugiero que recuerdes que lo único que puedes hacer con tu vida es darla. Cuando sales de tu propia autoindulgencia e intentas servir a los demás tienes un propósito.

Cada vez que te sientas triste o confuso, párate y pregúntate: «¿Cómo puedo servir a los demás?». Luego, efectúa cualquier pequeño servicio y verás que sientes que tienes un propósito. Esto es la alegría. Esto es poner alegría en la tristeza. Todo se resume en subir esos peldaños más altos de la escalera de la autorrealización. Sentir que tienes un propósito es uno de los peldaños más altos. El simple acto de consolar a otra persona es un acto de propósito. Ayudar a alguien a cruzar la calle o apartarte un poco para abrir la puerta a un extraño son actos de propósito. Incluso un amable saludo o enviar una tarjeta son actos de propósito que te aportan alegría y erosionan la tristeza que pudiera existir en los demás o en ti.

— Dirime las disputas y comparte tu verdad. Haz una lista de las personas a las que llamarías si supieras que sólo te queda un día de vida. Imagina lo que les dirías. Luego, pregúntate a qué esperas. El hecho es que el mañana no es una promesa para nadie. Di a las personas a las que amas qué sientes por ellos y por qué. Pide perdón a quien hayas ofendido de alguna manera. Si en tu vida hay cosas que te hacen daño de forma insistente, haz un esfuerzo para sustituir ese sentimiento por la alegría. Envía flores, haz una llamada telefónica, escribe una carta. En un estilo que te proporcione alegría comunica que quieres borrar la tristeza. Cuando lo haces, vives en una frecuencia superior más rápida y das una solución espiritual a la tristeza, permitiendo que ésta se desintegre en la poderosa fuerza espiritual de la alegría.

— Recuerda que la alegría se halla en el silencio. A menudo menciono la frase del Antiguo Testamento: «Permanece en silencio y sabrás que estoy en Dios». Las dos palabras clave son «silencio» y «sabrás». «Saber», como he escrito en anteriores capítulos, es tener contacto consciente, tener una experiencia directa. «Silencio» se refiere al silencio de la meditación que sabes que no puede ser dividido, como tampoco puede dividirse Dios. Y el Nuevo Testamento nos dice: «La alegría es el fruto del espíritu». Al estar en silencio conoces a Dios, y la alegría es el fruto de Dios.

Te recomiendo la práctica de permanecer callado, en particular cuando pareces estar rodeado de tristeza. Recientemente, mi esposa pasó una fuerte prueba con uno de nuestros cuatro hijos. Casi no dormía y tenía un montón de dificultades que vencer. Cuando le dije: «Cielo, debes de estar triste y agotada, con todo lo que has pasado», me respondió sin vacilar: «No, la meditación me mantiene centrada y alegre aunque alrededor todo sea un torbellino». Su antídoto para la tristeza es la meditación.

— Estudia la vida de los santos y los sabios. Siempre es una manera estupenda de llevar las energías espirituales superiores a las energías inferiores de los sentidos y del mundo material. Aquellos a los que admiramos no están deprimidos. Tienen un propósito, están llenos de determinación y pasión, encendidos con un ardiente deseo de vivir su fuerte sentido del propósito y llenos de alegría.

He descubierto que tengo la sensación de que nunca dispongo de suficiente tiempo para hacer todo lo que quiero y, en consecuencia, no tengo tiempo para perder estando melancólico o sintiendo autocompasión. No cabe duda de que a veces me siento dolido y triste. Sin embargo, mi sentido del temor reverente ante todo lo que me rodea, junto con mi ardiente deseo de cumplir mi destino, me deja poco tiempo para estar triste. Como Rumi nos recordó: «Vende tu habilidad y compra perplejidad».

Esfuérzate por imitar a todos los grandes maestros espirituales que suscitan tu admiración y a los que te resultan familiares. Ellos viven jubilosos, ríen y encuentran alegría en las cosas aparentemente más insignificantes. Un saltamontes, una concha, la forma y la silueta de un árbol recortado en un cielo oscuro, incluso un caramelo puede hacerles rebosar de alegría. Lee cosas sobre estas almas divinas. Ve a sus lugares de culto, habla con sus devotos, sumérgete en su energía y descubrirás que son personas que siempre saben poner alegría en la tristeza porque ellos mismos son la alegría personificada.

— Siéntete supremamente feliz. Esto es lo que John Templeton sugiere en su maravilloso libro *Worldwide Laws of Life*.

Hay tres palabras sencillas que casi parecen poseer propiedades mágicas para desarrollar una actitud positiva en la vida. ¡Siéntete supremamente feliz! Cuando te permites sentirte supremamente feliz —independientemente de las apariencias externas— todo tu cuerpo cambia. Tus pensamientos, tus expresiones faciales, tu salud, tus actitudes; en realidad, todo en ti cambia para mejorar (pág. 67).

He probado esta técnica en muchas ocasiones desde que leí el libro de John Templeton. Me digo: «En este momento, independientemente de todo lo que ocurre a mi alrededor, voy a sentirme supremamente feliz». Y, casi por arte de magia, me siento transportado a la energía divina más mística de la alegría. Utilizo esta frase y también la metáfora de desenchufarme del mundo físico y enchufarme a Dios. Cuando tengo ese pensamiento y esa imagen en mi cabeza, me digo: «Me siento supremamente feliz». Inténtalo. Te satisfará ver lo deprisa que puedes pasar de la tristeza a la alegría.

Con esto terminan las siete peticiones que hacía san Francisco de Asís en su plegaria. Simbolizan la solución espiritual a cada problema. Si aprendes a sembrar: 1) paz, 2) amor, 3) perdón, 4) fe, 5) esperanza, 6) luz y 7) alegría, erradicarás prácticamente todos los problemas con que te encuentres. Estos siete elementos de la solución espiritual a los problemas borrarán la ilusión de: 1) agitación, 2) odio, 3) daño, 4) duda, 5) desesperación, 6) oscuridad y 7) tristeza.

Cuando empieces a buscar en tu mente los límites y la sustancia material, al final descubrirás la verdad. No hay ningún lugar llamado «tu mente». Luego, la ilusión es disuelta permanentemente por el bien que es Dios, que no conoce iniquidad alguna.

Voy a terminar este libro con un párrafo de una cita sacada del libro santo conocido como el *Bhagavad-Gita*. En este antiguo cuento clásico, el guerrero Arjuna habla con Krishna (Dios) y pregunta quién es el hombre iluminado. Te ofrezco mis comentarios a las respuestas de Dios y te animo a que saborees las ideas que Arjuna recibe. Es un bello resumen de los mensajes de este libro.

> ARJUNA: Háblame de los que siempre viven en la sabiduría, siempre conscientes del Yo, oh, Krishna; ¿cómo hablan, cómo se sientan, cómo se mueven?
>
> SRI KRISHNA: Viven en la sabiduría los que se ven a sí mismos en todo y lo ven todo en ellos, cuyo amor por el Señor del Amor ha consumido todo deseo egoísta y las ansias de los sentidos que atormentan al corazón.

La persona iluminada comprende el poder único y sabe que siempre está conectada a esa esencia espiritual. Nunca se plantea si está separada de Dios. El amor del espíritu es tan fuerte que se ha convertido en un conocimiento. Puedes aplicar ese conocimiento para poner fin a los problemas que Krishna dice que son las ansias de los sentidos de un corazón atormentado. El amor por el «Señor del Amor» es una maravillosa descripción de la energía espiritual.

> SRI KRISHNA: Viven libres de la lujuria, el miedo y la ira, no agitados por la pena ni suspirando por el placer.

La persona iluminada no identifica felicidad o éxito con los acontecimientos del mundo material que se llaman buenos y malos. No está apegada a estas cosas y su desapego es lo que le proporciona una vida libre de problemas.

SRI KRISHNA: Igual que una tortuga recoge sus patas, el sabio puede recoger sus sentidos a voluntad.

La persona iluminada vive con las facultades espirituales superiores del amor, la creatividad, la intuición, la bondad, el perdón, la rendición y la alegría y no es esclavo de sus sentidos. Puede hacer caso omiso de los anhelos de sus sentidos y, por lo tanto, evitar los problemas que acompañan a esas exigencias sensoriales.

SRI KRISHNA: Aunque los aspirantes se abstienen de los placeres de los sentidos, seguirán ansiándolos. Estos deseos vehementes desaparecerán cuando vean al Señor del Amor.

La persona iluminada llega a saber que todos los «problemas» son debidos a que se siente separada de Dios y desaparecen cuando tiene contacto consciente con Dios. Por tanto, conoce la verdad de que existe una solución espiritual para cada problema.

SRI KRISHNA: Incluso a los que van por el sendero de los tormentosos sentidos pueden arrebatarles la mente. Pero viven en la sabiduría que los domina y conservan la mente absorta siempre en Mí.

Domando el ego y pasando a la energía superior del espíritu, las tormentas creadas por nuestros apegos e identificaciones del mundo material se disuelven.

SRI KRISHNA: Cuando no paras de pensar en los objetos de los sentidos, se produce el apego. El apego alimenta el deseo, la lujuria de la posesión que, cuando se enfría, se convierte en ira. La ira enturbia el juicio; ya no puedes aprender de los errores pasados. Pierdes el poder de elegir entre lo sensato y lo insensato y tu vida es un completo desperdicio. Pero cuando te mueves entre el mundo de los sentidos liberado del apego y la aversión, llega la paz en la que todas las aflicciones terminan y vives en la sabiduría del Yo.

Un apego es algo que conduce a un mundo de problemas. Si abandonamos los apegos podemos poner paz y amor para soportar todo aquello a lo que estábamos apegados. Esto pone fin a la posibilidad de la ira, la desesperación, la duda, la oscuridad y el odio. Esta energía superior nos permite estar siempre libres para vivir en la sabiduría y la paz del Señor del Amor, es decir, Dios.

SRI KRISHNA: La mente desunida está lejos de la sabiduría; ¿cómo puede meditar? Cuando no conoces la paz, ¿cómo puedes conocer la alegría?

Reconectándonos con Dios pasamos a una vibración espiritual superior más rápida. Esto se realiza yendo al lugar indivisible del silencio. En silenciosa meditación también vamos al lugar de la unidad. El que es indivisible. Aquí es donde se experimentan la paz y la alegría. Aquí está la solución a todos los problemas que surgen de una mente desunida.

SRI KRISHNA: Utiliza todo tu poder para liberar los sentidos del apego y la aversión y vive en la sabiduría plena del Yo. Este sabio despierta a la luz en la noche de todas las criaturas. Eso a lo que el mundo llama día es la noche de la ignorancia para el sabio.

La oscuridad desaparece cuando conoces la luz que siempre brilla. La luz del sol y la luz de Dios nunca se apagan, a pesar de lo que tus sentidos y apegos te digan.

SRI KRISHNA: Igual que los ríos desembocan en el océano pero no lo desbordan, así las corrientes mágicas del mundo de los sentidos desembocan en el mar de la paz que es el sabio.

La abundancia de Dios es ilimitada. Puedes beber de la inagotable fuente de amor, luz, alegría y armonía a voluntad, y, cuando lo hagas, conocerás la paz perfecta.

SRI KRISHNA: Son libres para siempre los que se escapan de la jaula del ego del yo, mí y mío, para unirse con el Señor del Amor. Esto es el estado supremo. Si alcanzas esto pasarás de la muerte a la inmortalidad.

Esto lo dice todo. Cuando entras en el campo de energía de Dios jamás dudarás de que, verdaderamente, hay una solución espiritual para cada problema.